普通高等院校公共基础课程系列教材

U0368972

应用文写作

王　毅　孙　辉　主　编

陈　龙　史为恒　副主编

清华大学出版社

北京

内 容 简 介

应用文写作是一门培养学生应用写作能力,综合性和实践性都很强的公共基础课程。本课程把培养学生"解决实际问题的能力"和"自主学习能力"放在突出的位置,以党政公文、日常事务文书等文种的文体知识和写作训练为主要教学内容,通过案例分析和写作训练,培养学生处理职业生涯及日常生活应用文的写作能力,激发学生的自主学习能力,让学生具备未来职业生涯的可持续发展能力。

本书可作为高等院校经管类、秘书类、人文社科类专业的应用文写作教材,也可作为公共选修课教材,还可作为企事业单位人员日常工作中的参考用书。

图书在版编目(CIP)数据

应用文写作/王毅,孙辉主编. —北京:清华大学出版社,2021.12(2023.1重印)
普通高等院校公共基础课程系列教材
ISBN 978-7-302-57493-4

Ⅰ.①应…　Ⅱ.①王…②孙…　Ⅲ.①汉语－应用文－写作－高等学校－教材　Ⅳ.①H152.3

中国版本图书馆 CIP 数据核字(2021)第 021563 号

责任编辑:张　弛
封面设计:刘　键
责任校对:刘　静
责任印制:朱雨萌

出版发行:清华大学出版社
　　　　网　　　址: http://www.tup.com.cn,http://www.wqbook.com
　　　　地　　　址: 北京清华大学学研大厦 A 座　　　　　**邮　　编:** 100084
　　　　社 总 机: 010-83470000　　　　　　　　　　　　**邮　　购:** 010-62786544
　　　　投稿与读者服务: 010-62776969,c-service@tup.tsinghua.edu.cn
　　　　质量反馈: 010-62772015,zhiliang@tup.tsinghua.edu.cn
　　　　课件下载: http://www.tup.com.cn,010-83470410
印 装 者: 北京国马印刷厂
经　　销: 全国新华书店
开　　本: 185mm×260mm　　　**印　张:** 16.5　　　**字　数:** 416 千字
版　　次: 2022 年 2 月第 1 版　　　　　　　　　　**印　次:** 2023 年 1 月第 4 次印刷
定　　价: 59.00 元

产品编号:086468-02

编写委员会

前　言

　　随着现代社会的发展，人们的生活方式正发生着巨大的变化，人际与社会交往的频繁性与多样性，越来越需要人们具有良好的文字表达水平，写作能力已经成了现代社会每个人必备的基本技能之一。在高等院校，应用文写作已是一门主要的基础课，正日益受到重视，它对学生的学习、生活乃至今后的求职都起到重要的作用。

　　2019年开始，江苏省的高等院校围绕人才培养定位，紧扣人才培养方案的培养目标和规格要求，全面启动了相关课程教学大纲的修订工作，但很多教材的相关内容却没有及时跟进更新，需要及时加以补充，以尽快满足新版教学大纲的设计要求。此外，当前高校应用文写作教材大多按照传统模式编排训练，没有按照培养学生动手实践能力认知过程规律的方式加以培养。而成果导向教育（Outcome based education，OBE）理念在应用文写作实践教学中的应用，可以体现对学生实践能力的锻炼和培养，突出培养学生适应特定场景、情境的能力和自主动手写作的能力。本教材就是根据高校的培养目标和能力培养的要求，结合不同院校教学改革经验及应用写作课的教学实际而编写的。

　　本教材在改革创新上注重以下特点。

　　注重基础知识，精选优质例文，掌握写作技巧。应用文写作常常因时而异，创新案例与成果层出不穷。精选优质例文对教材建设起着关键的作用，对学生的学习起着重要的导向作用。本教材内容遵循由易到难的原则，基于学生学习认知过程并结合学生能力基础与生活实际进行编写，逐步培养学生的写作兴趣，有效提升学生的应用文写作能力。注重精选优质例文，可以显著增强教学针对性，有效提升学习效果。

　　聚焦学生需求，选编文种注重课堂实践操作。本教材在编写中遵循OBE理念，坚持学生中心、产出导向、持续改进，立足学生现状，转变教育教学理念，注重现实性、应用性、专业针对性和人文素养培养的长效性。在课堂实践环境中，凸显成果导向，让学生充分了解应用文写作的特点、表达方式和要求，有效增强文字的适应性、内容的针对性，在实战模拟中达到"学中做、做中学"的效果。

　　优化教学模块，创新教学手段，改善教学现状。本教材在编写体例上，以"文体知识""写作指要""例文赏析""实训演练""研究性学习"五步融入法为核心，突破了以往传统教材固定的学习模式，可以合理调动学生参与课堂的积极性，加深对教学内容深入探究的欲望。教师可以根据专业实际有选择地制订教学计划，设置教学情境，不断丰富教学形式，以教学项目实施促进学生知识吸收与能力提升。

　　强化校地融合，教学内容更加贴近单位需求。本教材的编写立足需求导向，强化校地融合、产教融合与校企合作，努力为社会和企业培养用得上、留得住的高素质应用型人才。因此，本教材在编写过程中，一方面注重马克思主义思想教育的理论阐释与案例分析，另一方面特别注重来自工作一线的实际经验，始终以单位需求为导向，紧跟时代步伐，优化教学设计，确保学生在校学得好，工作用得上，发展前景好。

本教材突出提升写作能力,坚持以学生为中心,力求符合应用文写作教学规律、认知规律和实践规律,在读写讲研中提升写作能力;突出实践产出导向,顺应时代发展要求,遵循教育教学规律,突破了以往教材固定的学习模式,坚持人文性与技能性并重,理论性与实践性结合,以情境导入后的产出任务作为教学起点和终点,最终实现学用无缝对接;同时还注重融入思政元素,注重立德树人,在潜移默化中强化学生的人文情怀、责任意识与职业道德。

本教材由王毅、孙辉担任主编,陈龙、史为恒担任副主编。主要编写分工情况如下。

第一章:王毅(淮阴师范学院)、孙辉(淮阴师范学院),第二章:沈文嘉(金陵科技学院)、王静欣(金陵科技学院),第三章:陈龙(扬州大学),第四章:孙高顺(淮阴师范学院),第五章:徐向顺(淮阴师范学院),第六章:甄强(淮阴工学院),第七章:王保红(常熟理工学院),第八章:余明江(四川民族学院),第九章:史为恒(江苏师范大学)、李兆新(淮阴师范学院)。本教材在编写过程中吸收了近年来应用文写作教学研究的最新成果,引用了有关部门的资料和文件,在此表示衷心感谢!

由于编者水平有限,书中难免存在疏漏之处,敬请专家、同仁斧正。

编　者

2021 年 12 月

教学课件

研究性学习资料

目　　录

上编　党政公文写作

下编　常用事务文书写作

上编　党政公文写作

党政机关公文写作常识

第一节 党政公文概述

一、党政公文的概念

党政公文简称为公文,是党政机关、社会团体、企事业单位用于处理公务活动的具有某种特定格式的文件。它由法定的作者发布并具有法定的权威性,是上情下达和下情上传的基本手段,也是横向联系的纽带。一般情况下,公文完成执行效用后即可转化为档案,作为凭证,既可以记录历史事件,又可以供后人查阅验证。

2012 年 4 月 16 日,为统一中国共产党机关和国家行政机关公文处理工作,中共中央办公厅、国务院办公厅联合印发了《党政机关公文处理工作条例》(以下简称《条例》)(中办发〔2012〕14 号)。《条例》自 2012 年 7 月 1 日起施行。1996 年 5 月 3 日中共中央办公厅发布的《中国共产党机关公文处理条例》和 2000 年 8 月 24 日国务院发布的《国家行政机关公文处理办法》停止执行。

《条例》规定:党政机关公文(以下简称"公文")是党政机关实施领导、履行职能、处理公务的具有特定效力和规范体式的文书,是传达贯彻党和国家方针政策,公布法规和规章,指导、布置和商洽工作,请示和答复问题,报告、通报和交流情况等的重要工具。

《条例》的发布施行,适应了党政机关新时期工作的需要,对推进党政机关公文处理工作规范化、制度化、现代化发挥着重要作用。

二、党政公文的特点

(一)鲜明的政策性

党政公文是党政机关、社会团体、企事业单位用来沟通、协调、处理各种关系的重要工具,具有传达、贯彻党和国家方针政策,处理党政机关工作的职能,对国家政治、经济和社会生活的各个领域都有指导作用,是维护和发展社会主义制度、建设物质文明和精神文明的保障,所以在行文过程中具有鲜明的政策性。

(二)法定的权威性

党政公文是由法定机关制发的,是以法律为后盾,受国家法律法规保障的。制发机关及其负责人是国家政权或团体、企事业部门的代表。制发权是根据法规章程,通过一定手续赋予的。因此,特定机关或部门所发的公文,就代表这一级机关或部门法定的职权;凡是在规定职权范围内制发的公文,就是代表这一级机关或部门发言,具有法定的权威性和行政约束力。这就是说,党政公文具有法规和行政的强制性,有关机关和人员必须严肃对待,认真理解、处理、遵循和执行。这一特点也是其他文字材料所不具备的。

(三)严格的规范性

为维护党政公文的法定效力和机关的权威性,提高处理党政公文的工作效率,保障党政公

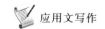

文的执行力,《党政机关公文处理工作条例》对党政公文的撰写和处理都做了严格的规定,从起草到成文、收发、传递、分办、立卷、归档、销毁乃至用纸、装订等,党政公文都必须按照此规定来拟制和办理,以保证质量和效用。党政公文的文风和语言要素和其他的美文写作也有明显区别,要严格按照公文固定格式的要求写作,公文写作如果不遵从该要求,就会影响其执行效果,甚至没有法定效力。

(四)表述的简朴性

不同体裁的文章,表达方式是不同的,特殊的应用目的和制作流程使党政公文的语言具有简朴的特点。"简"即简洁、准确、精练,不做过多的修饰与铺垫;"朴"即庄重、通俗,不堆砌华丽的辞藻,将问题说清楚就行。要实事求是,实话实说,使用规范性的语言,尤其要注意使用特定的专用语。

(五)准确的时效性

党政公文是在现实工作中形成和使用的,是为推动现实工作服务的,一般都是结合当时具体的问题而制发的,有较强的针对性,有些公文内容在一定的时间内才有效。所谓时效性,一方面指党政公文要解决的是当前面临的问题,往往要求在一定的时限内执行完成,一旦完成了该项工作,公文的作用也就结束了;另一方面,有的公文在执行的过程中发现不够完善,或者时过境迁而无法继续执行下去,需要颁布新的公文加以完善,那么该份公文的使命就已经结束了,不能再发挥其现实效用。这些失去时效性的公文都将转化为档案保存,对今后的工作起到参考与凭证作用。

三、党政公文的作用

(一)施政明令作用

我国有很多法令法规都是以党政公文的形式来颁布的,这些法规性文件对于维持社会秩序、安定社会生活、保障人民的合法权利有着积极的作用。如国家机关依法发布的命令、决定、通告等公文,通过本身的法定约束力或通过颁布法规、规章来规范各种社会组织和人民群众的言论与行为,告诉大家应遵循的准则与要求,从而保障各项工作的正常运转,维护社会秩序,促进社会的健康发展。对违反者还可以做出相应的处理规定。

(二)管理领导作用

党政公文是党政机关、社会团体、企事业单位实施领导的重要工具之一,在部署各项任务,传达制发机关的意见和决定,对下级的工作进行具体的领导和指导时,一般都会通过公文传达贯彻。下级机关或部门在贯彻落实、开展执行过程中,也需要按照上级公文的要求实施,以达到预期的目标。

(三)联系沟通作用

党政机关、社会团体、企事业单位的公务活动涉及上下左右各机关的工作联系,各单位、各部门之间需要经常传递信息、沟通情况、商洽联络、交流经验。如上级单位给下级单位布置工作,需要用决定、通知、意见等公文;下级单位向上级单位汇报工作、反映情况、请示问题,以便上级掌握基层的工作进展和动向,需要用报告、请示等公文;不相隶属的机关之间互相商议、询问或答复问题,以便协调、统一行动,需要借助于函等公文。公文的联系沟通作用,使各级党政机关、社会团体、企事业单位之间得以保持经常联系、互通信息,从而使整个国家机器正常运转,紧张而有序地工作。

（四）宣传教育作用

党政公文是进行宣传教育的重要工具。许多上级机关制发的党政公文是直接向广大干部和群众宣传党和国家重大方针、政策，宣传单位、个人的典型经验和先进事迹的载体，起着统一思想、提高认识、鼓舞信心、凝聚力量的作用，不但让下级单位知道要做什么、怎样去做，而且要让下级单位知道为什么要这样去做，从而把党和政府的意图变为下级单位及广大干部群众的自觉行动。公文的宣传教育作用相对于新闻报道、理论教育来说更具有直接的权威性，也是新闻、广播、电视等媒体进行宣传教育的重要依据。

（五）凭证依据作用

党政公文反映制发机关的意志，具有行政约束力，因而是下级机关部署和开展工作、处理和解决问题的重要依据；上级也可以根据下级的公文来了解各方面的情况，作为针对性决策和指导工作的依据；不相隶属机关的来往公文也是处理问题、商洽工作、反映问题、查核事实的依据和凭证。另外，党政公文在执行完它的现实使命后，又转换成档案文献，在归档后还能对今后的工作起到查考和凭证的作用，有的还能成为研究历史的第一手资料，具有极其重要的史料价值。

四、党政公文的种类

党政公文可以分为两大类。

（一）按照适用范围分类

2012 年 4 月 16 日，中共中央办公厅、国务院办公厅印发的《党政机关公文处理工作条例》规定，新的党政公文共有以下 15 种。

1. 决议

决议适用于会议讨论通过的重大决策事项。

2. 决定

决定适用于对重要事项做出决策和部署、奖惩有关单位和人员、变更或者撤销下级机关不适当的决定事项。

3. 命令（令）

命令适用于公布行政法规和规章、宣布施行重大强制性措施、批准授予和晋升衔级、嘉奖有关单位和人员。

4. 公报

公报适用于公布重要决定或者重大事项。

5. 公告

公告适用于向国内外宣布重要事项或者法定事项。

6. 通告

通告适用于在一定范围内公布应当遵守或者周知的事项。

7. 意见

意见适用于对重要问题提出见解和处理办法。

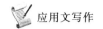

8. 通知

通知适用于发布、传达要求下级机关执行和有关单位周知或者执行的事项,批转、转发公文。

9. 通报

通报适用于表彰先进、批评错误、传达重要精神和告知重要情况。

10. 报告

报告适用于向上级机关汇报工作、反映情况,回复上级机关的询问。

11. 请示

请示适用于向上级机关请求指示、批准。

12. 批复

批复适用于答复下级机关请示事项。

13. 函

函适用于不相隶属机关之间商洽工作、询问和答复问题、请求批准和答复审批事项。

14. 议案

议案适用于各级人民政府按照法律程序向同级人民代表大会或者人民代表大会常务委员会提请审议事项。

15. 纪要

纪要适用于记载会议主要情况和议定事项。

（二）按照行文方向分类

按照行文方向,党政公文又可以分为下行文、上行文、平行文三类。

1. 下行文

下行文是指上级领导机关或业务主管部门对所属的下级机关的一种行文。比如,党中央给各省、自治区、直辖市党委,国务院给各省、自治区、直辖市人民政府所发的文件就是下行文。下行文一般用命令、决定、通知、批复等。

2. 上行文

上行文是指下级机关或业务部门向所属上级领导机关或业务主管部门的一种行文。上行文一般用请示、报告。

3. 平行文

平行文是指同级机关,或者不相隶属的,没有领导与指导关系的机关、部门、单位之间的一种行文。平行文使用的文种为函。

第二节　党政公文的格式规范

为提高党政机关公文的规范化、标准化水平,2012 年 6 月 29 日,国家质量监督检验检疫总局、国家标准化管理委员会发布了《党政机关公文格式》国家标准（GB/T 9704—2012）,该标准于 2012 年 7 月 1 日起正式实施。

《党政机关公文格式》国家标准按照《党政机关公文处理工作条例》的有关规定,结合这些年来党政机关公文的格式要素与编排规则等内容做出了具体规定：将版心内的公文格式各要素划分为版头、主体、版记三部分。公文首页红色分隔线以上的部分称为版头；公文首页红色分隔线（不含）以下、公文末页首条分隔线（不含）以上的部分称为主体；公文末页首条分隔线以下、末条分隔线以上的部分称为版记。

一、常规公文的格式规范

（一）版头

版头部分主要由份号、密级和保密期限、紧急程度、发文机关标志、发文字号、签发人、版头中的分隔线7个部分组成。

1. 份号

如需标注份号，一般用6位3号阿拉伯数字表示，顶格编排在版心左上角第一行。一般只有涉密文件才会标注份号，目的是便于公文的分发、登记、清退、归档，也是为了加强管理、明确责任。

2. 密级和保密期限

如需标注密级和保密期限，一般用3号黑体字，顶格编排在版心左上角第二行；保密期限中的数字用阿拉伯数字标注。按照《国家秘密保密期限的规定》要求，我国党政公文的密级分为"绝密""机密"和"秘密"三个等级，分别对应的最长保密期限为30年、20年和10年。

3. 紧急程度

如需标注紧急程度，一般用3号黑体字，顶格编排在版心左上角，根据紧急程度的划分，可分别标注为"特急""加急"。如需同时标注份号、密级和保密期限、紧急程度，按照份号、密级和保密期限、紧急程度的顺序自上而下分行排列在第三行上。

4. 发文机关标志

发文机关标志由发文机关全称或者规范化简称加"文件"两字组成（大版头），也可使用发文机关全称或者规范化简称（小版头）。发文机关标志居中排布，上边缘至版心上边缘为35mm±1mm，推荐使用小标宋体字，颜色为红色（俗称红头文件），以醒目、美观、庄重为原则。无论发文机关名称长短，一律在一行之内标注完整，以左右版心线为标准，左右等距抻开。

联合行文时，如需同时标注联署发文机关名称，一般将主办机关名称排列在前；如有"文件"二字，应当置于发文机关名称右侧，以联署发文机关名称为准上下居中排布。所有联署发文机关名称无论长短，一律左右等距抻开。

5. 发文字号

发文字号编排在发文机关标志下空两行位置，居中排布。主要包含三个部分的内容：发文机关代字、年份和发文顺序号。发文机关代字一般由办公室负责统一编制，以科学、明确、规范、易于辨认为原则，选取的都是发文单位中最具有代表性的字，如党委系统的"中国共产党中央委员会（中共中央）"用"中委"，"中国共产党中央委员会办公厅（中共中央办公厅）"用"中委办"，行政系统的"国务院"用"国"，"国务院办公厅"用"国办"。年份和发文顺序号用阿拉伯数字标注：年份应标全称，用六角括号"〔〕"括入（不能是中括号）；发文顺序号不加"第"字，不编虚位（即1不编为01），在阿拉伯数字后加"号"字。

上行文的发文字号居左空一字编排，与最后一个签发人姓名处在同一行。

多家单位联署发文时，发文字号标注主办单位的。

7

6. 签发人

签发人由"签发人"三字加全角冒号和签发人姓名组成,居右版心线空一字,编排在发文机关标志下空两行位置。"签发人"三字用 3 号仿宋体字,签发人姓名用 3 号楷体字。

如有多个签发人,签发人姓名按照发文机关的排列顺序从左到右、自上而下依次均匀编排。一般每行排两个姓名,回行时与上一行第一个签发人姓名对齐。

只有上行文才需要标注签发人。

7. 版头中的分隔线

发文字号之下 4mm 处居中印一条与版心等宽的红色分隔线,即为版头中的分隔线。

版头部分各要素及其位置如下所示。

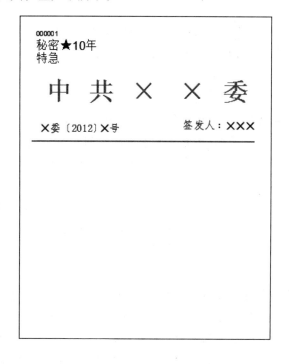

(二) 主体

公文主体部分由标题、主送机关、正文、附件说明、发文机关署名、成文日期、印章、附注、附件 9 个部分构成。

1. 标题

公文标题的作用是让读者在最短的时间内了解公文的主要内容,所以公文标题应当准确简要地概括公文的主要内容并标明公文种类。一篇完整规范的公文标题一般由发文机关、事由和文种三要素组成。如《国务院关于对国家税务局系统审计监督问题的通知》,其中"国务院"是发文机关,"对国家税务局系统审计监督"是事由,"通知"是文种。这是公文常见的标题形式。公文标题中的事由要素就是公文的主要内容,一般要用介词"关于"和一个表达该文主要内容的词组组成介词结构,作为公文文种的定语。在特殊情况下,可以省略"发文机关"或"事由",但是"文种"的要素是绝对不能省略的。

公文标题一般用 2 号小标宋体字,编排于红色分隔线下空两行位置,分一行或多行居中排布;回行时,要做到词意完整、排列对称、长短适宜、间距恰当。标题排列应当使用梯形或菱形,不采用上下长度一样的长方形和上下长、中间短的沙漏形。多个发文机关名称之间用空格分开,不加顿号,换行时省略。

多行标题可用如下标题。

标题一:

××××××××××

×××××

××

标题二:

××

×××××

×××××××××××

标题三:

×××××

×××××××××××

×××××

多行标题不可用如下标题。

标题一:

×××××××××××

×××××

×××××××××××

标题二:

×××××××××××

×××××××××××

2. 主送机关

主送机关是指公文的主要受理机关,发文机关要求对公文予以办理或执行的对方机构,是能够负责公文处理的受文机关。主送机关直接反映公文的行文关系、上下级的隶属关系,特别是上行文,只能写一个主送机关而不能多头呈送。

主送机关一般使用机关全称、规范化简称或者同类型机关统称。主送机关编排于标题下空一行位置,居左顶格,回行时仍顶格,最后一个机关名称后标全角冒号。上行文一般只写一个主送机关,如需同时送其他机关,应当用抄送形式。

公开发布的公文(如公告、通告类)通常不写主送机关。

3. 正文

正文是公文的核心部分,用来表述公文的内容。一般用 3 号仿宋体字,编排于主送机关名称下一行,是公文的主体和中心。公文的发文目的以及文件的具体内容,主要在正文中体现。公文正文由引文、主体和结束语三部分组成。

(1) 引文

正文的导言,主要交代制发这篇公文的原因。常见的有根据式、缘由式、目的式三种。要求简单明了,可以从公文产生的背景、起因等写起,也可根据上级指示或下级机关提出的要求和了解到的重要情况写起,也有的根据本单位发生的事情或面临的问题,以及根据其他单位的来文要求等来书写。一般情况下会使用"为了(为)""根据""按照"等词语。

(2) 主体

公文的主要内容部分,用来叙述情况、分析问题、说明做法、提出要求。这部分所占的篇幅最长。正文的主体按照文种不同而内容各异,但总的写作要求是中心突出、表意明确、条理清楚。常使用条文式、项目式写法。

(3) 结束语

正文的收尾。结束语的写法多种多样,常见的有归结式、说明式、申明式、祈请式、期望式或者显示文种式(例如"特此通知""特此通告"等)。结束语的作用是提请阅读人对文件的内容引起足够重视,所以一般情况下不要省略。

特别要注意的是,多家单位联署行文时,首页必须显示正文。另外,在用印页上必须有至少两行的正文内容。

正文中的结构层次顺序依次为"一、""(一)""1.""(1)"。

4. 附件说明

附件是附属于公文主体的文字材料,对正文起补充和说明作用,主要包括随文转发、报送的文件,随文印发的规章制度以及报表、名单、图文等。

公文的附件是正文内容的组成部分,有些附件甚至也反映公文主要内容,而主件只起发布或转发的作用。如《全国人民代表大会常务委员会公告》这份公文,正文:"《关于禁止燃放烟花爆竹的规定》已报经全国人民代表大会常务委员会第五次会议于 2017 年 10 月 28 日批准。现予公布,自 2018 年 1 月 1 日起施行。"正文之后附有该规定,其中第二条到第十一条均做出约束性、奖惩性的规定,这些正是全体市民必须遵守执行的事项。所以说附件与公文正文具有同等效力。

公文如有附件,必须在正文之后加以说明。其标识方法是:在正文下空一行起,左空两个字符用 3 号仿宋体字标识"附件",后标全角冒号和附件名称。如有多个附件,使用阿拉伯数字标注附件顺序号(如"附件:1.×××××");附件名称后不加标点符号。附件名称较长需回行时,应当与上一行附件名称的首字对齐。附件应与公文正文一起装订,并在附件左上角第一行顶格标识"附件",有序号时标识序号;附件的序号和名称前后标识应一致。

5. 发文机关署名、成文日期和印章

(1) 加盖印章的公文

加盖印章的公文,成文日期一般右空四字编排,印章用红色,不得出现空白印章。单一机关行文时,一般在成文日期之上、以成文日期为准居中编排发文机关署名,印章端正、居中下压成文日期(下套),使发文机关署名和成文日期居印章中心偏下位置,印章顶端应当上距正文(或附件说明)一行之内;如果是机关单位内部的某一个部门行文用印,一般将发文机关署名和成文日期居印章中心位置(中套),这样可以使印章上部的机关名称和印章下部的部门名称不被遮挡。

联合行文时,一般将各发文机关署名按照发文机关顺序左右整齐排列在相应位置,并将印章一一对应、端正、居中下压发文机关署名,最后一个印章端正、居中下压发文机关署名和成文日期。主办单位为最后一个印章,只能在主办单位下标注日期。印章之间排列整齐、互不相交或相切,每排印章两端不得超出版心,首排印章顶端应当上距正文(或附件说明)一行之内。

所有加盖印章的单位署名内容必须与印章的内容完全一致。

(2)不加盖印章的公文

不加盖印章的公文,单一机关行文时,在正文下空一行右空两字符编排发文机关署名,在发文机关署名下一行编排成文日期,首字比发文机关署名首字右移两字符;如成文日期长于发文机关署名,应当使成文日期右空两字编排,并相应增加发文机关署名右空字数。

联合行文时,一般将各发文机关署名按照发文机关顺序上下整齐排列在正文右下方位置,先编排主办机关署名,其余发文机关署名依次向下编排,且无论发文机关名称长短,一律左右等距抻开。

① 单独行文用印如下所示。

XXXXXXXXXXXXX。
　XXXXXXXXXXXXXXXXXXX
XXXXXXXXXXXXXXXXXXX
XXXXXXXXX。

　　(XXXXX)

② 联署行文用印如下所示。

XXXXXXXXXXXXX。
　XXXXXXXXXXXXXXXXXXX
XXXXXXXXXXXXXXXXXXX
XXXXXXXXX。

　　(XXXXX)

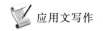

③ 单独行文不用印如下所示。

```
××××××××××××××××××
××××××××××××××××××
××。

       附件：1.×××××××××××
            ×××××××
          2.××××××

                    ×××××
                 2012年×月×日
```

④ 联合行文不用印如下所示。

各省、自治区、直辖市党委和人民政府，中央和国家机关各部委，解放军各总部、各大单位，各人民团体：
　　《党政机关公文处理工作条例》已经党中央、国务院同意，现印发给你们，请遵照执行。

中共中央办公厅

国务院办公厅

2012 年 4 月 16 日

（3）成文日期

成文日期表明公文发出或生效的时间。一般以领导人签发日期为准；联合行文以最后签发机关领导人的签发日期为准；须经会议讨论通过的重要公文，以会议通过的日期为准；法规性公文其生效日期以成文日期为准，或以专门规定的具体生效、开始执行的日期为准；电报以发出日期为准。

成文日期用阿拉伯数字将年、月、日标全，年份应标全称，月、日不编虚位（即 1 不编为 01）。成文日期的标识位置大多数写在公文末尾发文机关名称之下，决定、通告、会议纪要等公文则写在公文标题之下，用括号标注。

当公文排版后所剩空白处不能容下印章或签发人签名章、成文日期等要素时，可以采取调整行间距、字间距的方法来解决。

6. 附注

如有附注，居左空两字加圆括号编排在成文日期下一行。附注主要用于说明文件发送、传达的范围。如"此件发至县团级""此件可见报"等，对公文的内容及执行情况不作解释或注释。

7. 附件

附件应当另面编排，并在版记之前，与公文正文一起装订。"附件"二字及附件顺序号用 3 号黑体字顶格编排在版心左上角第一行。附件标题居中编排在版心第三行。附件顺序号和附件标题应当与附件说明的表述一致。附件格式要求同正文。

如附件与正文不能一起装订，应当在附件左上角第一行顶格编排公文的发文字号并在其后标注"附件"二字及附件顺序号。

（三）版记

公文版记部分主要由版记中的分隔线、抄送机关、印发机关、印发日期、页码 5 个部分组成。

1. 版记中的分隔线

版记中的分隔线与版心等宽,首条分隔线和末条分隔线用粗线(推荐高度为 0.35mm),中间的分隔线用细线(推荐高度为 0.25mm)。首条分隔线位于版记中第一个要素之上,末条分隔线与公文最后一面的版心下边缘重合。

2. 抄送机关

如有抄送机关,一般用 4 号仿宋体字,在印发机关和印发日期之上一行、左右各空一字编排。"抄送"二字后加全角冒号和抄送机关名称,回行时与冒号后的首字对齐,最后一个抄送机关名称后标句号。

如需把主送机关移至版记,除将"抄送"二字改为"主送"外,编排方法同抄送机关。既有主送机关又有抄送机关时,应当将主送机关置于抄送机关之上一行,之间不加分隔线。

3. 印发机关和印发日期

印发机关和印发日期一般用 4 号仿宋体字,编排在末条分隔线之上,印发机关左空一字,印发日期右空一字,用阿拉伯数字将年、月、日标全,年份应标全称,月、日不编虚位(即 1 不编为 01),后加"印发"二字。

翻印或复印文件时,应在原文件承印栏下,分别注明翻印或复印单位、翻印或复印份数以及翻印或复印的时间。

版记中如有其他要素,应当将其与印发机关和印发日期用一条细分隔线隔开。

4. 页码

页码一般用 4 号半角宋体阿拉伯数字,编排在公文版心下边缘之下,数字左右各放一条一字线;一字线上距版心下边缘 7mm。单页码居右空一字,双页码居左空一字。公文的版记页前有空白页的,空白页和版记页均不编排页码。公文的附件与正文一起装订时,页码应当连续编排。

规范党政公文的格式要素如下所示。

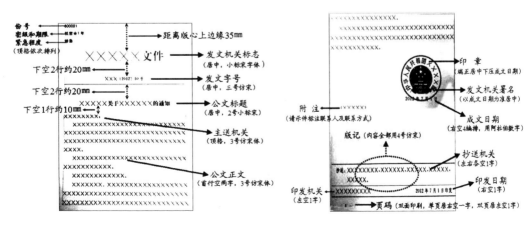

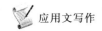

二、特殊格式公文

（一）信函格式公文

发文机关标志使用发文机关全称或者规范化简称，居中排布，上边缘至上页边为 30mm，推荐使用红色小标宋体字。联合行文时，使用主办机关标志。

发文机关标志下 4mm 处印一条红色双线（上粗下细），距下页边 20mm 处印一条红色双线（上细下粗），线长均为 170mm，居中排布。

如需标注份号、密级和保密期限、紧急程度，应当顶格居版心左边缘编排在第一条红色双线下，按照份号、密级和保密期限、紧急程度的顺序自上而下分行排列，第一个要素与该线的距离为 3 号汉字高度的 7/8。

发文字号顶格居版心右边缘编排在第一条红色双线下，与该线的距离为 3 号汉字高度的 7/8。

标题居中编排，与其上最后一个要素相距两行。

第二条红色双线上一行如有文字，与该线的距离为 3 号汉字高度的 7/8。

首页不显示页码。

版记不加印发机关和印发日期、分隔线，位于公文最后一面版心内最下方。

中华人民共和国×××××部

000001　　　　　　　　　　　　　　×××〔2012〕10 号

机　密

特　急

×××××关于×××××××的通知

×××××××××：
　　×××××××××××××××××××××
×××××××××××××××××××××××
×××××××××××××××××××××××
×××××××××××××××××××××××。
　　×××××××××××××××××××××
×××××××××××××××××××××××
×××××××××××××××××××××××
×××××××××××××××××××××××。
　　×××××××××××××××××××××
×××××××××××××××××××××××
×××××××××××××××××××××××
×××××××××××××××××××××××
×××××××××××××××××××××××
×××××××××××××××××××××××
×××××××××××××××××××××××。

（二）命令（令）格式公文

发文机关标志由发文机关全称加"命令"或"令"字组成，居中排布，上边缘至版心上边缘为 20mm，推荐使用红色小标宋体字。

发文机关标志下空两行居中编排令号，令号下空两行编排正文。如下所示。

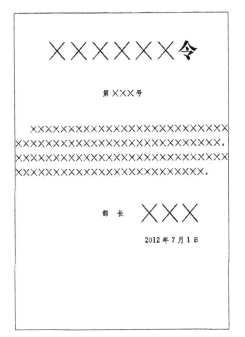

（三）纪要格式公文

纪要标志由"×××××纪要"组成，居中排布，上边缘至版心上边缘为35mm，推荐使用红色小标宋体字。

标注出席人员名单，一般用3号黑体字，在正文或附件说明下空一行左空两字符编排"出席"二字，后标全角冒号，冒号后用3号仿宋体字标注出席人单位、姓名，回行时与冒号后的首字对齐。

标注请假和列席人员名单，除依次另起一行并将"出席"二字改为"请假"或"列席"外，编排方法同出席人员名单。

纪要格式可以根据实际制定。如下所示。

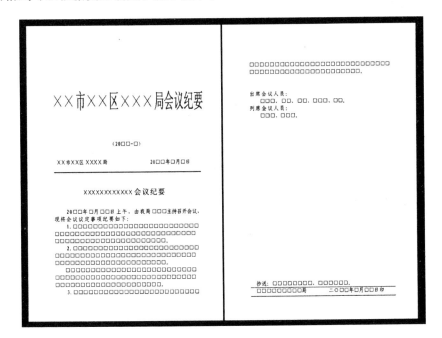

三、公文用纸幅面尺寸及版面要素

（一）幅面尺寸

公文用纸采用 GB/T 148 中规定的 A4 型纸张,其成品幅面尺寸为 210mm×297mm。

（二）版面要素

1. 页边距与版心尺寸

公文用纸天头(上白边)为 37mm±1mm,公文用纸订口(左白边)为 28mm±1mm,版心尺寸为 156mm×225mm(不含页码)。

2. 字体和字号

如无特殊说明,公文格式各要素一般用 3 号仿宋字体。特殊情况可以适当调整字号的大小。

3. 行数和字数

一般每页排 22 行,每行排 28 个字,并抻开排满版心。特殊情况可以适当调整行数及每行的字数。

4. 文字的颜色

如无特殊说明,公文中文字的颜色均为黑色。

四、公文的印制装订要求

（一）制版要求

版面干净无底灰,字迹清楚无断划,尺寸标准,版心不斜,误差不超过 1mm。

（二）印刷要求

一般要求公文双面印刷。

（三）装订要求

（1）公文应当左侧装订,不掉页,两页的页码之间误差不超过 4mm,裁切后的成品尺寸允许误差值为±2mm,四角成 90°,无毛茬或缺损页。

（2）采用骑马订或平订:①订位为两钉外订眼距纸张上下边缘各 1/3 处,允许误差±4mm;距左侧纸张边缘 10mm;②无坏钉、漏钉、重钉,钉脚平伏牢固;③包本装订公文的封皮(封面、书脊、封底)与书芯应吻合、包紧、包平、不脱落。

第三节　党政公文的行文规则

行文规则是指党政机关、社会团体、企事业单位公文往来时需要共同遵守的制度和原则。正常有效的行文应当遵循以下普遍适用的规则。

一、确有必要规则

行文应当确有必要,既要讲求实效,还要讲究质量,要注重针对性和可操作性,精简行文,避免不必要行文。

二、行文根据规则

行文关系是由隶属关系和职权范围确定的,这条规则主要体现在以下几个方面。

（一）按机关隶属关系行文

上级机关对下级机关可以做指示、布置工作、提出要求，并对下级机关的请示内容做出批复；下级机关可以向直接的上级机关报告工作、提出请示。在我国现行行政管理体制中，还形成了一种各业务部门上下垂直的关系，其中有些部门属本级政府和上级业务部门双重领导，大部分和上级业务部门之间虽然不属直接的行政领导与被领导的关系，但在业务上却存在指导与被指导的关系，这样一来也形成了直接的上下行文关系。

（二）按机关的职责范围行文

行文的内容应是本机关职责范围内的事项，超出了即为越权。如果干涉了别的机关事务，实践中行不通，也会造成政令混乱。不相隶属机关之间的公文往来，只能是商洽工作、通知事项、征询意见等，而不存在请示、报告或布置任务的性质。

（三）授权行文

当一个部门的业务需要下级政府和有关部门的支持与配合，按隶属关系和职权范围，此部门又不具备布置工作、提出要求的行文权限时，即可通过授权行文来解决。

三、上行文规则

上行文在行文关系上有自己的特点，应注意把握以下几个方面。

（一）无特殊情况不得越级行文

一般情况下不能破坏这种原则，特殊情况需要越级行文的，可特事特办，但应当同时抄送被越过的机关。否则，受文机关有可能对越级公文退回原呈报机关，或可作为阅件处理，不予办理或答复，有可能因此而耽误工作处理的时效性。

（二）主送机关只能有一个

受双重领导的机关向上级机关行文时，只能主送一个上级机关。如需要同时汇报给另一上级机关，可根据需要同时抄送给相关上级机关，也可同时抄送给其他相关的同级机关，不抄送下级机关。

（三）不以个人名义行文、受文

除上级机关负责人直接交办事项外，既不得以本机关名义向上级机关负责人报送公文，也不得以本机关负责人名义向上级机关报送公文。

（四）请示、报告原则

党委、政府的部门向上级主管部门请示、报告重大事项，应当经本级党委、政府同意或者授权；属于部门职权范围内的事项应当直接报送上级主管部门。下级机关的请示事项，如需以本机关名义向上级机关请示，应当提出倾向性意见后上报，不得原文转报上级机关。请示应当一文一事。不得在报告等非请示性公文中夹带请示事项。

四、下行文规则

下行文在行文关系上，应注意把握以下两点。

（一）行文权限

上级党委、行政的办公厅（室）根据本级党委、行政授权，可以代表本级党委、行政的办公厅（室）向下级党委、行政行文，上级党委、行政的其他部门不得向下级党委、行政发布指令性公

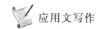

文,或者在公文中向下级党委、行政提出指令性的要求。需经党委、行政审批的具体事项,经党委、行政同意后可以由党委、行政的相关职能部门行文,文中须注明已经党委、行政同意。党委、行政的部门在各自职权范围内可以向下级党委、行政的相关部门行文。

（二）抄送原则

上级机关向受双重领导的下级机关行文,必要时抄送该下级机关的另一个上级机关。重要行文应当同时抄送发文机关的直接上级机关。所谓重要行文,是指有关撤换下级机关的主要领导人、增设重要机构、审批大型建设项目、进行重要的涉外活动等内容的公文。

五、平行文规则

平行文是平行机关或相互间没有隶属关系的党政机关、社会团体、企事业单位之间的行文。不管属于哪一个系统、部门、地区,党政机关、社会团体、企事业单位相互之间只要有问题需要处理,都可以直接行文。行文涉及的单位,可以是同一系统的不同机关,也可以是不同系统的同级机关,还可以是不同系统的不同机关。平行文主要使用"函"作载体来行文。

六、联合行文的规则

联合行文在行文关系上,应注意把握以下几点。

（一）联合行文的单位

同级政府与政府之间、部门与部门之间、上级部门与下级政府之间可以联合行文;同级政府与党委、军事机关之间可以联合行文;政府部门与同级党委部门、军事机关部门之间可以联合行文;政府部门与同级人民团体和行使行政职能的事业单位之间,就某些有关的业务,经过协商一致后可以联合行文。属于党委、政府各自职权范围内的工作,不得联合行文。

联合行文应当确有必要,单位不宜过多,而且必须是平级。

（二）协商一致原则

对涉及几个单位或部门职责范围事项的行文,行文前必须协商一致。部门之间对有关问题未经协商一致,不能向下级机关行文。如擅自行文,上级机关有权责令纠正或直接加以撤销处理。

（三）明确主办单位

联合行文,既可联合向上行文,也可联合向下行文,应明确主办单位。其文稿需经各方领导签署意见并签字。

第四节　党政公文的撰制程序

一、公文的撰制程序

公文的撰制是一个完整的过程,包括拟稿、审核与复核、签发、编号、校对、印装、下发、存档等基本环节。

（一）拟稿

起草公文要严格遵循上级有关文件精神、相关会议形成的决议或主要领导的指示,重要文件应由单位负责人亲自主持起草。

（二）审核与复核

主管部门签署意见，填写文件标题、主送（抄送）单位、主办单位及拟稿人、打印份数、校对人、急缓程度、密级等，由本单位负责人会审并签署意见后，交单位相关领导审核并签发。送审稿必须完整，凡书面材料，无论保密与否，均须与主件一道送审。所有文件必须要进行复核。

审核与复核中重点关注以下内容。

（1）检查是否符合公文处理程序及要求。

（2）检查是否确实需要行文。

（3）检查是否需要会议进行讨论，是否需要报上级机关等。

（4）检查公文内容同党的方针政策、上级和有关部门的规定及本单位以前的规定有无矛盾，是否与其他公文有重复或脱节的地方。

（5）检查公文中规定的界限是否清楚。若内容不够妥当，要认真加以修改，以免受文单位在理解和执行中发生困难，出现偏差。

（6）检查公文规定的措施是否有根据，是否符合实际或行得通，怎样执行及执行时限是否相宜，涉及的有关机关是否已征得同意或沟通等。

（7）检查文字表达是否准确、通顺、简练、明了，是否合乎语法逻辑，标点符号使用是否正确，有无文字错漏等。

（8）检查公文格式是否合乎规定，公文名称使用是否恰当，主送单位和抄送单位是否适当，标题、发文机关、发文字号等是否准确。

在审核与复核过程中，对上述方面出现的不妥之处，须逐项加以修正。属原则性的问题或具体业务问题的修改，应附上具体修改意见退交拟稿部门修改。核稿之后，应注明印数（包括存档数）。

（三）签发

签发是决定文件最后定稿和批准发出的关键环节。文稿经过主要领导核准签字后即成为定稿。签发人代表党政机关、社会团体、企事业单位在内容、文字上对公文的正确性负完全责任。凡已经领导签发的公文不能随意改动；若确需修改应请示领导。

（四）编号、登记

文件定稿后，应及时登记、编号，并根据急缓程度编排版。文件出稿后，应及时通知拟稿人校对。

（五）校对

校稿人应按领导核准签发后的文稿认真仔细地进行校对。非拟稿人进行校对时，若发现原稿有不妥之处，不应随意增删修改，应及时请示领导解决。对校对中发现的一般性的笔误，如错字、漏字、标点等，须作必要的修正，并在原稿上注明。

（六）印刷、装订

打印稿经校对无误后由相关部门付印、装订。印刷装订应力求使文件美观、整洁、牢固，以便受文机关阅读、处理和保管。

（七）用印、注发

所有发往上级机关、外单位的文件及内部需要存档的文件，都应盖印。重要文件应及时在文稿登记本上注明文件发送情况，以备查考。

（八）立卷、归档

对于按发文程序处理完毕的文件，相关人员应及时将文件编号、立卷，最终形成档案。

二、实训演练

请分析以下两则公文在格式上有哪些问题。

公文一：

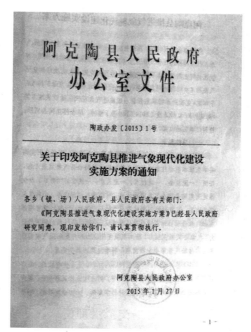

资料来源：百度图库，https://image.baidu.com/search/detail？ct.

公文二：

资料来源：百度图库，https://image.baidu.com/search/detail？ct＝.

三、研究性学习

（1）栾照钧《公文格式编排规则与常见错误示例》，载《秘书之友》2016 年第 10 期。

分析与评价：该文作者在应邀为党政机关公文写作培训班讲授公文写作规范和评改实训课的过程中，发现《党政机关公文格式》虽已发布实施多年，各地却仍存在因贯彻执行不力导致公文格式严重不规范的问题。为引起公文学界足够重视，促进各级机关公文规范化，作者特撰此文，概要总括特殊格式之外的常规公文格式编排规则，并针对公文中的常见错误列举典型实例予以点拨矫正。

（2）刘凤《〈党政机关公文处理工作条例〉实践难点研究》，载《应用写作》2018 年第 4 期。

分析与评价：该文是 2017 年度河南省教育厅人文社会科学研究一般项目。该文认为《党政机关公文处理工作条例》（以下简称《条例》）自颁布实施以来，国内学者从理论分析和宏观比较的角度展开的研究比较积极，但从实践层面来探究新《条例》的，则比较少见。作者通过对中央和地方党政机关优秀公文文本的阅读和对地方党政机关公文使用不规范现象的梳理，针对公文写作中遇到的实际问题提出新《条例》在贯彻实施中的难点问题，从而让公文实践者更快学习并规范执行新的党政机关公文处理法规，推进党政机关公文处理工作科学化、制度化、规范化。

（3）张维功《党政机关公文若干格式要素解释及标注规则研究》，载《档案学通讯》2014 年第 1 期。

分析与评价：作者依据新的《党政机关公文处理工作条例》和《党政机关公文格式》，结合学界的研究成果，对公文法规未作解释的部分——公文格式要素做出解释，指出公文法规中存在"一般"的过度使用，对密级与保密期限的位置关系、版头中的红色分隔线、格式要素中的数字与标点符号、印发机关和印发日期、发文机关署名、成文日期和印章等表述不够简洁、明晰、严谨，存有易产生异议的格式要素，并对其进行了梳理与辨析。

下行文

第一节 决 定

一、文体知识

（一）概念

决定是对重要事项或者重大行动做出安排,奖惩有关单位及人员,变更或撤销下级机关不适当的决定事项的一种公文。

（二）主要类型

根据决定的适用范围,可分为以下四类。

（1）指挥性决定。这类决定是部署性的,是对重大事项或重大行动做出部署安排,政策性强,要求贯彻执行。

（2）知照性决定。这类决定常对重大事项做出决断并予以公布,多数没有执行要求,少数兼有事项安排。

（3）奖惩性决定。这类决定是公布对人或事进行表彰或处理结果的公文。

（4）变更或撤销性决定。这类决定是变更或者撤销下级机关不适当的决定事项的公文。

二、写法指要

（一）写作特点

（1）写作对象具有非一般性,具有重大影响或全局意义。

（2）具有很强的约束力和强制性。

（二）写作格式要素

（1）标题。一般要求采用完整式标题,即发文机关、事由和文种三要素齐全。如《国务院关于废止和修改部分行政法规的决定》。

（2）题注。标题下方居中写明决定通过的时间或会议,并用圆括号括入。标题下有题注,是决定文种的特点之一。

（3）正文。一般由决定的依据和决定的事项两部分构成。部署性决定,其依据可以是针对现实情况的事实依据,也可以是有关政策法规和上级文件精神的理论依据。要求理由充分,简明扼要;其事项包括开展工作的有关政策和原则、执行事项和要求等。要求内容具体,层次清晰。奖惩性决定要介绍表彰或批评对象的有关事件和情况以说明原因,并简要评述其性质或意义,宣布决定内容,提出学习要求或告诫。变更性决定要求充分说明变更或撤销的理由,清楚表明决定事项。

（4）落款。一般在文末,也可以在标题下写发文机关名称和日期,并加盖印章。

（三）写作注意事项

（1）要有政策和法律依据,同时结合实际,这是撰写决定必须遵循的重要准则。

（2）决定事项要明确突出。

（3）语言要准确、决断，切忌模棱两可、含混不清。

三、例文赏析

例文一

国务院关于 2017 年度国家科学技术奖励的决定

国发〔2018〕2 号

各省、自治区、直辖市人民政府，国务院各部委、各直属机构：

为全面贯彻党的十九大精神，深入贯彻落实习近平新时代中国特色社会主义思想，坚定实施科教兴国战略、人才强国战略和创新驱动发展战略，国务院决定，对为我国科学技术进步、经济社会发展、国防现代化建设做出突出贡献的科学技术人员和组织给予奖励。

根据《国家科学技术奖励条例》的规定，经国家科学技术奖励评审委员会评审、国家科学技术奖励委员会审定和科技部审核，国务院批准并报请国家主席习近平签署，授予王泽山院士、侯云德院士国家最高科学技术奖；国务院批准，授予"水稻高产优质性状形成的分子机理及品种设计"等 2 项成果国家自然科学奖一等奖，授予"华北克拉通破坏"等 33 项成果国家自然科学奖二等奖，授予"燃煤机组超低排放关键技术研发及应用"等 4 项成果国家技术发明奖一等奖，授予"水稻精量穴直播技术与机具"等 62 项成果国家技术发明奖二等奖，授予"特高压±800kV 直流输电工程"等 3 项成果国家科学技术进步奖特等奖，授予"涪陵大型海相页岩气田高效勘探开发"等 21 项成果国家科学技术进步奖一等奖，授予"多抗广适高产稳产小麦新品种山农 20 及其选育技术"等 146 项成果国家科学技术进步奖二等奖，授予厄尔·沃德·普拉默教授等 7 名外国专家中华人民共和国国际科学技术合作奖。

全国科学技术工作者要向王泽山院士、侯云德院士及全体获奖者学习，不忘初心、牢记使命，继续发扬求真务实、勇于创新的科学精神和服务国家、造福人民的优良传统，主动担当起建设世界科技强国的历史重任，深入实施创新驱动发展战略，坚定不移走中国特色自主创新道路，加快建设创新型国家，为决胜全面建成小康社会、夺取新时代中国特色社会主义伟大胜利、实现"两个一百年"奋斗目标和中华民族伟大复兴的中国梦做出新的更大贡献。

国务院

2018 年 1 月 1 日

【评析】 这篇范文属于表彰性决定，这一决定的格式规范，尤其正文的写作值得借鉴。正文的缘由和事项部分的内容处理十分到位。第一段说明关于 2017 年度国家科学技术奖励的决定的理由根据，依据明确、果断、充分，让人信服。第二段全面介绍 2017 年度国家科学技术方面的成果，集中体现了国家科学技术的进步。第三段号召科技工作者向获奖者学习，鼓励科技工作者走自主创新道路。这不仅加强了人们对缘由的深刻理解，也有利于号召的落实执行，这样周密的结构安排，值得学习与借鉴。

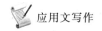

例文二

国务院关于取消一批职业资格许可和认定事项的决定

国发〔2016〕35 号

各省、自治区、直辖市人民政府,国务院各部委、各直属机构:

经研究论证,国务院决定取消 47 项职业资格许可和认定事项,现予公布。

取消不必要的职业资格许可和认定事项,是降低制度性交易成本、推进供给侧结构性改革的重要举措,也是为大中专毕业生就业创业和去产能中人员转岗创造便利条件。各地区、各部门要从大局出发,进一步提高认识,主动开展自我清查,人力资源社会保障部要对照职业分类大典对现有准入类和水平评价类职业资格许可和认定事项进行全面清理,持续降低就业创业门槛。只要不涉及国家安全、公共安全、公民人身财产安全的职业,原则上要放宽市场准入。水平评价类职业资格要真正市场化,不能影响就业创业。今后没有法律法规依据的准入类职业资格一律不得新设。人力资源社会保障部要会同有关部门在继续取消职业资格许可和认定事项的同时,抓紧公布实施国家职业资格目录清单,接受社会监督,清单之外一律不得许可和认定职业资格,清单之内除准入类职业资格外一律不得与就业创业挂钩。要依法依规加强对职业资格设置和实施的监管,逐步构建国家职业资格框架体系,推动职业资格科学设置、规范运行、依法监管。在推进职业教育结构调整时,要更加突出以用为本,提升学生实践能力,让实际工作对职业技能的需求真正成为职业教育和选人用人的导向。

附件:国务院决定取消的职业资格许可和认定事项目录(共计 47 项)

国务院

2016 年 6 月 8 日

【评析】 这是一则撤销决定。文章开头宣布决定,然后首先交代行文的缘由、背景,接着写做出撤销决定的依据和事项。思路明晰,事项明确,语言准确、果断、简练。

例文三

关于向×××同志学习的决定

各党支部:

我支部党员同志×××在上月十五日的火灾中,为抢救国家财产不幸身亡。我支部决定在全校开展向×××同志学习的活动。

一、学习×××同志公而忘私、奋勇保护国家财产的高尚品德,爱祖国爱人民,敢于牺牲的精神。

二、根据×××同志生前的表现和愿望,追记×××同志一等功。

三、在全校广泛宣传×××同志的先进事迹,运用这一典型,对全校党员职工进行一次努力奉献、坚持改革、敢于进取的革命精神,以及勇于献身的革命英雄主义精神的宣传教育。宣传科和工会要把×××同志的事迹册子广为发放。

四、各支部要开展讨论,学习×××同志的优秀品质,开展比、学、赶、帮活动,争取工作上一个新台阶。

××校党委

××校委员会

××××年×月×日

【评析】 这是一篇奖惩性的决定。格式符合要求,但是正文存在问题。一是奖惩类决定主要由概述事实、评价事实、说明决定、提出希望四要素组成。这四要素在奖惩类决定中应当齐全,不能缺少。这篇决定中,对事实的叙述太过简略,不利于人们对先进人物的理解和认识,从而使后面的号召缺乏说服力。二是这篇决定主要在写"说明决定",没有写"提出希望"。奖惩类决定主要是通过对先进人物的典型事迹以及精神的概述,告诉人们事实,对事实进行评价以利于人们理解先进人物,说明决定有助于弘扬社会正气,提出希望号召人们学习先进人物的精神,集中体现中华民族的传统美德和奉献精神。

四、实训演练

判断下列各题的正误。

(1) 决定具有强制性和稳定性两个特点。   (　　)

(2) 决定只有指挥性决定、奖惩性决定和变更或撤销性决定三个类型。   (　　)

(3) 决定正文一般由缘由、决定事项、结语三个部分组成。   (　　)

(4) 一般写表彰决定的正文,主要写被表彰者的身份、事迹、对被表彰者或事迹的评价、决定的事项、希望与号召。   (　　)

(5) 惩戒决定正文一般针对人和事,先说明错误事实,接着分析其性质、根源、责任及后果,而后交代被处理人对所犯错误有无认识和悔改表现,然后写处理决定,最后指出教训、提出希望。   (　　)

(6) 指挥性决定一般主要依次写决定的缘由、依据和决定事项。   (　　)

(7) 如果变更或撤销性决定涉及的是变更或撤销性的事项,则必须明确说明所依据的有关法律、法规、相关的政策规定或不变更不撤销会产生怎样的严重后果等。   (　　)

五、研究性学习

安忻《谈处分性"决定"的规范写法》,载《办公室业务》2011年第4期。

分析与评价: 作者通过对公文写作中的一篇"示例"公文的评析,来阐明处分性"决定"的规范写法。此文说理透彻,从决定的标题写作开始,提出决定的标题应该准确、精练;通过案例分析出决定的正文结构要完整,概述事实部分要从需要出发,抓住要点,突出重点,简明扼要地交代清楚;突出主干,事件的性质、意义,剪除不必要的枝节;语言简明、果断,注意逻辑性。

第二节 通 告

一、文体知识

(一)概念

通告是在一定范围内向有关人员公布应当遵守或周知事项的一种公文。

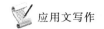

（二）主要类型

通告是各级机关、团体经常使用的具有一定约束力和知照性的下行公文。按其内容可分为法规性通告和周知性通告两类。

（1）法规性通告：主要公布一定范围内有关人员或单位以及群众需要遵守的事项，这类通告有明显的法规性，约束力比较强。

（2）周知性通告：主要公布一定范围内告知有关单位和个人应当周知的事项，以利于生活工作的安排，任何机关、单位、团体都可使用此文种。

二、写法指要

（一）写作特点

（1）写作对象具有广泛性。从中央到地方，无论是党政机关还是企事业单位、事业团体，都可以向有关方面发布通告文书。

（2）具有很强的约束性。通告一经发布，有关单位和个人就得遵照执行，如有违背将承担相应责任。

（3）公告和通告由标题、正文、署名和日期构成。由于公告和通告的受文对象有不确定性，因此行文时一般不用写主送机关。

（二）写作格式要素

1. 标题

通告的标题具有以下四种形式。

（1）发文机关＋事由＋文种，如"××大学关于实行夏季统一作息时间的通告"。

（2）发文机关＋文种，如"中国农业银行东莞分行、东莞信用社通告"等。

（3）事由＋文种，如"关于税收财务大检查实行持证检查的通告"等。

（4）只写文种。如"通告"。

2. 正文

通告的正文通常由通告缘由、通告事项、通告结语三部分组成。

（1）通告缘由通常用"为了……根据……，特通告如下"的句式写明发布通告的目的、依据和原因并引出下文。也有些针对存在问题做出相应规定的通告，开头这部分简要说明存在问题的情况、严重性和紧迫感，再引出下文。

（2）通告事项是正文的主体，写明需要有关方面和有关人员周知或者遵照办理的事项，要写得具体明确，简洁明白。若是周知性通告，事项通常比较单一，篇幅简短。若是规定性通告，一般分条文写明应当遵守的有关事项。内容简单、篇幅简短的通告常采用篇段合一式结构，内容稍多的通告则常用总分条文式结构，由依据、内容和结尾组成。

（3）通告常用"特此通告"作结语；有的以提出希望或执行要求作结；有的说明实施期限、范围；有的通告事项写完即结束全文，可不再写结语。无论是张贴的或者登报的通告，落款处都应写明发文单位和成文时间。

3. 落款

通告的内容具有明显的约束性和法规性，所以必须写明发文机关和日期。

（三）写作注意事项

（1）事项必须准确、清楚。无论是公布要周知的事项还是公布要遵照执行的事项，写作时必须交代清楚依据,做到明确周全。

（2）语言要力求简明、通俗。法规性通告言辞较严肃,多用短句;周知性通告言辞较平易,但力避啰唆。

三、例文赏析

例文一

关于重申校园内禁止摆摊设点的通告

××字〔2020〕29号

为维护整洁的校容校貌,保持道路畅通,优化校园教书育人环境,保障学校教学、科研、生活秩序,根据教育部《高等学校校园秩序管理若干规定》的规定,禁止在校园内摆摊设点,现就有关事项通告如下:

一、校园内禁止任何部门或个人私设摊点;禁止任何个人（含学生）随意摆摊,经营或推销物品。

二、校园内商业网点经营者不得超出经营范围,不得在店外经营、占道经营。

三、凡未经允许私自在校园内摆摊设点的,保卫处将对其进行强制取缔。

特此通告。

××学院保卫处

2020年9月3日

【评析】　这篇范文属于周知性通告,事项单一,说事明确、清楚、明白,语言简洁、朴实、晓畅。全文共有四段,第一段说事项,后面三段提要求。第一段把事项的缘由、依据交代得十分清楚。后面三段是事项的关键内容,加深人们对校园内禁设摊点的印象,更有要求人们付诸实践的作用。

例文二

关于××区渣土运输企业实行市场准入的通告

为进一步规范我区渣土运输秩序,加紧落实渣土运输市场准入制度,根据《南京市城市治理条例》《南京市渣土运输管理办法》等法规、规章,结合我区渣土运输管理实际,特通告如下:

一、本区实行渣土运输企业市场准入制度。从事渣土运输的企业应当取得渣土处置核准,未取得渣土处置核准的企业及个人从事渣土运输活动的,城市管理行政主管部门将依法查处。

二、本通告发布之日起,本区从事渣土运输的企业应当携带相关材料至区行政服务中心城管窗口办理渣土处置核准,在本区外取得渣土处置核准的企业可携带相关材料至区行政服务中心城管窗口报备渣土企业信息。第一批渣土运输企业登记时间截止到2015年4月25日。

三、区城市管理行政主管部门将汇总取得处置核准的企业信息,建立《渣土运输企业名录》,供建设单位参考,并向社会公布,接受行业和公众监督。

四、区城市管理行政主管部门负责对渣土运输企业的经营行为进行监督、考评,建立诚信

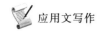

档案和考核退出机制。对屡次违规、扣分达到一定数值的企业,采取停标或者撤销运输准入资格的措施。

五、渣土运输企业准入条件详见附件。

特此通告。

附件:1.渣土运输企业市场准入条件
　　　2.渣土处置核准所需材料

××区城市治理委员会办公室

2021年3月26日

【评析】　这是一篇法规性通告,字里行间体现出明显的约束力。它明确告知有关企业违反通告将受到怎样的惩处。主体部分采用分条说明的方式,这是公文的主要表达方式。其突出效果是政策界限分明,便于阅读、理解和执行。在语言运用方面,第二条"本通告发布之日起"说明了生效日期,也表明了解决这个问题刻不容缓的态度,语气肯定,用词精确,表明了区城市治理委员会在渣土运输方面的坚定态度与立场。

例文三

关于加强市区公用机动车辆停车场统一管理的通告

(×局告〔2020〕5号)

为了搞好交通和治安秩序,加强交通管理,全市公用机动车辆停车场必须实行统一管理。现通告如下:一、凡道路两侧、游览地区及其他公共活动场所的公用机动车停车场(包括各单位在上述范围内自建的停车场)均属公共交通设施,一律由市公安局交通管理部门统一管理,任何单位不得随意占用或改变使用性质。二、除体育场(馆)、展览馆、火车站及大型歌剧院、饭店等处设立的专用机动车停车场外,其他公共停车场经市公安局交通管理部门审查批准,并领取工商管理部门核发的营业执照后,可以收停车费。停车费一律按物价局规定的统一标准收取。三、未经市公安局交通管理部门审核批准而收停车管理费的,从11月10日起至11月底止,持主办单位申请到市公安局交通管理处办理审批手续。凡逾期不办理审批手续的,要给予取缔。四、凡经批准收费的公用机动车停车场,必须安装市公安局制作的"收费停车场"标志,遵守市公安局交通管理部门的管理规定。五、对违反上述通告者,由公安机关和工商管理部门依照有关规定严肃处理。

特此通告。

××市公安局

2020年11月1日

【评析】　此通告的主体格式齐全,但有些项目书写不规范。发文字号不必加括号。此通告的主要问题在于正文部分。此通告属于法规性通告,其规定的各项内容是要有关单位和个人理解、掌握、执行。因此,内容和形式都得力求清楚、明确、中心突出。事项部分,采用全文篇段合一的结构则不恰当,应分条列项写出有关内容。篇段合一的结构不利于突出通告的主旨,不利于通告各项内容的明确表达,同时也会给读者带来阅读和理解的障碍。因此,应将缘由和事项在形式上分开,然后再分条列项写明事项。

这篇通告缘由交代简明,但是没有提出现实需要和上级要求,应该有清楚明确的交代,使其具有明确的权威性。

【辨析】   公告与通告

公告是向国内外宣布重要事项或法定事项的公文。通告是在一定范围内公布应当遵守或周知事项的公文。公告和通告的特点是公开性、知照性。

公告与通告都是公开发表的告知性公文,具有公布性、周知性,但二者也有明显的区别。二者的区别如下。

1. 内容适用范围不同

公告用于向国内外宣布重要事项、公布某些法定专门事项。通告用于向一定范围公布应当遵守或周知的事项(重要事项或一般事项)。

2. 发文机关范围不同

公告由权力机关(各级人民代表大会及其常务委员会)、较高级别的国家行政机关发布。通告可由各级行政机关、企事业单位制发。

3. 发送对象范围不同

公告可向国内外有关方面公布,公布范围广。而通告则限于向一定范围的有关方面和人员公布。

4. 发布方式不同

公告和通告都可制成文件下发,或通过新闻媒介发布。但通告可张贴,公告则不能张贴。具体表现为以下三点。

(1)制发者的级别不同。公告通常是由国家高级机关如国务院、全国人大及其授权单位制发。通告的发布不受单位级别限制。

(2)内容的重要程度不同。公告宣布的是重要事项或法定事项。通告涉及的是一般事项,且事项内容有较强的专业性和业务性。

(3)公布的范围不同。公告面向国内外大众。通告限于国内某一地区、系统、地段的群众和有关人员。

四、实训演练

判断下列各题的正误。

(1)通告的特点有广泛性和强制性。 （   ）
(2)通告的类型有发布性通告和周知性通告。 （   ）
(3)公告和通告都是上行文。 （   ）
(4)公告和通告行文时,都要写上主送机关。 （   ）
(5)公告和通告的写法基本相同。 （   ）

五、研究性学习

于喆《论通告写作中的常见问题》,载《才智》2013年第36期。

分析与评价：该文以模拟写作为例,阐述了写作通告时应该注意的问题。标题应该醒目,

引起读者注意;正文部分应该简述写作缘由,正确把握有关事项的具体情况,真正做到从实际出发,是撰写好通告正文的关键。在撰写事项时,要做到周全严密、具体实在、条理分明,充分表现出通告的严肃性。

第三节 意 见

一、文体知识

(一)概念

意见适用于对重要问题提出见解和处理办法,是党政机关对重要事项发表的对工作有指导性质的文件。意见既可以用作下行文,表明主张,做出计划,阐明工作原则、方法和要求;又可以用作上行文,提出工作见解、建议和参考意见;还可以作平行文,对平行的或者不相隶属机关的有关专门工作做出评估、鉴定和咨询。

(二)主要类型

意见都是对重要事项发表见解,但由于发表见解机构地位的不同,因而意见的类型也分为两种。

1. 指导性意见

指导性意见是党政领导机关用于布置工作的下行文,它同决定、通知等文种一样,对下级有一定的规范作用和行政约束力。

2. 实施性意见

实施性意见是对某一时期某方面的工作规定目标和任务,提出措施、方法和步骤等实施要求的下行文。

二、写作指要

(一)写作特点

(1)内容的多样性。它既可以对工作做出指导,提出要求,又可以对工作提出建议,或者对工作做出评估,提出批评。它主要用于党政机关,也可用于人民团体、企事业单位;既可用于上级,又可用于下级甚至基层组织。

(2)行文方向的多向性。它既可以用作下行文,表明主张,做出计划,阐明工作原则、方法和要求;又可以用作上行文,提出工作建议和参考意见;还可以用作平行文,就某一专门工作向平行的或者不相隶属的有关方面做出评估、鉴定和咨询。

(3)内容的针对性。意见的制发往往是针对工作中急需解决的问题或必须克服的情形,因此它提出问题要及时,分析问题要结合实际,提出见解、办法要对症下药,具有可操作性。

(4)作用的多重性。有的意见具有指导、规范作用;有的具有建议、参考作用;有的具有评估、鉴定作用。

(二)写作格式要素

1. 标题

意见的标题格式为:发文机关+事由+文种。也有的省略发文机关,一般采用"关于……的意见""对……的几点意见"等形式。

2. 主送机关

除一些评估性意见外,绝大多数意见都要写明主送机关。

3. 正文

意见的正文写作要有针对性、可行性。内容一般分前言和分列的处理意见、措施。前言部分一般先概括、分析当前面临的状况、问题和必须采取措施的原因,然后以"为了……现提出如下意见"的句式引出多以条文形式分述的目标、任务、实施要求、措施、办法,或者建议事项、意见等。

4. 结语

可用"以上意见供领导决策参考""以上意见供参考"作结。无论哪一类意见,语言都要严肃、得体、简明,要少用指令性词语,多用期请性、指导性词语,以适当体现注重商榷、尊重对方的民主作风。

5. 落款

落款写明发文机关和成文时间,位于正文右下方。

三、例文赏析

例文一

国务院办公厅关于进一步推进物流降本增效 促进实体经济发展的意见

国办发〔2017〕73 号

各省、自治区、直辖市人民政府,国务院各部委、各直属机构:

物流业贯穿一、二、三产业,衔接生产与消费,涉及领域广、发展潜力大、带动作用强。推动物流降本增效对促进产业结构调整和区域协调发展、培育经济发展新动能、提升国民经济整体运行效率具有重要意义。按照党中央、国务院关于深入推进供给侧结构性改革、降低实体经济企业成本的决策部署,为进一步推进物流降本增效,着力营造物流业良好发展环境,提升物流业发展水平,促进实体经济健康发展,经国务院同意,现提出以下意见。

一、深化"放管服"改革,激发物流运营主体活力

(一)优化道路运输通行管理。 2017 年年内实现跨省大件运输并联许可全国联网,由起运地省份统一受理,沿途省份限时并联审批,一地办证、全线通行。参照国际规则,优化部分低危气体道路运输管理,促进安全便利运输。**(交通运输部负责)** 完善城市配送车辆通行管理政策,统筹优化交通安全和通行管控措施。鼓励商贸、物流企业协同开展共同配送、夜间配送。**(公安部、交通运输部、商务部负责)**

(二)规范公路货运执法行为。 推动依托公路超限检测站,由交通部门公路管理机构负责监督消除违法行为、公安交管部门单独实施处罚记分的治超联合执法模式常态化、制度化,避免重复罚款,并尽快制定可操作的实施方案,在全国范围内强化督促落实。原则上所有对货车超限超载违法行为的现场检查处罚一律引导至经省级人民政府批准设立的公路超限检测站进行,货车应主动配合进站接受检查。各地公路超限检测站设置要科学合理,符合治理工作实际。**(交通运输部、公安部、各省级人民政府负责)** 公路货运罚款按照国库集中收缴制度的有关规定缴入国库,落实罚缴分离。**(财政部会同交通运输部、公安部负**

责)依据法律法规,抓紧制定公路货运处罚事项清单,明确处罚标准并向社会公布。严格落实重点货运源头监管、"一超四罚"依法追责、高速公路入口称重劝返等措施。严格货运车辆执法程序,执法人员现场执法时须持合法证件和执法监督设备。(**交通运输部、公安部、各省级人民政府按职责分工负责**)完善公路货运执法财政经费保障机制。(**财政部会同交通运输部、公安部、各省级人民政府负责**)完善全国公路执法监督举报平台,畅通投诉举报渠道。(**交通运输部、公安部负责**)

(三)……

(四)……

(五)……

二、加大降税清费力度,切实减轻企业负担

(六)**完善物流领域相关税收政策。**结合增值税立法,统筹研究统一物流各环节增值税税率。加大工作力度,2017 年年内完善交通运输业个体纳税人异地代开增值税发票管理制度。全面落实物流企业大宗商品仓储设施用地城镇土地使用税减半征收优惠政策。(**财政部、税务总局负责**)

(七)**科学合理确定车辆通行收费水平。**选择部分高速公路开展分时段差异化收费试点。省级人民政府可根据本地区实际,对使用电子不停车收费系统(ETC)非现金支付卡并符合相关要求的货运车辆给予适当通行费优惠。严格做好甘肃、青海、内蒙古、宁夏四省(区)取消政府还贷二级公路收费工作。落实好鲜活农产品运输"绿色通道"政策。(**交通运输部、国家发展改革委、各省级人民政府负责**)

(八)……

(九)……

三、加强重点领域和薄弱环节建设,提升物流综合服务能力

(十)**加强对物流发展的规划和用地支持。**研究制定指导意见,进一步发挥城乡规划对物流业发展的支持和保障作用。(**住房城乡建设部负责**)在土地利用总体规划、城市总体规划中综合考虑物流发展用地,统筹安排物流及配套公共服务设施用地选址和布局,在综合交通枢纽、产业集聚区等物流集散地布局和完善一批物流园区、配送中心等,确保规划和物流用地落实,禁止随意变更。对纳入国家和省级示范的物流园区新增物流仓储用地给予重点保障。鼓励通过"先租后让""租让结合"等多种方式向物流企业供应土地。对利用工业企业旧厂房、仓库和存量土地资源建设物流设施或提供物流服务,涉及原划拨土地使用权转让或租赁的,经批准可采取协议方式办理土地有偿使用手续。各地要研究建立重点物流基础设施建设用地审批绿色通道,提高审批效率。(**各省级人民政府、国土资源部、住房城乡建设部负责**)

(十一)……

(十二)……

(十三)……

(十四)……

(十五)……

(十六)……

四、加快推进物流仓储信息化、标准化、智能化,提高运行效率

(十七)**推广应用高效便捷物流新模式。**依托互联网、大数据、云计算等先进信息技术,大力发展"互联网+"车货匹配、"互联网+"运力优化、"互联网+"运输协同、"互联网+"仓储交易等新业态、新模式。加大政策支持力度，培育一批骨干龙头企业，深入推进无车承运人试点工作，通过搭建互联网平台，创新物流资源配置方式，扩大资源配置范围，实现货运供需信息实时共享和智能匹配，减少迂回、空驶运输和物流资源闲置。**（国家发展改革委、交通运输部、商务部、工业和信息化部负责）**

（十八）**开展仓储智能化试点示范。**结合国家智能化仓储物流基地示范工作，推广应用先进信息技术及装备，加快智能化发展步伐，提升仓储、运输、分拣、包装等作业效率和仓储管理水平，降低仓储管理成本。**（国家发展改革委、商务部负责）**

（十九）……

（二十）……

五、深化联动融合，促进产业协同发展

（二十一）**推动物流业与制造业联动发展。**研究制定推进物流业与制造业融合发展的政策措施，大力支持第三方物流发展，对接制造业转型升级需求，提供精细化、专业化物流服务，提高企业运营效率。鼓励大型生产制造企业将自营物流面向社会提供公共物流服务。**（国家发展改革委、工业和信息化部、国家邮政局负责）**

（二十二）**加强物流核心技术和装备研发。**结合智能制造专项和试点示范项目，推动关键物流技术装备产业化，推广应用智能物流装备。鼓励物流机器人、自动分拣设备等新型装备研发创新和推广应用。**（工业和信息化部、国家发展改革委负责）**支持具备条件的物流企业申报高新技术企业。**（科技部负责）**

（二十三）……

六、打通信息互联渠道，发挥信息共享效用

（二十四）**加强物流数据开放共享。**推进公路、铁路、航空、水运、邮政及公安、工商、海关、质检等领域相关物流数据开放共享，向社会公开相关数据资源，依托国家交通运输物流公共信息平台等，为行业企业查询和组织开展物流活动提供便利。结合大数据应用专项，开展物流大数据应用示范，为提升物流资源配置效率提供基础支撑。结合物流园区标准的修订，推动各物流园区之间实现信息联通兼容。**（各有关部门按职责分工负责）**

（二十五）……

（二十六）……

七、推进体制机制改革，营造优良营商环境

（二十七）**探索开展物流领域综合改革试点。**顺应物流业创新发展趋势，选取部分省市开展物流降本增效综合改革试点，深入推进物流领域大众创业、万众创新，打破地方保护和行业垄断，破除制约物流降本增效和创新发展的体制机制障碍。探索建立物流领域审批事项的"单一窗口"，降低制度性交易成本。强化科技创新、管理创新、机制创新，促进物流新业态、新模式发展，形成可复制、可推广的发展经验。**（国家发展改革委、交通运输部会同有关部门负责）**

各地区、各有关部门要认真贯彻落实党中央、国务院的决策部署，充分认识物流降本增效对深化供给侧结构性改革、促进实体经济发展的重要意义，加强组织领导，明确任务分工，结合本地区、本部门实际，深入落实本意见和《国务院办公厅关于转发国家发展改革委营造良好市场环境　推动交通物流融合发展实施方案的通知》(国办发〔2016〕43号)、《国务院办公厅关于

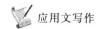

转发国家发展改革委物流业降本增效专项行动方案(2016—2018 年)的通知》(国办发〔2016〕69 号)明确的各项政策措施,完善相关实施细则,扎实推进工作。要充分发挥全国现代物流工作部际联席会议作用,加强工作指导和督促检查,及时协调解决政策实施中存在的问题,确保各项政策措施的贯彻落实。

国务院办公厅

2017 年 8 月 7 日

【评析】 这是国务院办公厅针对推进物流降本增效促进实体经济发展向全国各省提出的指导性意见。导语界定了物流业的主要作用,肯定了推动物流降本增效的重要意义,明确了发文主旨。主体部分提出了推动物流降本增效的总体要求,部署了物流降本增效的主要任务,交代了推动物流降本增效的政策措施。全文主题集中,内容完备,逻辑性强,层次分明,语言表达简洁明了、规范得体,分条列项的行文结构将主要内容表达得清晰、透彻。

例文二

国务院办公厅关于加强中小学幼儿园安全风险防控体系建设的意见

国办发〔2017〕35 号

各省、自治区、直辖市人民政府,国务院各部委、各直属机构:

校园应当是最阳光、最安全的地方。加强中小学、幼儿园(以下统称学校)安全工作是全面贯彻党的教育方针,保障学生健康成长、全面发展的前提和基础,关系广大师生的人身安全,事关亿万家庭幸福和社会和谐稳定。长期以来,党中央、国务院和地方各级党委、政府高度重视学校安全工作,采取了一系列措施维护学校及周边安全,学校安全形势总体稳定。但是,受各种因素影响,学校安全工作还存在相关制度不完善、不配套,预防风险、处理事故的机制不健全、意识和能力不强等问题。为进一步加强和改进学校安全工作,经国务院同意,现就建立健全学校安全风险防控体系提出以下意见。

一、总体要求

(一)指导思想。高举中国特色社会主义伟大旗帜,全面贯彻党的十八大和十八届三中、四中、五中、六中全会精神,深入贯彻习近平总书记系列重要讲话精神和治国理政新理念新思想新战略,认真落实党中央、国务院决策部署,运用法治思维和法治方式推进综合改革、破解关键问题,建立科学系统、切实有效的学校安全风险防控体系,营造良好的教育环境和社会环境,为学生健康成长、全面发展提供保障。

(二)基本原则。

坚持统筹协调、综合施策。将学校安全作为公共安全和社会治安综合治理的重要内容,加强组织领导和协调配合,充分发挥政府、学校、家庭、社会各方面作用,运用法律、行政、社会服务、市场机制等各种方式,综合施策、形成合力。

坚持以人为本、全面防控。将可能对学生身心健康和生命安全造成影响的各种不安全因素和风险隐患全面纳入防控范畴,科学预防、系统应对、不留死角。

坚持依法治理、立足长效。突出制度建设的根本性和重要性,依据法治原则和法律规定,做好顶层设计,依法明确各方主体权利、义务与职责,形成防控学校安全风险的长效机制。

坚持分类应对、突出重点。坚持问题导向,根据不同区域、地方以及不同层次类型学校的实际,区分风险的类型和特点,有针对性地构建安全风险防控机制,集中解决群众关心、社会关注的校园安全问题。

（三）工作目标。针对影响学校安全的突出问题、难点问题,进一步整合各方面力量,加强和完善相关制度、机制,深入改革创新,加快形成党委领导、政府负责、社会协同、公众参与、法治保障、科学系统、全面规范、职责明确的学校安全风险预防、管控与处置体系,切实维护师生人身安全,保障校园平安有序,促进社会和谐稳定。

二、完善学校安全风险预防体系

（四）健全学校安全教育机制。将提高学生安全意识和自我防护能力作为素质教育的重要内容,着力提高学校安全教育的针对性与实效性。将安全教育与法治教育有机融合,全面纳入国民教育体系,把尊重生命、保障权利、尊重差异的意识和基本安全常识从小根植在学生心中。在教育中要适当增加反欺凌、反暴力、反恐怖行为、防范针对未成年人的犯罪行为等内容,引导学生明确法律底线、强化规则意识。学校要根据学生群体和年龄特点,有针对性地开展安全专题教育,定期组织应对地震、火灾等情况的应急疏散演练。教育部门要将安全知识作为校长、教师培训的必要内容,加大培训力度并组织必要的考核。各相关部门和单位要组织专门力量,积极参与学校安全教育,广泛开展"安全防范进校园"等活动。鼓励各种社会组织为学校开展安全教育提供支持,设立安全教育实践场所,着力普及和提升家庭、社区的安全教育。

（五）完善有关学校安全的国家标准体系和认证制度。不断健全学校安全的人防、物防和技防标准并予以推广。根据学校特点,以保护学生健康安全为优先原则,加强重点领域标准的制修订工作,尽快制定一批强制性国家标准,逐步形成有关学校安全的国家标准体系。建立学校安全事项专项认证及采信推广机制,对学校使用的关系学生安全的设施设备、教学仪器、建筑材料、体育器械等,按照国家强制性产品认证和自愿性产品认证规定,做好相关认证工作,严格控制产品质量。

（六）……

（七）……

（八）……

三、健全学校安全风险管控机制

（九）落实安全管理主体责任。教育部门、公安机关要指导、监督学校依法健全各项安全管理制度和安全应急机制。学校要明确安全是办学的底线,切实承担起校内安全管理的主体责任,对校园安全实行校长（园长）负责制,健全校内安全工作领导机构,落实学校、教师对学生的教育和管理责任,狠抓校风校纪,加强校内日常安全管理,做到职责明确、管理有方。在风险可控的前提下,学校应当积极组织体育锻炼、户外活动等,培养学生强健的体魄。学生在校期间,对校园实行封闭化管理,并根据条件在校门口设置硬质防冲撞设施,阻止人员、车辆等非法进入校园。各类中小学校外活动场所、以学生为主要对象的各类培训机构和课外班等,由地方政府统筹协调有关部门承担安全监管责任,督促举办者落实安全管理责任。

（十）……

（十一）……

（十二）……

（十三）……

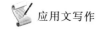
（十四）……

（十五）……

（十六）……

四、完善学校安全事故处理和风险化解机制

（十七）健全学校安全事故应对机制。学校发生重特大安全事故，地方政府要在第一时间启动相应的应急处理预案，统一领导，及时动员和组织救援和事故调查、开展责任认定及善后处理，并及时回应社会关切。发生重大自然灾害、公共安全事故，应当优先组织对受影响学校开展救援。教育部门应当指导学校建立安全事故处置预案，健全学校安全事故的报告、处置和部门协调机制。在校内及校外教育教学活动中发生安全事故，学校应当及时组织教职工参与抢险、救助和防护，保障学生身体健康和人身安全。

（十八）健全学校安全事故责任追究和处理制度。发生造成师生伤亡的安全事故，有关部门要依法认定事故责任，学校及相关方面有责任的，要严肃追究有关负责人的责任；学校无责任的，要澄清事实、及时说明，避免由学校承担不应承担的责任。司法机关要加强案例指导，引导社会依法合理认识学校的安全责任，明确学生监护人的职责。积极利用行政调解、仲裁、人民调解、保险理赔、法律援助等方式，通过法治途径和方式处理学校安全事故，及时依法赔偿，理性化解纠纷。对围堵校园、殴打侮辱教师、干扰学校正常教育教学秩序等"校闹"行为，公安机关要及时坚决予以制止。

（十九）……

（二十）……

五、强化领导责任和保障机制

（二十一）加强组织领导。各地要高度重视学校安全风险防控工作，将学校安全作为经济社会发展的重要指标和社会治理的重要内容，建立党委领导、政府主导、相关部门和单位参加的学校安全风险防控体系建设协调机制，定期研究和及时解决学校安全工作中的突出问题，切实为学校正常开展教育教学活动和课外实践活动提供支持和保障。各相关部门和单位要制定具体细则或办法，落实本意见提出的工作要求，加强沟通协调，协同推动防控机制建设，形成各司其职、齐抓共管的工作格局。

（二十二）……

（二十三）……

高等学校应当结合自身实际，参照本意见，健全安全风险防控体系，完善工作机制和建设方案，所在地的地方人民政府及有关部门应当予以指导、支持，切实履行相关职责。

国务院办公厅

2017 年 4 月 25 日

【评析】 这是国务院办公厅关于加强中小学、幼儿园安全风险防控体系建设提出的指示性意见。该意见的缘由部分说明了行文依据、行文目的。总体要求提出了解决问题所要遵循的原则，从四个方面具体阐明了解决问题的措施办法。该意见结构严谨，主题突出，围绕加强中小学、幼儿园安全风险防控体系建设的重要意义，健全学校安全风险管控机制，完善学校安全事故处理和风险化解机制的政策措施，强化领导责任和保障机制等方面，提出的明确意见具有很强的针对性，语言表达严谨规范。

例文三

关于 2020—2021 学年度第一学期教学检查的实施意见

各院、系：

本学期教学检查将结合"校风建设活动月"的有关活动进行。为做好本次教学检查工作，特提出以下实施意见。

一、检查的主要内容

1. 各年级各专业理论教学存在问题及对策。

2. 各专业教学计划的执行情况、教学进度的执行情况及效果。

3. 教师教学情况。

4. 学生出勤、课堂纪律情况等。

二、检查时间

教学检查时间安排在第 8 周～第 10 周，即 10 月 22 日至 11 月 10 日。

三、检查方式

1. 教师教学质量检查采用教师互相评议以及学生评议相结合的方式进行。

2. 开展教师互相听课和评教活动。

3. 各系分别召开教师和学生代表座谈会。

4. 学院教学督导对各系进行听课等形式的教学抽查。

附件：《教学工作质量考核暂行办法》

×× 学院教务处

2020 年 10 月 3 日

【评析】 这是一篇实施性的意见，发文目的很好，但是存在一些问题：一是针对性不够明确。从整体看，虽然它是根据本校的教学检查实施下发的公文，但是在缘由部分的写作中没有实施意见的依据，使后面的措施缺乏执行力度。二是办法措施不实在。这和针对性不明确有关，在针对性明确之后，应该把办法措施写得具体实在，以利于理解和实施。例如，教学除了理论教学以外还有实践教学、实习教学等。三是格式上存在不足。如附件上的文件名称不能用标点符号等。

四、实训演练

判断下列各题的正误。

(1) 意见具有兼容性、灵活性、作用多样性和弹性四个特点。 （　　）

(2) 意见可分为指导性意见和建议性意见两种类型。 （　　）

(3) 意见适用于表达要求下级机关和有关单位周知或共同执行的事项。 （　　）

(4) 意见适用于对上级机关提出工作建议。 （　　）

(5) 下层机关的意见不具较强的操作性。 （　　）

(6) 意见的写法、用法都与报告相似，且都希望成为"形式上的上行文，实质上的下行文"。

（　　）

五、研究性学习

岳海翔《意见的写作要领及有关问题》,载《新闻与写作》2017 年第 8 期。

分析与评价:意见是许多职能机关、单位经常使用的文种。该文从文种的结构、行文方向以及行文语气等方面安排行文结构。文章指出,意见写作时要考虑前后内容的安排,互相照应,使各个部分能够步步深入,环环相扣,具有较强的逻辑性和说服力。

第四节　通　　报

一、文体知识

(一) 概念

通报是党政机关、社会团体、企事业单位表彰先进,批评错误,传达重要精神或情况所使用的一种公文。

(二) 主要类型

根据通报的作用,可将通报分为以下三类。

1. 表彰性通报

表彰性通报用于在一定范围内表扬好人好事,注重从典型事例中概括出具有普遍意义的好经验,深入宣传好思想,号召人们向先进学习。

2. 批评性通报

批评性通报用于在一定范围内处理错误,批评不良倾向。

3. 情况通报

情况通报多用于向有关方面知照应该掌握和了解的信息、动态,以作为工作的参考。

二、写作指要

(一) 写作特点

(1) 时效性。错过时机的通报,就失去了它的时效性,没有行文的意义。

(2) 指导性。不能事无巨细都发通报,应选择典型。只有选准、选好典型,通报才能起到激励教育、推动工作和批评警戒的作用。

(3) 真实性。通报中所涉及的事例,必须是客观存在的,经过反复调查,确认真实可靠,绝不允许捏造和虚构。

(二) 写作格式要素

1. 标题

通报的标题有完整式和省略式。省略式根据情况可省略发文机关或事由。
通报的标题形式比较灵活,可采用公文标题形式的任何一种,视具体情况而定。

2. 主送机关

根据需要列出通报的受文机关。由于通报多为普发性公文,主送机关经常省略。

3. 正文

写进正文的材料和事件,必须真实、准确,实事求是,这样才能令人信服;必须典型、有普遍意义,针对性强,这样才对工作有指导作用,对群众有教育作用。它的内容切忌一般化,宁可不发,不可滥发。

不同类型的通报,正文写法各不相同。

(1) 表彰性通报。表彰性通报由表彰缘由(基本情况或事件经过)、事实评析(价值或意义)、宣布决定、希望要求四部分构成。这类通报正文一般包括先进事迹、先进事迹评价、表彰决定、希望和要求四个部分。

先进事迹,应具体叙述"时、地、因、果、人、事"这六要素;实事求是,不任意夸大、渲染;突出重点,体现先进的思想境界和突出通报中心的部分要写得详细些,无关紧要的可一笔带过或略而不记。

先进事迹评价,是体现通报主旨的部分,应在介绍先进事迹或经验的基础上,水到渠成,分析归纳。评价要客观,文字要简明,不必有过多的议论。

表彰决定,应写明领导机关对先进表彰奖励的决定,要写得具体、明确。

希望和要求,既包括对被表彰者的勉励和期望,也包括对有关方面和群众的希望和号召。要求切实可行,符合实际。

(2) 批评性通报。批评性通报的惩戒作用十分突出,除在一定范围内批评处理错误外,着重是要分析原因、教训,引起有关方面和干部的警觉,以防类似事件的发生。

正文包括错误事实、错误原因和教训、处理决定、要求和希望四部分。

错误事实部分要围绕通报批评的主要问题,如实反映情况,写明涉及的单位和人员、时间、地点、经过、结果以及产生的后果和影响。

错误原因和教训部分,一般要针对错误事实分析原因,点明实质,总结教训,指出危害。要求写得准确中肯、实事求是,既不可无限上纲,也不可大事化小。分析评议要合情合理,令人信服。

处理决定部分要明确写出对错误事实所做的处理决定,这部分也可写在开头。

要求和希望部分是针对错误及其教训,提出切实可行的改进措施和要求,告诫犯错误人员,教育大家。这部分要写得简略、概括。

(3) 情况通报。这类通报内容集中,多为一事一报。写作比较灵活自如,结构因文而定。主要是据实反映情况,分析问题,有的还要针对通报的情况提出要求和希望。行文要突出重点、抓住本质。无论陈述情况的始末、发展过程,还是分析问题,都要不枝不蔓,语言要简洁、得体。

4. 落款

落款要写明发文机关和成文时间。

(三) 写作注意事项

1. 事例要典型

通报所选择的事件、问题、经验等,一定要具有普遍的教育意义和指导作用,也就是一定要注意典型性,避免一般化。无论表彰或批评,其事例应让人感到确实值得学习或引以为戒。如果某人犯了一点小错误,就将其通报批评,就会给人以小题大做的印象。

2. 材料要真实

对通报的事实一定要核对清楚,实事求是,措辞、判断要准确、恰当。要注重说理的准确性。通报以叙述为主,用事实说话,但要分析原因,有叙有议,分析情况应观点鲜明,评价要恰如其分。

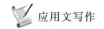

3. 行文要及时

通报的时间性极强,写作要及时迅速,以指导当前工作,否则,就不能起到很好的教育作用。

4. 详略要得当

通报的事例是写作重点,固然要多用笔墨,但要注意详略得当。若过于简单,变成抽象的概念,则人们难以受到教育,产生不了爱憎之情。若过于详细,将"通报"写成近似通讯或报告文学,则又会让人难以把握要领。

5. 要突出教育性,注意掌握政策

通报最主要的特点是教育性,在写作中要注意突出这一特点。在写通报中的处理意见时,必须注意政策,把握好分寸,使处理决定与事实、政策相一致,做到合情合理,否则,既对当事人不利,又难以服众。

三、例文赏析

例文一

国务院办公厅关于全国互联网政务服务平台检查情况的通报

国办函〔2017〕115 号

各省、自治区、直辖市人民政府,国务院各部委、各直属机构:

为摸清全国互联网政务服务平台现状,推动提升政务服务质量和实效,切实便利企业群众办事创业,经国务院同意,国务院办公厅近期对全国互联网政务服务平台进行了检查。现将有关情况通报如下。

一、基本情况

本次对 31 个省(区、市)及新疆生产建设兵团的互联网政务服务平台进行了检查,共随机抽查平台 201 个,其中省级平台 30 个、地市级平台 42 个、区县级平台 129 个。除核查各平台功能是否可用外,还抽查了企业设立登记、教师资格认定、排污许可证核发等与企业群众生产生活密切相关的高频服务事项,共计 865 个。

截至 2017 年 8 月底,已有 29 个省(区、市)及新疆生产建设兵团建成一体化互联网政务服务平台,其中 16 个平台实现了省、市、县三级全覆盖。平台功能方面,北京、天津、上海、浙江、山东、广东、海南等地区平台搜索、注册、咨询等功能有效可用的比例在 80% 以上;服务事项方面,江苏、浙江、山东、广东、贵州、宁夏等地区平台 80% 以上的服务事项规范性、实用性、准确性较好。此外,浙江提出"最多跑一次"、江苏提出"不见面审批"等,对互联网政务服务平台服务实效提出了更高要求。

二、主要问题

各地区互联网政务服务平台加快建设的同时,在信息共享、平台功能、服务信息等方面也出现了一些问题,影响了平台作用的发挥,有的平台甚至办不成事。

(一)办事入口不统一。统一办事入口是方便群众找到和使用互联网政务服务平台的首要条件。但一些地方互联网政务服务平台与政府门户网站"两张皮",甚至出现同一事项内容不同、标准各异的现象,导致办事平台不好找、企业群众不愿用。抽查发现,26% 的互联网政务服务平台未与本级政府门户网站前端整合,不能提供统一服务入口。

(二)政务信息不共享。政务信息共享是多平台多系统联动、简化优化办事流程的必要条件。但抽查发现,部分互联网政务服务平台未能与部门办事系统实现统一身份认证、一号登录,办事系统间数据不能共享复用,导致企业群众办事需要在多个平台和系统间重复注册登录,网上办事变得烦琐、复杂,降低了办事体验。

(三)事项上网不同步。各级政务服务平台为方便群众办事,均按照部门或个人、企业等主题对政务服务事项分类设置。抽查发现,由于服务事项梳理上网跟不上平台建设步伐,68%的平台存在部分栏目下无内容的问题,导致"有路无车"、平台不能用。

(四)平台功能不完善。畅通咨询渠道和提供精准的站内搜索是互联网政务服务平台能办事、好办事的重要保障。抽查发现,87%的平台咨询投诉渠道真实有效,但回复不及时的情况比较突出,38%的平台对用户咨询问题超过5个工作日未作答复。22%的平台搜索功能不可用,市、县级平台尤为突出。一些平台无搜索功能,一些平台无法搜索到已有服务事项,搜索功能成摆设。

(五)服务信息不准确。办事服务信息清晰准确是实现"群众少跑腿"的必要条件。被抽查的政务服务事项中,有25%只提供了申请、受理、审查等办事环节名称,未对各环节要求进行具体清晰的描述;33%未明确办理时限、收费标准、联系方式等要素;13%对办理材料表述不清晰,存在"根据有关法律法规规定应提交的其他材料"等类似表述或兜底性条款;41%未提供办事表格下载,48%未提供表格填写说明或示范文本;55%未明确办理材料格式要求,比如原件/复印件、纸质版/电子版、份数等。办事指南不实用已经成为受企业群众诟病的痛点。

三、下一步工作要求

各地区、各部门要按照《国务院关于加快推进"互联网+政务服务"工作的指导意见》(国发〔2016〕55号)要求,针对目前互联网政务服务平台存在的问题,认真清理整改,不断加强平台建设,提高服务能力,切实让企业群众办事更方便、更快捷。

(一)进一步完善平台功能。从方便企业群众办事角度出发,着力提升平台的实用性。各地区、各有关部门要依托政府门户网站构建权威、便捷的一体化互联网政务服务平台,已经单独建设的平台要尽快实现与政府门户网站的整合,统一办事入口。加快推进信息共享,实现单点登录、一网通办。科学合理设置服务分类,避免出现"有栏目无内容、空架子不实用"等问题。完善平台搜索、咨询等功能,确保公众能够"找得到、问得清"。

(二)准确细致公开办事服务信息。进一步规范和完善办事指南,详细列明依据条件、流程时限、收费标准、注意事项、联系方式等;明确提交材料的名称、依据、格式、份数、签名签章等要求,并提供规范表格、填写说明和示范文本。除办事指南明确的条件外,不得自行增加办事要求,不得存在模糊不清的表述。办事条件发生变化时,要动态更新相关信息。

(三)开展全面自查整改。各省(区、市)人民政府办公厅、国务院各有关部门办公厅(室)要对本地区、本部门的互联网政务服务平台进行梳理,通过全国政府网站信息报送系统填报相关信息。互联网政务服务平台已实现省、市、县三级以上行政层级全面覆盖的省(区、市),全省只需填报一个统一平台。要对照检查指标(见附件)组织开展对本地区、本部门互联网政务服务平台的全面自查整改。各地区、各有关部门要于2017年12月31日前完成信息填报和检查整改工作,并将整改情况报送国务院办公厅政府信息与政务公开办公室。国务院办公厅将对各地区、各部门的检查整改情况开展抽查核查,并向社会公开核查结果。

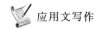

附件：全国互联网政务服务平台检查指标

国务院办公厅

2017 年 10 月 6 日

【评析】 这是一篇情况通报，旨在传达上级机关的重要精神或工作中出现的新情况、新问题、新动向等需要下级机关周知的事项。正文部分，首先概述互联网政务服务平台的基本情况，然后是存在的主要问题，分条列项阐述出现问题的前因后果。最后，根据问题提出下一步工作要求。该通报有情况、有分析、有结果，能够起到沟通认识、交流信息、推动全盘工作的作用。

例文二

<h3 align="center">省政府关于表彰放心消费创建工作先进单位和先进个人的通报</h3>

各市、县（市、区）人民政府，省各委办厅局，省各直属单位：

近年来，各地、各有关部门坚持以科学发展观为指导，认真贯彻省政府决策部署，积极推进放心消费创建工作，保障消费安全，推动市场繁荣，全省经营者诚信度、消费者满意度明显提高，市场秩序和消费环境显著改善，为推动经济发展、促进社会和谐发挥了重要作用。为激励先进，充分调动各方参与创建工作的积极性，省人民政府决定，授予南京市等 5 个市"全省放心消费创建工作先进市"称号，授予南京市鼓楼区等 14 个县（市、区）"全省放心消费创建工作先进县（市、区）"称号，授予南京市建邺区等 14 个县（市、区）"全省放心消费创建消费环境治理工作先进县（市、区）"称号，授予南京市玄武区等 13 个县（市、区）"全省放心消费创建宣传教育工作先进县（市、区）"称号，授予南京市秦淮区等 13 个县（市、区）"全省放心消费创建消费维权工作先进县（市、区）"称号，授予薛春华等 47 名同志"全省放心消费创建工作先进个人"称号。

希望受表彰的先进单位和先进个人珍惜荣誉，再接再厉，为全省营造安全放心的消费环境继续发挥示范表率作用。各地、各有关部门要以先进典型为榜样，坚持围绕主题主线和为民惠民的宗旨，深入推进放心消费创建工作，为又好又快推进"两个率先"做出新的更大贡献。

江苏省人民政府

2012 年 9 月 25 日

【评析】 这是一篇表彰性通报，具有很好的示范作用。正文分三个层次：一是简洁清楚地交代了受表彰的先进单位和先进个人的依据是激励先进，充分调动各方参与创建工作的积极性。二是写表彰决定。三是发出号召，"各地、各有关部门要以先进典型为榜样，坚持围绕主题主线和为民惠民的宗旨，深入推进放心消费创建工作，为又好又快推进'两个率先'做出新的更大贡献"，进一步突出表明了制发本通报的目的，体现了通报所具有的广泛宣传教育功能。

例文三

<h3 align="center">××县人民政府关于表扬销售员×××同志的通报</h3>

各乡镇人民政府：

2020 年 11 月 5 日中午 12 时左右，××商场奢侈品柜台来了一个青年顾客，提出要买一个女士手提包。营业员×××同志将名牌包拿出递给这个顾客，又忙着接待别的顾客。一种强烈的责任感促使他随时盯着买包人的动作。忽然，发现那人侧过身子用风衣挡住营业员的视线,这种行为引起了×××同志的怀疑。当顾客把包交回来的时候,×××同志立即进行了检查,发现包的肩带上有道裂纹。他马上认定新包已被换走,于是当机立断,喊了一声:"你停一下!"那人听到喊声,慌忙向店外跑去。情急之下,×××同志一跃跳到货圈外,用尽力气拼命追赶。一会儿工夫,那人穿过小巷,跑出数百米。营业员边追边喊:"抓住他!抓住他!"终于在××分局同志的协助下,将罪犯逮住扭送公安派出所,从其身上搜出换走的新包。

×××同志机智果断,不顾个人安危与坏人坏事做斗争,保住了国家财产,精神可嘉。决定给予通报表扬,并颁发奖金,以资鼓励。

×× 县人民政府

2020 年 11 月 8 日

【评析】 此文属于表彰性通报。表彰性通报正文由概述事实、评价事实、说明决定、提出希望四个部分组成。但是此文只概述了销售员×××同志的先进事迹以及说明决定两个方面,缺少对其行为的事实性质的评价,这不利于主旨的鲜明突出,也不利于提高人们对于表彰事迹的理解和认识,此文也没提出希望和号召,不利于突出通报的宣传教育作用。

四、实训演练

判断下列事项是否可以用通报行文。

(1)××总公司拟宣传奋不顾身抢救落水儿童的青年工人的事迹。　　　　(　　)

(2)×厂拟向市工业局汇报本厂遭受火灾的情况。　　　　(　　)

(3)×市安全办公室拟向各有关单位知照全市安全大检查的情况。　　　　(　　)

(4)×县政府拟公布加强机关廉政建设的几条规定。　　　　(　　)

(5)×市水电局将召开水利建设工作会议,需告知各县、区水电部门事先做好准备。

(　　)

(6)×县纪委拟批评×局×××等干部玩忽职守、造成国家经济损失的错误。　　　　(　　)

五、研究性学习

岳海翔《通报的写作要领及有关问题》,载《新闻与写作》2017 年第 10 期。

分析与评价: 该文以《国务院安委会办公室关于上海市静安区胶州路公寓大楼"11·15"特别重大火灾事故调查处理结果的通报》这一批评性通报为例,阐述了通报的基本写法是在叙写所要告知的具体事实的基础上进一步加以抽象概括,挖掘深层次原因,据此梳理和提炼出带有本质性和规律性的内容,表明作者的观点和态度,并提出相应的希望和要求。

第五节　会议纪要

一、文体知识

(一)概念

会议纪要是记载和传达会议情况及议定事项的公文,是在会议记录的基础上,对会议内容的要点加以整理后写成的,用来传达决定事项和主要精神,要求与会者共同遵守、执行的一种纪实性和指导性的文件。

（二）主要类型

根据会议性质的不同，会议纪要可以分为办公会议纪要、专题工作会议纪要和座谈会纪要三类。

（1）办公会议纪要用以传达机关、单位召开的办公会议研究的工作、议定的事项和布置的任务，要求单位的有关方面、有关人员共同遵守、执行。

（2）专题工作会议纪要用于反映专题工作会议精神和情况。专题工作会议是指专门为某一项工作或某一方面的工作召开的会议，其特点是集中研究工作，并要形成共同的意见和办法。

（3）座谈会纪要用于反映座谈会情况。座谈会是会议的主办者为专门研究解决某一重要问题，召集多方面人员进行座谈的会议，其目的是了解、听取意见，收集对策，为问题的解决创造条件。

（三）特点

（1）内容的纪实性。它是在会议后期或者会后根据会议记录和各种会议材料整理而成的，注重真实、客观、准确、全面地反映会议情况和会议精神。

（2）表述的纪要性。它不是对发言和内容逐一记载，而是对会议择要归纳。

（3）作用的限定性。它只对与会单位、与会人员有约束力，要求他们共同遵守、执行会议议定事项。

二、写作指要

（一）写作特点

（1）纪实性。纪实性是会议纪要的基本特点，也是撰写会议纪要的基本原则。

（2）提要性。会议的主要精神、主要事项，要靠概括、归纳才能得出。

（3）约束性。会议纪要一经下发，便要求与会单位和有关人员共同遵守、执行。

（二）写作格式要素

1. 标题

标题常用"会议名称＋文种"的形式，可设正、副标题。标题有单式标题和双式标题两种形式。

（1）单式标题：会议名称（内容）＋文种。如《全国统战工作会议纪要》。

（2）双式标题：由正、副标题组成。正标题揭示会议的主要精神，副标题多用单式标题。如《今年的党风要有决定性的好转——中纪委关于加强纪检工作座谈会纪要》。

2. 正文

正文一般包括会议情况的概述和会谈内容的摘要。

（1）会议情况的概述。这是前言部分。交代会议的召开单位、时间、地点、参加者（出席与列席人员或范围）及主要议程。有的还要交代召开会议的动因和目的、主要领导同志在会上的活动及会议所产生的意义与作用等。

（2）会议内容的摘要。这是纪要的主体，主要写会议研究或讨论问题的情况或结果。

3. 结语

结语部分多写会议的要求和希望，或发出号召。有的则不单独写这一部分，也可不加结语。

4. 落款

最后签上召开会议的机关名称和发文时间,直接发出的会议纪要可不加盖发文机关印章。

(三)写作注意事项

(1)内容要真实、准确、全面地反映会议情况和会议精神。写作前要广泛搜集会议材料,全面掌握会议情况,对材料进行正确分类和筛选。

(2)篇幅不宜过长,要抓住要点,语言要简明扼要。叙述中可以适当引用与会者的发言,以增强真实性、生动性,但不用第一人称而用第三人称作叙述,如"会议认为""会议指出""会议强调""会议号召"之类。

三、例文赏析

例文一

×××文化厅办公会议纪要

2020年2月25日上午,××厅长主持召开了厅长办公会。会议传达了全国文化厅局长会议、全省宣传思想工作会议和省级机关作风建设大会精神,听取了厅机关各处室、省文物局和厅直各单位关于近期工作的简要汇报,并对当前全厅主要工作作了部署和要求。会议强调,当前要在以下几个方面做好工作。

一是要认真学习全国文化厅局长会议和全省宣传思想工作会议精神,研究领会其中的新思想、新精神,切实加以贯彻落实。

二是各单位要各司其职,抓紧、抓快、抓实本单位各项工作的落实。艺术处要尽早拿出纪念改革开放30周年系列活动的方案;社文处要抓紧抽调人员做好第三批无房和不达标乡镇文化站建设工作;省艺术研究院要尽快推出文化强省指标体系研究成果。

三是要增强创新意识、超前意识、竞争意识。要以"三馆"免费开放为机遇,推进管理机制改革,政策上向一线倾斜。要通过创新的思维、超前的工作获得主动权,发挥引领作用。要勇于竞争,善于竞争,通过竞争实现文化的大发展大繁荣。关键是要将我厅承办的"三送"等各类文化活动做得有声有色、有滋有味,做出影响,做出效应。

四是要抓紧做好全省文化局长会议的各项准备工作。会议初步定在3月18日召开。

五是要认真学习贯彻省级机关作风建设大会精神,进一步改进机关工作作风,争取我厅在今年的"万人评议"活动中位次前移。

出席人员:(略)

列席人员:(略)

记　　录:(略)

江苏省文化厅办公室

2020年2月25日

【评析】　这是一篇分项式会议纪要。导言部分介绍了会议主题、会议时间、地点、主持人和出席人员。文中承启语后,分条列项地阐述了会议议定的五方面的事项。文章指导思想明确,层次分明,语言明晰。

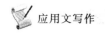

例文二

××市财政局第十次办公会议纪要

2021年3月20日,在市财政局第一会议室召开第十次办公会议。与会者有×××局长、×××副局长、×××行政处长、×××局长办公室主任以及各直属分局主要负责人。由×××局长主持会议。会上,由×××局长传达市人民政府《关于压缩行政经费的通知》以下简称《通知》。接着会议就如何按照《通知》的精神,抓好行政费用的合理开支问题进行了热烈的讨论。会议一致认为,既要切实做到勤俭节约,又要不影响正常行政开支及其他有关必要活动的开展。会议做出以下三点决议。

一、各处、各分局在本周内用两个半天时间,组织有关人员集中传达、学习《通知》精神,提高认识,统一思想。

二、各处、各分局利用下周政治学习时间向群众传达、宣讲,对全局机关工作人员普遍开展一次勤俭节约、艰苦朴素的传统教育。

三、各处、各分局责成有关人员根据《通知》的压缩指标,重新审查和修订本年度行政经费的开支预算,并于两周内报局长办公室。

××市财政局

2021年3月23日

【评析】 这是一篇会议纪要。第一段导言部分交代了会议召开的时间、地点、主持人、参加者,还突出地说明了会议议题、议程:会议就如何按照《通知》精神,抓好行政费用的合理开支问题进行了热烈的讨论。这是会议纪要的"要",后面主体部分的内容就是根据这个"要"来展开的。主体部分是会议做出的三点决议,简明扼要,有鲜明的"提要性"的文体特点。

例文三

××区干部培训中心第×次办公室会议记录

时间:2021年3月4日14:30—17:00

地点:培训大楼第×会议室

出席人:刘××(主任)、杨××(教务长)、张××(办公室主任)、吴××(办公室秘书)及各培训部主要负责人。

缺席人:王××、张××(外出开会)。

主持人:刘××(主任)。

记录:吴××(办公室秘书)。

一、报告

(一)杨××报告中心基本建设进展情况。(略)

(二)主持人传达区人民政府《关于压缩行政经费的通知》(以下简称《通知》)。(略)

二、讨论

我中心如何按照区人民政府《通知》的精神抓好行政经费的合理开支,切实做到既勤俭节约,又不影响正常的培训教学、科研等活动的开展。

三、决议

（一）利用两个半天时间（具体时间由各培训部自己安排，但必须安排在本周内）组织有关人员集中传达学习《通知》精神，提高认识，统一思想。

（二）各培训部负责人在认真学习的基础上，利用下周政治学习时间向群众传达、宣讲。

（三）各培训部责成有关人员根据《通知》的压缩指标，重新审查和修改本年度行政经费开支预算，并于两周内报主任办公室。

（四）各培训部必须严格控制派出参加外地会议及外出学习人员的人数，财务科更要严格把关。

（五）利用学习和贯彻《通知》精神的机会，对全中心员工普遍开展一次勤俭节约、艰苦朴素的传统教育。

散会。

主持人（签名）

记录人（签名）

2021 年 3 月 4 日

【评析】 这篇病文主要问题是把会议纪要和会议记录混淆了。会议纪要是在会议记录等原始材料的基础上加工而成的，会议记录是会议情况的自然记录。虽然两者都要忠于会议的实际，但会议纪要是"概括"的，它和会议记录的突出区别在"要"上，不是会议上有什么就写什么，而是择其要而写。

【辨析】　　　　　　　　　　　**会议纪要与会议记录**

会议纪要对"会议情况"和"议定事项"的记载作用与会议记录密切相关，但又不是一般的会议记录。会议记录是在会议过程中由专门记录人员把会议情况和会议内容如实笔录而形成的书面材料。原始性、客观性、规范性是会议记录的主要特点。会议纪要与会议记录的区别在于：

第一，性质、目的不同。会议记录是一种事务性的文体，其目的是用作备忘备查的原始凭证，一般不对外公开。会议纪要则是一个行政行为，用以传达精神、布置工作，带有"决定""通知"性质，供下级遵照执行。

第二，形成过程不同。会议记录是当场记录的原始材料，而会议纪要则是对会议记录、文件资料以及讲话录音等加工整理的产物。

第三，写作方式不同。会议记录是依据会议情况进行详细完整的现场实录，会议记录由标题、会议组织情况、会议进行情况、尾部四部分构成。而会议纪要则必须对会议文件进行综合概括和加工提炼，从而反映出会议的精神实质。

四、实训演练

《××××学会会议纪要》

时间：××××年××月××日

参加人员：常务副会长×××，副会长×××、×××、×××，办公室主任×××、副主任×××，活动中心主任××。

会议内容：

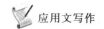

一、确定了学会的办公地点。根据××××年×月××日会议决定,×××、×××同志对学会办公地点进行了考察,经过比较,认为××大学办公条件优越,适合作学会的办公地点。会议决定,从即日起××××学会迁到××大学,挂牌办公。通信地址:××市××区×××路××号。联系电话:×××××××××。

二、学会与××大学商定,由××大学给学会提供办公室、办公桌椅、电话和必要的办公费用。利用××大学的教学条件,双方共同组织举办秘书培训班等。

三、增补了学会副会长。为便于开展工作,建议增补××为学会副会长,负责学会的后勤保障和日常管理,先开展工作,以后提请×月份常务理事会确认。

四、制订了今年的活动计划。(略)

××学会

××××年××月××日

请将正确的写法填在下列横线上。

(1)标题不能加书名号,标题中缺会议主题。

修改为:_____

(2)导言不合规范。缺写会议主持人。以"会议内容"作过渡句也不规范。

修改为:_____

(3)第三条"增补了学会副会长"的表述与后文不一致,或不清楚。

修改为:_____

(4)本文第一、三、四条均采用段旨句领起表述法,开门见山,继而展开阐述,脉络分明。独第二条采用了直接叙述方式,有损于行文的整体和谐,不便于读者根据前文形成的阅读惯性及时把握该条内容,最好改为也用段旨句领起的写法。

修改为:_____

五、研究性学习

刘波《会议纪要写作规范及行文格式之我见》,载《秘书之友》2012年第2期。

评价与分析:该文从会议纪要必须保持法定文种的相对独立性这一角度出发,讨论了会议纪要作为独立的正式文种,应该规范体式,具有强烈的文种特点意识。纪要的纪实性、提要性这两个特点,是它作为"适用于记载、传达会议情况和议定事项"这一特点在长期实践中形成的。因此,作者认为会议纪要的写作一定要格式规范、记载真实、态度鲜明、简明扼要、条理清晰、体式完整。只有这样,才能充分体现法定意义上"纪"和"要"在公共事务管理中的权威、尊严。

第六节 通 知

一、文体知识

(一)概念

通知适用于批转下级机关公文,转发上级机关和不相隶属机关的公文,传达要求下级机关办理和需要周知或者共同执行的事项,任免干部,发布规章,适用范围广泛,使用频率最高。

（二）主要类型

通知按作用可分为以下几种。

（1）指挥性通知。上级机关对下级机关、单位就某项工作、某方面工作发出指示、提出要求、做出安排，又不宜采用命令和指示行文时，就可以使用这种通知。

（2）批转、转发有关文件和发布行政规章的通知。上级机关转发下级的文件，可用批转性通知；下级机关照转上级文件、同级或不相隶属的机关之间的文件，均可用转发性通知。

（3）召开会议的通知。这是通知中应用广泛、内容单一、格式简单的一类，以下行文为主，也可平行。

（4）任免或聘用通知。这类通知用于授命、免职或聘用干部。

（5）知照性通知。这类通知主要用于公布某些专门事项，如设置机构、启用印章、更正文件、迁址办公等专门事项，均用这类通知。

二、写作指要

（一）写作特点

（1）应用广泛，使用频率高。

通知不受发文内容轻重的限制，无论是党政领导机关的重要决策，还是日常行政工作、会议的安排，或者具体事项的处理，都可以使用通知。通知写作灵活、自由，使用比较方便，内容根据需要可多可少，行文无须过分拘泥于固定的结构。

（2）有一定的权威性。

大多数通知对受文对象总是有所要求，提出需要执行或办理的事项，有一定的指挥、指导作用。

（3）有明显的时效性。

通知的事项一般是要求立即办理、执行或周知，不容拖延。有的通知如会议通知等，只在指定的一段时间内有效。

（二）写作格式要素

1. 标题

标题一般由发文机关、事由、文种三要素构成。特殊情况下可省去"发文机关"。

2. 主送机关

主送机关即通知的受文单位，可以是一个，也可以是多个，发文时要考虑周全，不可遗漏。

3. 正文

通知种类不同，正文写法各异。正文是通知的主要内容，起草时要交代清楚发文原因、意图和目的，通知什么事情，有哪些具体要求和意见，受文单位应如何办理。

4. 落款

在正文右下方注明发文机关和成文时间。

（三）写作注意事项

（1）注意时效性。通知要求在一定范围内生效执行，必须及时快速，提高工作效率。

（2）一文一事。每个通知只能传达一件事情、布置一项工作。

三、例文赏析

例文一

国务院办公厅关于加快推进"五证合一、一照一码"登记制度改革的通知

国办发〔2016〕53号

各省、自治区、直辖市人民政府,国务院各部委、各直属机构:

在全面实施工商营业执照、组织机构代码证、税务登记证"三证合一"登记制度改革的基础上,再整合社会保险登记证和统计登记证,实现"五证合一、一照一码",是继续深化商事制度改革、优化营商环境、推动大众创业万众创新的重要举措。为加快推进这项改革,经国务院同意,现就有关事项通知如下。

一、总体要求

贯彻落实国务院关于深化简政放权、放管结合、优化服务改革的部署要求,统筹协调推进,精心组织实施,从2016年10月1日起正式实施"五证合一、一照一码",在更大范围、更深层次实现信息共享和业务协同,巩固和扩大"三证合一"登记制度改革成果,进一步为企业开办和成长提供便利化服务,降低创业准入的制度性成本,优化营商环境,激发企业活力,推进大众创业、万众创新,促进就业增加和经济社会持续健康发展。

推进"五证合一、一照一码"登记制度改革的指导原则是:

(1)标准统一规范。建立健全并严格执行企业登记、数据交换等方面的标准,确保全流程无缝对接、流畅运转、公开公正。

(2)信息共享互认。强化相关部门间信息互联互通,实现企业基础信息的高效采集、有效归集和充分运用,以"数据网上行"让"企业少跑路"。

(3)流程简化优化。简化整合办事环节,强化部门协同联动,加快业务流程再造,务求程序上简约、管理上精细、时限上明确。

(4)服务便捷高效。拓展服务渠道,创新服务方式,推行全程电子化登记管理和线上线下一体化运行,让企业办事更方便、更快捷、更有效率。

二、主要任务

(一)完善一站式服务工作机制。以"三证合一"工作机制及技术方案为基础,按照"五证合一、一照一码"登记制度改革的要求加以完善。全面实行"一套材料、一表登记、一窗受理"的工作模式,申请人办理企业注册登记时只需填写"一张表格",向"一个窗口"提交"一套材料"。登记部门直接核发加载统一社会信用代码的营业执照,相关信息在全国企业信用信息公示系统公示,并归集至全国信用信息共享平台。企业不再另行办理社会保险登记证和统计登记证。积极推进"五证合一"申请、受理、审查、核准、发照、公示等全程电子化登记管理,加快实现"五证合一"网上办理。

(二)推进部门间信息共享互认。制定统一的信息标准和传输方案,改造升级各相关业务信息系统和共享平台,健全信息共享机制,做好数据的导入、整理和转换工作,确保数据信息落地到工作窗口,并在各相关部门业务系统有效融合使用。登记机关将企业基本登记信息及变更、注销等信息及时传输至信息共享平台;暂不具备联网共享条件的,登记机关限时提供上述信息。对企业登记信息无法满足社会保险和统计工作需要的,社会保险经办机构和统计机构在各自开展业务工作时补充采集。社会保险经办机构在用人单位为其职工办理社会保险登记后,统计机构在完成统计调查任务后,要及时依法将涉及企业的相关基础信息反馈至信息共享平台。健全部门间信息查询、核实制度。

(三)做好登记模式转换衔接工作。已按照"三证合一"登记模式领取加载统一社会信用代码营业执照的企业,不需要重新申请办理"五证合一"登记,由登记机关将相关登记信息发送至社会保险经办机构、统计机构等单位。企业原证照有效期满、申请变更登记或者申请换发营业执照的,登记机关换发加载统一社会信用代码的营业执照。取消社会保险登记证和统计登记证的定期验证和换证制度,改为企业按规定自行向工商部门报送年度报告并向社会公示,年度报告要通过全国企业信用信息公示系统向社会保险经办机构、统计机构等单位开放共享。没有发放和已经取消统计登记证的地方通过与统计机构信息共享的方式做好衔接。

(四)推动"五证合一、一照一码"营业执照广泛应用。改革后,原要求企业使用社会保险登记证和统计登记证办理相关业务的,一律改为使用营业执照办理,各级政府部门、企事业单位及中介机构等均要予以认可,不得要求企业提供其他身份证明材料,各行业主管部门要加强指导和督促。积极推进电子营业执照的应用。

(五)加强办事窗口能力建设。围绕"五证合一、一照一码"登记制度改革涉及的法律法规、技术标准、业务流程、文书规范、信息传输等,系统加强业务培训,使办事窗口工作人员准确把握改革要求,熟练掌握业务流程和工作规范,提高服务效率。加快办事窗口服务标准化、规范化建设,突出问题导向,进一步完善窗口服务功能,真正实现一个窗口对外、一站式办结。加强办事窗口人员力量和绩效考核。健全行政相对人评议评价制度,不断提升窗口服务能力。

三、工作措施

(一)加强组织领导。各有关部门和地方各级政府要高度重视,按照任务分工和进度安排,把改革工作做扎实、做到位。主要领导要亲自抓,及时协调解决改革中遇到的问题。"三证合一"登记制度改革中落实不到位、衔接不顺畅等问题,要在推进"五证合一、一照一码"登记制度改革中认真研究、一并解决。工商、人力资源社会保障、统计、机构编制、发展改革、法制等部门要各负其责、协同配合,确保改革顺利推进。对改革涉及的法律、法规、规章及规范性文件,及时按程序修订和完善。

(二)加强督促检查。相关部门要组织联合督导,有针对性地对改革进展情况进行监督检查。国务院适时组织专项督查,畅通社会监督渠道。对工作积极主动、成效明显的予以表扬和激励,对落实不力、延误改革进程的要严肃问责。

(三)加强宣传引导。相关部门要对改革政策进行全面准确解读,对行之有效的经验做法加以推广,对相关热点难点问题及时解答和回应,让企业和社会公众充分了解改革政策,形成推动改革落地见效的良好氛围。

各地区、各部门在改革推进过程中遇到的新情况新问题,要及时报告国务院。

国务院办公厅

2016年6月30日

【评析】 这篇通知撰写得很规范。第一段是缘由部分,说明发通知的理由依据,即要办什么事,为什么要办这件事。主体部分通过总体要求、主要任务以及工作措施三个方面来说明通知的重要性和必要性。

例文二

国务院关于开展第一次全国可移动文物普查的通知

国发〔2012〕54号

各省、自治区、直辖市人民政府,国务院各部委、各直属机构:

为提高我国文化遗产保护管理水平,促进社会主义文化大发展大繁荣,建设社会主义文化强国,根据《国家"十二五"时期文化改革发展规划纲要》,国务院决定从2012年开始开展第一次全国可移动文物普查。现将有关事项通知如下。

一、目的和意义

种类丰富、数量庞大、价值突出的可移动文物是中华民族文化的实物见证。可移动文物普查是继第三次全国文物普查(不可移动文物部分)之后在文化遗产领域开展的国情国力调查,是确保国家文化安全、保障人民群众基本文化权益的重要措施,是健全国家文物保护体系的重要基础工作。可移动文物普查是通过国家统一组织、由专业部门采用现代信息手段集中调查统计的方式,对可移动文物进行调查、认定和登记,掌握可移动文物现状等基本信息,为科学制定保护政策和规划提供依据。开展可移动文物普查,将有利于掌握和科学评价我国文物资源情况和价值,健全文物登录备案机制和文物保护体系,加大文物保护力度,扩大保护范围,保障文物安全,并将进一步促进文物资源整合利用,丰富公共文化服务内容,有效发挥文物在国民经济和社会发展总体布局中的积极作用。

二、范围和内容

此次普查的范围是我国境内(不包括港澳台地区,下同)各级国家机关、事业单位、国有企业和国有控股企业、中国人民解放军和武警部队等各类国有单位所收藏保管的国有可移动文物,包括普查前已经认定和在普查中新认定的国有可移动文物。普查统计国有可移动文物数量、类型、分布和收藏保管等基本信息。县级以上地方各级人民政府要根据普查结果,编制普查报告,建立普查档案和本行政区域内的国有可移动文物名录,并进一步加大保护管理力度。

三、时间和安排

此次普查从2012年10月开始,到2016年12月结束,分三个阶段进行。普查标准时点为2013年12月31日。2012年9月至12月为普查第一阶段,主要任务是制定标准和规范,开发软件,开展培训、试点工作;2013年1月至2015年12月为普查第二阶段,主要任务是以县域为基本单元,开展调查、文物认定、信息采集和审核;2016年1月至2016年12月为普查第三阶段,主要任务是进行调查资料的整理、汇总、数据库建设和公布普查成果。

四、组织和实施

为加强对普查工作的组织领导,国务院决定成立第一次全国可移动文物普查领导小组,负责普查工作的组织和领导,协调解决重大问题。领导小组办公室设在文物局,负责普查工作的日常组织和具体协调。各有关部门要各司其职、通力协作,广泛动员和组织本系统国有单位积极参加并认真配合地方政府普查工作。县级以上地方各级人民政府要按照国务院的统一部署,设立相应的普查领导小组及其办公室,认真做好本行政区域文物普查的组织实施工作。各国有单位要按照属地管理原则,在单位所在地的县级普查机构完成本单位可移动文物的普查登记。

五、经费保障

此次普查所需经费由中央和地方分别负担,并分别列入中央和地方相应年度的财政预算。

六、资料填报和管理

凡在我国境内收藏保管国有可移动文物的单位,都必须按照《中华人民共和国文物保护法》《中华人民共和国统计法》的有关规定和此次普查的具体要求,按时、如实、完整地填报普查信息,配合普查机构开展普查工作。任何地方、部门、单位和个人都不得虚报、瞒报、拒报、迟报,不得伪造、篡改普查资料。各级普查机构要通过实物调查认真核查普查信息,确保普查质量。普查机构及其工作人员要妥善保存普查数据和资料,对普查中涉及的国家秘密,必须履行保密义务。

中国人民解放军、武警部队可移动文物普查由总政治部按照本通知精神自行组织开展,普查成果统一汇总后报送国务院第一次全国可移动文物普查领导小组办公室。

附件:国务院第一次全国可移动文物普查领导小组人员名单

国务院

2012 年 10 月 1 日

【评析】 这是一份知照性通知,行文形式简要,直陈通知事项,向在我国境内收藏保管国有可移动文物的单位提出普查的具体要求,按时、如实、完整地填报普查信息,配合普查机构开展普查工作。告知的有关事项准确、简明、具体。

例文三

省政府办公厅关于印发××特聘教授选聘办法的通知

各市、县(市、区)人民政府,省各委办厅局,省各直属单位:

《××特聘教授选聘办法》已经省人民政府同意,现印发给你们,请认真组织实施。

特聘教授是指特别聘任的教授。在中国特聘教授的期限一般是 5 年,授予特聘教授的条件可以是本校既有的教授,也可以是外校或是国际学者。

××省人民政府办公厅

2021 年 3 月 27 日

【评析】 这是一篇发布性通知,转发的是《××特聘教授选聘办法》,此文由发布语和批示语组成。第一段是发布语,清楚地说明转发公文的名称,表明态度,提出执行的要求,写得简明扼要。第二段是批示语,主要介绍特聘教授的基本情况,和转发的公文没有关系,不存在指导受文单位正确理解和执行被转发公文的意义。

四、实训演练

判断下列各题的正误。

(1) 两个以上单位发通知,标题部分一般可以省略发文单位。 ( )

(2) 除批转法规性文件外,通知的标题中一般不含书名号。 ( )

(3) 批转性通知的正文由批语部分和批转件部分组成。 ( )

(4) 转发下级机关与同级机关的公文,应用"批转"。 ( )

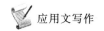

（5）转发上级机关或不相隶属机关的公文,用"转发"。　　　　　　（　　）

（6）总公司拟用通知颁发一项内部管理办法。　　　　　　　　　　（　　）

（7）××市水电局将召开全市清查水库隐患工作会议,以通知行文通知各县、区水电部门提前做好工作准备。　　　　　　　　　　　　　　　　　　　　　（　　）

五、研究性学习

岳海翔《通知写作的几个问题》,载《新闻与写作》2016 年第 4 期。

分析与评价:由于通知使用面广,使用频率高,对机关工作的开展影响广泛、深刻,因而其撰写的质量尤其受到人们的关注。该文总结了撰写通知时常见的几个问题,从标题的拟定到正文结构的安排,以及通知发布的载体形式,说明通知的写作应该周到严密、具体明确。这篇文章从实际出发,具有很强的针对性和明显的可行性。

第三章

平行文 上行文

第一节 函

一、文体知识

(一)概念

函,适用于不相隶属机关之间商洽工作、询问和答复问题、请求批准和答复审批事项。

不相隶属机关指不是同一垂直系统不发生直接职能往来的机关,包括平级机关或不同级别的机关,如某市的教育局和财政局属于平级机关,A市的教育局与B省统计局属于不同系统不同级别的机关。因此,建议在使用函时,一定要明确行文单位之间的关系。

(二)主要类型

根据不同的标准,函有不同的类别。从所涉及的内容看,可以分为以下几种:

(1)商洽函。商洽函主要用于不相隶属机关之间商谈办理某事项或问题,如联系参观、学习、请求帮助支持等。

(2)询问答复函。询问答复函是向有关单位询问和答复有关问题。

(3)请批函。请批函用于向有关业务主管部门请求帮助解决有关问题。

(4)告知函。告知函是就某些情况或要事需告知有关单位时所用。

从文本格式看,又可分为公函和便函两种,公函属于党政公文。

从行文方向看,可以分为去函和复函,前者是主动行文,后者是被动行文。

二、写作指要

函的类型不同,写作内容也各不相同。商洽函、请批函都需要讲清去函的原因、根据、理由或情况,有时还需要说明去函的目的,相对来说缘由部分是重点,所以内容较多;询问函缘由部分往往只有一两句话,接着写明商洽、询问、请求或告知的事项,结尾提出希望、请求或要求,内容可多可少。商洽函、请批函在提出要求时,还应给对方留有余地,不要强人所难,有时可写出自己的看法、打算,以供对方抉择参考。最后是结语,无论是哪一种内容,也不论是对哪一级,都要求语气谦和。复函内容包括复函依据、答复的事项和结语。

(一)写作结构

1. 标题

函的标题,结构为"发文机关+事由+(复)函",事由必须是对正文主要内容准确而简练的概括。

2. 正文

正文一般包括缘由、事项、结尾三部分。

（二）写作特点

去函与复函正文的写法不同,分别说明如下。

(1) 去函正文的写法。不同类型的函写法是不同的。告知函缘由部分多可采用"目的根据"式;请批函、商洽函多采用"情况原因"式,或"情况原因＋目的"式。例如,《关于对〈××市住宅物业服务收费管理实施办法〉征求意见的函》一文的开头采用"情况原因"式写作,"为规范我市住宅物业服务收费行为,维护业主、物业使用人、物业服务企业的合法权益,根据《中华人民共和国价格法》《××省物业管理条例》和《××省住宅物业服务收费管理办法》等有关规定,××市物价局、××市住房和城乡建设委员会,结合本市实际,拟定了《××市住宅物业服务收费管理实施办法》,先向社会公开征求意见和建议。"

如果事项部分内容简单,则简洁明了;如果事项部分内容复杂或要求较多,可以单列一段写作,甚至分条列项写作。

不同类型的去函,结语各不相同。如是请批函,一般用"盼复""敬请函复""可否,请函复";如是告知型函,一般用"特此函告(达)"。此外,表示希望还可用"为要""为盼"等,表示感激可用"为荷""是荷"。

(2) 复函正文的写法。缘由部分主要引述来文作为回复依据,写法类似批复,但没有批复严格。可以只引述标题,如"贵公司关于××××××的函收悉";也可以只引述来文日期,如"贵局××××年××月××日来函收悉";还可以直接引述发文字号,如"贵局××函〔2018〕××号函收悉"。然后采用过渡语:"经研究,答(现)复如下""现将有关事项说明如下""现就有关问题函复如下"。

主体部分主要针对商洽、询问、请批的事项作答。

对不同种类函的回复,结语是有所区别。对商洽、询问函的结语可以用"特此函复""特此回复""谨此奉复""特此函告""专此函达";请批函一般用"特此函复"。

（三）写作格式要素

函的格式有两类,一类是前面所讲的"红头文件"中的平行文格式,另一类是信函式格式。根据《党政机关公文格式》规定信函式格式为:发文机关名称上边缘距上页边的距离为30mm,推荐用小标宋体字,字号由发文机关酌定;发文机关全称下 4mm 处为武文线(上粗下细),距下页边 20mm 处为一条文武线(上细下粗),两条线长均为 170mm。每行居中排 28 字。如需标注份号、密级和保密期限、紧急程度,应当顶格居版心左边缘编排在第一条红色双线下,按照份号、密级和保密期限、紧急程度的顺序自上而下分行排列,第一个要素与该线的距离为3 号汉字高度的 7/8。发文字号顶格居版心右边缘编排在第一条红色双线下,与该线的距离为3 号汉字高度的 7/8。标题居中编排,与其上最后一个要素相距两行。第二条红色双线上一行如有文字,与该线的距离为 3 号汉字高度的 7/8。首页不显示页码。版记不加印发机关和印发日期、分隔线,位于公文最后一面版心内最下方。

（四）写作注意事项

(1) 一函一事,便于收文机关回复。

(2) 行文简洁。开门见山,直陈其事。语言要简洁明了,语气要平和得体,要表现出诚恳、谦逊、礼貌。商洽应多用些敬语,如"贵公司""希予""惠予""请接洽为荷""见谅""候复"等。

(3) 事项要明确具体。去函,可写出自己的看法、打算,以供对方抉择参考,提出要求应给对方留有余地;复函,要针对来函提出的问题,明确作答,不能模棱两可、答非所问。

（4）注意函的特殊情况。一是函的发文字号在发文代字后加一个"函"字,并与批复文号一起编入"函"的系列,而不按照机关发文的总序排列。二是准确区分并使用文件式格式和信函式格式。

（五）与相关文种的区别及联系

1. 函与通知的区别

这里主要指告知类的函和通知。一是适用范围不同,告知函适用于不相隶属机关;告知性通知一般应用于有隶属关系的机关之间。二是效力、作用不同,告知函一般没有约束力,且法律效力弱于告知性通知。三是性质不同,函为针对性发文,通知为普发文件。

2. 函与请示的区别

这里主要指请批函与请示的区别。一是行文关系不同,请示用于有隶属关系的机关之间;请批函用于不相隶属机关之间。二是行文方向不同,请示是上行文;请批函是平行文。三是行文语气不同,请示敬重、恳切;函谦逊、委婉、不卑不亢、彬彬有礼。

三、例文赏析

例文一

××市交通运输委员会关于报送 2018 年公共汽（电）

车辆购置计划及公交企业名录的函

××市国家税务局:

根据国家税务总局、交通运输部印发《关于城市公交车企业购置公共汽（电）车辆免征车辆购置税有关问题的通知》（税务发〔2016〕157 号）和国家税务总局、交通运输部《关于〈城市公共交通管理部门与城市公交企业名录〉调整程序的通知》（税总办发〔2017〕166 号）文件精神,经我市公交企业申报,所在地交通运输主管部门或行业管理部门初审,市交通委审核汇总了2018 年度××市公交企业名录及公共汽电车辆购置计划。现将有关资料报送贵局,请予以审核,并提出确认意见,以便相关公交企业办理车辆购置税免税手续。

附件:1.××市公交企业 2018 年度公共汽电车辆购置计划汇总表

2.××市城市公共交通管理部门与城市公交企业名录

××市交通运输委员会

2018 年 2 月 22 日

【评析】　该篇公文属于去函,目的明确,内容清楚,格式规范。

例文二

共青团××市教育局工作委员会

关于同意共青团××市××职业教育中心学校委员会关系划转的复函

中共××市××职业教育中心学校总支部委员会:

你支部《关于共青团××市××职业教育中心学校委员会关系划转的函》（××职教中心

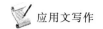

党〔2018〕3 号）收悉。

经研究，同意共青团宁波市鄞州职业教育中心学校委员会关系转至共青团宁波市教育局工作委员会。

此复。

共青团××市教育局工作委员会

2018 年 6 月 20 日

【评析】 该篇公文属于复函，整个写法类似批复，引述规范，用语简洁明了。

例文三

关于同意××机电电梯有限公司××分公司开展电梯按需维保试点的函

××机电电梯有限公司××分公司：

你单位提出的电梯按需维保试点申请，经当地特种设备安全监管部门审查，满足《××市电梯按需维保试点工作实施方案》要求，公示期间也未收到有关单位或个人提出的异议，现同意你单位在申请的维保电梯项目（见附件）范围内开展按需维保试点。你单位要严格按照试点有关要求做好相关工作，工作中遇到的问题，请及时报告市局特监处。

附件：第三批电梯按需维保试点项目名单

××市质量技术监督局

2018 年 5 月 17 日

（联系人：张志坚，电话：8787××××）

【评析】 该公文属于批复函，先点出对方的申请，指出其符合相关要求，再表明对此申请的态度，并提出具体要求。格式规范，用语简洁。

例文四

关于调研新材料产业投资需求的函

各县区经信局、市属开发区经发局：

接省经信委紧急通知，工信部为落实国家新材料产业发展领导小组重点任务部署，推动设立制造业转型升级基金，开展新材料产业和传统产业转型升级投资需求调研。现将有关通知转发给你们，请将调研情况于 2018 年 2 月 9 日 12 时前报市经信委原材料与消费品产业科。

电话：8332875 邮箱：dy2875@163.com

附件：1. 工信部《关于调研新材料产业投资需求的函》（工原函〔2018〕75 号）
   2. 新材料产业和传统行业转型升级投资需求调研表

2018 年 2 月 7 日

【评析】 存在的问题：①标题缺少发文机关名称；②主送机关应顶格书写；③"接省经信委紧急通知"作为事由表达不妥，应该是根据"《……》"文件有关指示或精神；④附件中格式不规范;⑤落款处缺少单位名称。

例文五

关于同意××印刷厂旧址文物保护工程施工方案的复函

××××有限公司:

你公司《关于报审××印刷厂旧址文物保护工程施工方案的请示》收悉。

依照《××区人民政府关于同意商务印书馆第五印刷厂旧址保护方案的批复》(×府批〔2017〕5号)要求和《××区文化局关于同意××印刷厂旧址保护方案的复函》(×文发〔2017〕15号)意见,并根据2018年3月1日论证会各专家书面意见和《××印刷厂旧址保护工程施工方案专家论证会会议纪要》,经审核,我局意见如下:

一、我局原则同意你公司报审的《××印刷厂旧址保护工程施工方案(2018.3)》。

二、你公司应严格按照《文物保护法》与《文物保护工程管理办法》的相关规定,结合《××印刷厂旧址保护工程施工方案(2018.3)》细则,在文物保护施工作业中一一落实相应的规范要求,严禁野蛮施工。

三、参与此项工程的施工、监理单位应具备文物保护工程资质。你公司应做好施工监督和管理,切实提高参建单位与施工人员的文物保护意识、质量意识及安全意识,务必确保文物建筑在施工过程中的整体安全和施工质量。

四、我局作为区文物行政主管部门,将在施工过程中负责监督管理和协调工作,指导施工作业。工程竣工后,你公司应督促相关设计、施工单位,汇总完整的竣工资料(包括照片、图纸、文字档案)上报我局。

此复。

附件:《××印刷厂旧址保护工程施工方案专家论证会会议纪要》

××区文物管理委员会办公室

××区文化局

2018年3月28日

【评析】 存在的问题:①引述来文格式不规范;②附件格式不正确,应把书名号删除。

四、实训演练

(1)根据《党政机关公文格式》规范要求,修改下面这篇公文的错误之处。

××市机关事务管理局关于征求意见的函

市直各部门、单位:

××市机关事务管理局承担着市级机关办公用房管理、公务用车管理、餐饮服务以及公共机构节能等职责,为进一步加强自身建设,提高工作效能,提升服务保障水平,促进机关事务工作科学发展,现向贵单位诚挚征求意见和建议及需要解决的具体问题。我们将非常感谢您真诚而宝贵的意见和建议,并努力在今后的工作中加以改进。

意见、建议及需要解决的具体问题请于1月10日下午下班前通过政务内网或邮箱反馈至

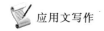

××市机关事务管理局。

联系电话：6098198

电子邮箱：dyjgswj@136.com

××市机关事务管理局

2020 年 12 月 26 日

（2）根据《党政机关公文格式》规范要求，修改下面这篇公文的错误之处。

关于××路三层楼遗址保护的复函

××区土地发展中心：

你中心 2018 年 2 月 25 日《关于征询对××路三层楼保护处理意见的函》（××土发〔2018〕9 号）已收悉。

经我局研究，对《函》中提及的××西基地××路三层楼遗址的处理提出如下意见。

一、三层楼遗址已在××区第三次全国文物普查中登录为一处不可移动文物普查点，并由××市文物局向社会作了公示。我局认为应慎重对待对三层楼遗址的相关保护工作。

二、根据《文物保护法》第二十条相关规定，在未履行相关程序或获我局行政许可之前，请你中心不得对三层楼遗址原建筑作任何改动、迁移、拆除等改变建筑原状的行为。

三、根据××市文物局《关于做好第三次全国文物普查后续文物保护工作的通知》（×文物〔2017〕189 号）要求，"对尚未核定为文物保护单位和登记不可移动文物的普查登记不可移动文物，需要迁移异地或拆除的，应当组织专家论证并充分听取市民意见"的指导性意见。我局将及时按程序会同市文物局文物处、区建交委、区规土局、区房管局等相关部门组织文保专家对三层楼遗址的具体保护方式进行论证。

四、你中心负责地块储备期间，请严格按照文物保护、消防等相关法律、法规，加强对三层楼遗址的日常管理。

五、三层楼遗址保护所需经费，由建设单位列入建设工程预算。

此复。

附件：××路三层楼遗址位置示意图

××区文物管理委员会办公室

××区文化局

2018 年 3 月 28 日

联系人：×× ×× 　　　联系电话：33010987

主题词：文物保护　三层楼遗址　复函

抄　送：区府办、区建交委（旧改办）、区规土局、区房管局

××区文化局办公室　　　　　　　　　　　　　　2018 年 3 月 28 日印

（共印 8 份）

五、研究性学习

余晓明《论"函"的通用性及其格式》,载《江苏警官学院学报》2008年第1期。

分析与评价:该文认为,"函"主要适用于不相隶属机关(或部门)之间的公务协助和"向有关主管部门请求批准",或"答复审批事项"。函可分为商洽性函、请示性函、批复性函、通知性函等,亦可分为来函、去函或问函、复函。《国家行政机关公文格式》规定了"函"的特定格式,其结构由发文机关、发文字号、标题、主送、正文、印章、成文日期等组成。函的内容不同,写作要求与行文关系也各不相同。

夏海波《论"函的形式"与"函"的文种——从"国函"无"函"说开去》,载《档案管理》2007年第11期。

分析与评价:作者认为:函的形式是指公文格式中区别于"文件格式"的"信函格式"。什么情况下可以用"函的形式"? 在不相隶属的机关之间,即使是请求对方批准或答复审批事项,都必须坚持用"函的形式";上级领导机关在答复下级机关的请求事项时,可以用"函的形式",也可以用"文件格式"。从国务院现行的公文处理惯例看,可以用"函的形式"的文种主要有三类:"批复"大多要用"函的形式";部分"命令"要用"函的形式";部分"通知"可以用"函的形式"。从公文处理要逐步"规范化、制度化、科学化"的角度看,"函"的文种与"函的形式"应该统一,"国函"无"函"的局面应该改变。名实应相符,"国函"应有"函";规范统一,是公文处理的灵魂;将惯例上升为制度或规范,是公文处理主管部门的责任。

苏武荣:《函、函的形式与函号的关系》,《办公室业务》2011年第5期。

分析与评价:作者结合多年公文处理工作实践指出:"函"是使用频次较高的法定公文文种,但目前在一些机关和单位,尤其基层单位还存在着行政公文的文种和格式混乱现象,有的人误认为"函"与"函的形式"是等同的,有的政府部门以"函的形式"向下一级政府发"通知",甚至有的机关以"函的形式"或便函向上级机关报送请示性公文等。并对此有针对性地加以评析与指正。

第二节 报 告

一、文体知识

(一)概念

报告,适用于向上级机关汇报工作、反映情况,回复上级机关的询问。

报告既可为上级机关的决策提供信息,也可为上级机关指导下级机关开展工作提供依据。报告的行文具有单向性,不需要上级机关给予答复;内容具有汇报性,是下级机关向上级机关报告工作情况,以期得到上级指导;表达具有陈述性,报告在汇报工作、反映情况时,应使用陈述性语言。

(二)主要类型

报告的分类方法很多:按内容范围分,有综合报告、专题报告;按性质分,有呈报性报告、呈转性报告;按时间分,有年度报告、季度报告、月份报告、工作进程报告等;按功能分,有工作报告、情况报告、答复报告、报送报告等。

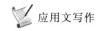

二、写作指要

（一）写作格式与结构

标题一般要求三要素齐全，即"发文机关＋（关于）事由＋报告"。

各类报告的正文写法各不相同。

1. 综合性工作报告

综合性工作报告的结构方式有两种：一是采用单项分类的写法，即将所要汇报的各方面工作逐项具体汇报，每项单独成段，并可根据需要加上序号或小标题；二是采用综合分类的写法，即将全部工作综合成情况、成绩经验、问题教训、意见措施。

综合性工作报告多用于向上级全面汇报某一阶段各方面工作情况，内容包括工作情况概述、主要成绩经验或教训、今后努力方向。

主体结构分两种：一是采用并列式，在汇报各项工作时，根据工作的重要性先后排列；二是采用层进式，按照总结出来的几条规律性认识组织材料、安排层次。

结语多采用"特此报告""以上报告，请审阅"。

2. 专题性工作报告

专题性工作报告多用于反映某一项专门工作，如反映某项工作进展情况；对政策、指示的贯彻执行情况；对上级交办事项的完成情况。专题性工作报告内容一般包括工作过程、具体做法、主要成效与认识几个方面；也有专门以总结经验为主，这类报告须写清楚情况、经验、不足等内容。此外，反映工作中出现的重大失误也可以归入专题工作报告，这类报告需要向上级汇报对工作失误的认识，将基本事实、造成失误的直接或间接原因、失误后采取的补救措施和今后的打算等向上级汇报。

专题性工作报告开头既可以采用背景式，也可以采用目的、根据式。如《××省人社局关于××地区人才交流会情况的报告》一文的开头就采用了背景式，"经省人民政府批准，8月21日至25日在×××召开了××地区人才交流会。这次交流会，基本达到了沟通信息、挖掘潜力、牵线搭桥、调剂余缺、落实政策、人尽其才、服务四化的预期目的，深受广大专业技术人员和急需用人单位的欢迎。"然后以"现将有关情况报告如下："过渡到具体的报告内容，交代报告产生的现实背景。目的、根据式，就是交代写报告的目的或依据。

主体一般采用三段式：情况、做法、不足（存在问题）。《××省教育厅关于江西省免除城市义务教育学杂费工作的报告》主体就是采用了三段式，情况分两方面，一是省情及教育发展概况，二是免除城市义务教育学杂费工作总体情况，用事实说话，以数据服人。主要做法共分十条，涉及此项工作的各个方面，既突出了重点，又注意点到面的结合。存在的主要问题是现阶段工作中迫切需要解决的问题，提出来以引起相关领导层的重视。

结尾主要写今后打算，属于表态性质。结语一般用"特此报告"。

3. 情况报告

情况报告是下级机关在工作中出现一些新情况、新问题或某种突发事件，需要及时向上级领导汇报、反映情况而写的报告。情况报告内容一般包括报告原因（说明报告的有关情况的根据、目的、意义等）、基本情况（有时需对性质、原因及措施、对策等作简略说明）。它在内容上与专题工作报告的区别就在于"新"。

开头多用叙事式，即在开头对基本情况进行简要的概述。

主体采用四步写法,即"情况—原因—问题—措施",先将情况叙述清楚(包括时间、地点、经过、结果等),然后分析情况产生的主客观原因,如果是自然灾害,原因中一定要排除人为因素,接着阐明问题之所在,以及问题的性质、危害,最后提出下一步的行动措施,注意措施要紧紧围绕问题,能切实解决问题。

结语一般也是用"特此报告"。

4. 答复报告

答复报告是下级机关针对上级机关要查询了解某项工作、某些情况、某些问题时所写的报告。答复报告内容一般包括答复依据和答复事项。答复报告只存在于具有行政隶属关系的上下级之间,如果没有行政隶属关系,就应该用询问答复函。结构一般采用篇段合一式,先引述来文(电),然后写明答复事项,最后是结语(专此报告)。

5. 报送报告

报送报告是下级机关向上级机关报送文件或物件时随文、随物所写的报告。报送报告一般写清报送依据,报送文件、物件的名称即可。结构也是采用篇段合一式,"现将××××××报送给你们,请查收(审阅)"这类报告一定有附件。

(二)写作注意事项

(1)报告的主送机关方有特定的要求。按照《党政机关公文处理工作条例》中关于向上级机关行文的规定,这类公文原则上主送一个上级机关,根据需要同时抄送相关上级机关和同级机关,不抄送下级机关。

(2)向上级机关报告需要及时有效地进行,不能拖延时间。需要报告的工作或情况,等到时过境迁就失去了原有的重要意义。

(3)报告中不得夹带请示事项,需要上级答复批准的,应用"请示"行文。

(4)报告要突出重点,详略得当。有些报告内容较多,写作时不能一应俱全、面面俱到、什么都写。要有针对性地选择主要的事实材料,然后进行合理安排和组织,做到突出重点、主次分明、有详有略、条理清晰。报告表达方式要以概括叙述为主,语言得体,语气谦恭,但不含混,用事实、数据说话,既不夸大事实,也不隐瞒真相。

(5)工作报告、情况报告的内容要真实,不能弄虚作假,有成绩,不夸大其词;有问题,不缩小隐瞒,需如实反映,这样才利于上级把握准确、真实的情况,做出正确的指导和决策。对于答复性报告,切勿答非所问,或含糊其辞、回避事实,必须有问必答、有答必明。

三、例文赏析

例文一

**市政务服务中心管理办公室关于贯彻落实全市政务
公开工作推进暨培训会情况的报告**

市政府办公室:

全市政务公开工作推进暨培训会召开后,我办召开党组会议专题听取了分管领导关于会议有关情况的汇报,并总结了前两个季度政务公开工作,研究部署下一步工作计划。现将有关情况报告如下。

一、及时传达,认真学习会议精神

全市政务公开工作推进暨培训会召开后,我办主要领导高度重视,立即召开党组会议听取

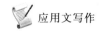

会议的专题汇报。会议认真听取了分管领导关于会议有关情况的专题汇报,认真研究了张润国副市长的批示精神,全面学习了《××市人民政府办公室关于 2019 年全市政务公开工作考核情况的通报》,并研究了政务公开工作下一步计划。

二、抓住重点,全面落实会议要求

一是根据工作人员变动情况及时调整政务公开工作小组,明确领导人责任,落实政务公开专人专管,做到定责、定岗、定人,结合我办政务公开工作实际,将全年政务公开工作要点分解落实到月。将政务公开工作纳入机关年度考核内容,明确考核标准,使政务公开工作做到统一规范、信息畅通、上下联动、有序运行。

二是明确工作要求,加强监督考核。按照会议培训要求,进一步明确信息发布要求,从信息撰写、工作流程、发布时限等多方面对政务信息公开工作提出具体要求,坚持公开为常态、不公开为例外的原则,及时公开、主动公开。

三是强化重点领域信息公开。完善网络舆情预警机制,建立信息反馈常态机制,加强舆情处置效果评估,对涉及"放管服"改革、新旧动能转换、公共资源交易、智慧城市等重点领域及时全面公开。

下一步,我办将严格按照市政府要求,进一步强化政务公开工作,不断创新工作思路,拓宽信息公开渠道,确保政务信息公开及时、规范,确保政务公开工作落实到位。

××市政务服务中心管理办公室

2020 年 7 月 11 日

【评析】 格式规范,条理清晰,既有具体汇报的内容,也有对存在问题提出的解决措施,符合上级部门对基层工作了解的要求。

例文二

××市统计局 4 月份工作完成情况和 5 月份工作安排报告

市政府办公厅:

现将我局 4 月份主要工作完成情况和 5 月份工作安排报告如下。

一、继续学习贯彻党的十九大和全国"两会"精神,组织开展"人民在我心中"主题党日活动。

二、继续推进深化统计管理体制改革。修改《关于深化统计管理体制改革 加强和改进统计工作的实施意见》代拟稿,并提交市政府办公厅。起草或修改各类统计数据质量管控制度,完善统计内控管理制度。

三、继续做好经济运行监测,并做好相关情况分析。组织开展一季度经济形势监测分析,做好全市一季度经济运行情况分析。做好对外发布及各方咨询应答、各种媒体舆情引导相关工作。继续做好"双底线"考核、"六争攻坚、三年攀高"相关重点指标数据的收集和提供,以及市经济运行监测联席会议相关材料准备等工作。

四、做好主要统计指标的测算。完成××市及各区(县)市、卫星城市一季度 GDP 核算;做好一季度农业、工业、服务业、建筑业、投资等专业季度数据测算;做好全社会能耗测算;采集市级文化发展指数数据;初步完成 2017 年全社会平均工资测算并报市政府;做好经济运行监测分析,供市领导参考。

五、继续推进统计法制建设。在全市公务员学法用法三年轮训培训中开展统计法授课；根据《中华人民共和国行政处罚法》和《统计执法监督检查办法》，修订完善查处统计违法案件集体审理讨论制度。

六、做好普查及投入产出调查阶段性工作。联系发布市政府开展四经普的通知；开展农普先进评比和资料开发准备等后续工作；完成投入产出调查业务培训。

七、完成部分民意调查数据分析报告。完成社会道德环境和公共文化服务公众满意度调查、一季度交通出行满意度调查和一季度消费者信心调查。开展社情民意调查劳务外包单位招标的相关工作。

八、扎实推进统计信息化及网络安全工作。实现统计系统视频会议和政府系统视联网视频会议两套系统互联互通。

2018 年 5 月，按照上级有关工作部署，重点做好以下几方面工作。

一、继续抓好学习贯彻落实党的十九大精神和习近平新时代中国特色社会主义思想，继续组织开展"人民在我心中"主题党日活动。

二、配合市政府办公厅开展《关于深化统计管理体制改革　加强和改进统计工作的实施意见》代拟稿的修改完善；配合做好《实施意见》发文前的各项准备工作。继续推进统计各项制度的修订与完善。

三、继续加强全市经济形势监测分析及系列服务工作。组织开展全市经济形势分析会，完成 1—4 月经济形势简析。继续做好全市及各地经济运行重点指标数据的收集和提供，参与做好市经济运行监测联席会议制度相关工作。制订发布《××文化创意产业统计监测方案 2018》和《宁波市地区 GDP 核算下管一级实施方案（2018）》。

四、继续做好重点领域的统计监测。做好科技进步监测、重点产业月度增加值测算、全社会能耗测算、新方案下销售额测算、月度农业统计数据测算、做好第三次农业普查数据结果核定和修正常规年报相关数据等。

五、继续做好市直公务员学法用法三年轮训的统计法授课。

六、继续做好普查及重点调查的阶段性工作。完成行政区划村级边界更新维护工作、开展四经普宣传准备工作和试点相关工作、协助做好农普资料开发程序培训和资料开发联系等后续工作；开展投入产出调查。

七、继续围绕热点开展社情民意调查。组织开展"最多跑一次"改革群众满意度调查、"降本减负"企业满意度调查等社会热点调查；完成社情民意调查劳务外包单位招标的后续工作。

××市统计局

2018 年 4 月 27 日

【评析】　该文实际是将报告与计划合二为一，虽然从理论上讲不合常规，但是在部分党政机关及企事业单位中却极为常见。其优点是减少了重复行文，不足是容易让人混淆其文种。在实际使用中只要条理清晰，要素齐全，完全是可行的。

例文三

<h2 align="center">××市清明节假日旅游情况报告</h2>

清明节期间，天气良好，气温适宜，春意融融，市民出游意愿明显，我市游客接待和旅游收

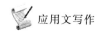

入同比有较大幅度增长,实现了"健康、安全、秩序、质量"四统一的工作目标,现将有关情况报告如下。

一、基本情况

假日期间,全市各级旅游部门和旅游企业按照市委、市政府和省旅游局的部署要求,精心组织,科学安排,扎实做好预热宣传、产品供给、市场监管、综合协调、公共服务和组织保障等工作,旅游规模持续增长,服务质量进一步提升。据初步统计,4月2日至4日,全市共接待国内游客32.15万人次,实现旅游收入10228.1万元,分别比去年同期增长12.6%和15.78%。

二、主要特点

一是组织准备工作充分扎实。清明节假期是我市旅游旺季的开始。市、县区旅游部门对旅游产品、旅游线路、市场秩序、安全运营等工作早部署、早安排,制订和完善工作方案,明确工作措施,加强督导检查。假日期间,市、县区旅游部门组成专项检查组,到景区(点)、星级饭店、旅行社现场督查调度。公安、交通、自然保护等相关部门各司其职,密切配合,为假日安全运行提供了有力保障。

二是宣传促销成效明显。小长假前期,我市组织召开了"黄河入海"文化旅游目的地品牌研讨会,实施旅游形象品牌化战略,开展全方位、多层次的旅游城市形象宣传和产品营销,进一步打响"黄河入海"旅游品牌,扩大了东营的知名度和美誉度。积极参与全省"联合推介、捆绑营销"活动,持续在央视等主流媒体投放城市旅游形象广告,以"好客山东"的辐射效应带动我市旅游品牌发展。各种采摘、民俗旅游节会活动的开展,聚集了人气,形成特色旅游节会品牌。利用电子商务网站、微博微信等媒体作为新型营销手段,开展信息化旅游营销,搭建宣传营销新平台。

三是中短途、自驾游稳中有升。从小长假整体的游客接待情况来看,黄河口生态旅游区、孙子文化旅游区等景区的客源,主要来自济南等省内城市,而省外长途游客由于受到假期较短限制,所占比重较少,主要来自北京、天津、河北等地区。从出游方式上来看,今年清明小长假主要以自驾车出游为主,呈现出家庭型、亲友型自驾车游比例增高的新特点。我市各乡村旅游点充分挖掘春季赏花资源,组织开展"踏春节"等特色踏青活动,让市民感受大自然的气息。红色刘集景区、市历史博物馆、革命纪念馆等景区点迎来了不少中小学生,缅怀革命先烈,接受爱国主义教育,红色游出现小高潮。

四是特色活动给力假日旅游。清明节期间,蓝海集团举办的"食春美食节"活动、黄河故道渔家度假村推出"游黄河口、品鲜鱼汤"等活动深受游客欢迎。部分星级饭店设计推出了3至5款具有浓郁地方风情的特色菜,创新制作家常菜、平价菜和季节菜,满足市民、游客需求。蓝海逸园生态基地、万德福现代农业园、汇丰农场组织的"温室蔬果采摘""踏春农家"活动,龙居镇、义和镇等特色旅游乡镇组织开展的草莓、瓜果采摘活动,揽翠湖推出系列优惠活动,取得了良好经济效益。园博园、植物园、清风湖的玉兰花、郁金香、桃花等相继盛开,吸引了大批游客前来赏花观景。

五是旅游市场安全有序。各级旅游部门认真组织开展"大快严"等安全整治活动,把旅游安全作为假日旅游的头等大事来抓,强化旅游安全管理,重点加强对旅游景区防火、景区游览游乐设施、星级饭店食品卫生安全和旅行社用车安全等方面的安全隐患排查和整治,及时消除事故隐患,确保行业安全稳定。加强值班值守工作,假日期间,全市各级旅游部门严格落实值班和信息统计报送制度,实行24小时值班和领导在岗带班制度,确保信息畅通,工作协调有力。全市旅游行业运行安全有序,未发生任何安全责任事故,无质量投诉案件。

××市旅游局

2021 年 5 月 1 日

【评析】 存在的问题:①标题不规范;②缺少结束语。

四、实训演练

以下报告有明显问题,请加以改正。

遵守党政治纪律情况汇报

根据×党办传〔2017〕第 85 号文件《关于对贯彻落实中央关于遵守政治纪律、维护民族团结和社会稳定政策情况进行督查的通知》要求,结合我单位实际工作,进行了全面的自查,现将自查结果汇报如下。

一、政治学习情况 建立了政治学习计划、制定了政治学习管理及考勤办法。认真宣传学习了党的十九大,中央工作座谈会、自治区第八次党代会精神。对比文件要求,我单位还应充实学习内容,认真落实十八届中央纪委七次全会、自治区纪委八届二次全会精神。同时,要尽快成立领导小组,建立工作机制,为学习有序开展做保障。

二、遵守政治纪律情况 通过政治学习,召开讨论会、民主生活会等形式,不断强化本单位干部职工遵守政治纪律、维护社会稳定和民族团结意识,加强党风廉政建设。对本单位、党支部的各项重大决策均实施民主集中评议后做决定,杜绝领导独揽大权,独断专行现象。

三、民族团结政策措施落实情况 组织干部职工宣传学习党的民族宗教政策、民族区域自治制度、自治区民族团结条例、宗教事务条例等有利于民族团结、巩固和发展平等团结互助和谐社会的民族政策法规。同时结合今年的民族团结教育月活动、"各级干部赴基层服务群众转变作风"等主题活动,在进村入户的走访过程中向农牧民群众进行民族团结、宗教事务条例等法规政策的宣传,不断深化各族干部群众加强民族团结,维护社会稳定的大局意识。

四、维护稳定政策落实情况 在日常工作中认真执行上级部门及县委、县政府各项维护稳定措施,与破坏社会稳定、民族团结的"三股势力"做坚决斗争。认真化解信访矛盾纠纷,为××和谐稳定的社会局面做出了贡献。要进一步健全本单位维护稳定工作的机制,制订可操作性强的实施方案,作为维护稳定工作的指导。

五、党员干部履行职责和作风情况 全体干部职工都能树立民族团结意识、树立为民服务的群众观念,对待来访群众热情接待、认真记录、及时转办、按期化解。定期进村入户调查民情,排查矛盾纠纷为群众解决实际困难。在财务资金使用方面本着"花小钱办大事"原则,把有限的资金用在实处。

以上是我单位在遵守政治纪律、维护民族团结和社会稳定政策方面的自查结果,对于好的经验做法我们将继续保持,不足之处尽快整改。

××县信访局

二〇一八年×月×日

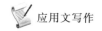

五、研究性学习

齐山彬《浅析"报告中不得夹带请示事项"》,载《秘书工作》2017 年第 3 期。

分析与评价:文章指出:《党政机关公文处理工作条例》明确不得在报告等非请示性公文中夹带请示事项,即通常所说的报告中不得夹带请示事项,向上级机关行文必须严格遵这一禁止性行文规则。目前,一些单位仍然存在向上级机关报送的报告中夹带请示事项的形,上级机关收到此类公文,还须与来文单位沟通,请其修改后重新报送,影响公文处理的质量和效率,也损害公文的严肃性和权威性。作者结合公文处理工作实践,就理解把握报告中不得夹带请示事项的问题谈了三点认识。

第三节　请　　示

一、文体知识

（一）概念

请示适用于向上级机关请求指示、批准。

（二）使用请示的情形

使用请示的情形具体为:下级机关对现行方针、政策、法令、规章、制度不甚了解,需请示上级给予明确答复;下级机关在工作中遇到新情况、新问题,又无章可循,需请示上级明确指示;下级机关所遇情况特殊,难以执行现行规定,需请示上级重新指示;下级机关领导之间意见分歧而无法统一,难以开展工作,需请示上级裁决;事关重大,为防止工作失误,需请示上级审核;按组织规定,必须请示上级机关认可与批准才能办理;要办一件事却因缺少一定的财力、物力、人力而请示上级支援。

过去向上级机关提出对有关工作的意见和建议也用请示。不过 1994 年之后,"提出意见和建议"调整到报告中,故报告的分类中多了建议性报告。从 2001 年开始,删除报告中"提出意见和建议"的功能,在行政公文中增加"意见"这一文种。

（三）主要类型

根据请示事项的性质和行文目的,可以把请示分为请求指示性请示和请求批准性请示。

二、写作指要

（一）写作特点

请示的内容一般由请示缘由、请示事项、结语三部分组成。请求指示性请示中,如果行文原因是对政策、法规等理解上存在问题,写作缘由时就要把政策、法规出自上级的什么来文,标题、文号是什么,原文是怎么写的,一一引述清楚,再写产生的问题是什么;如果行文原因是工作中遇到了新情况、新问题,写作缘由时就要把新情况、新问题是什么,怎样出现和产生的,都要写清楚;如果行文原因是因下级机关所遇情况特殊,难以执行现行规定的,写作缘由时必须写明所遇情况的特殊性,为什么不能执行现行的规定;如果行文原因是因下级机关领导之间意见分歧而无法统一,难以开展工作,写作缘由时就必须写明是因为什么事引起分歧,分歧的关键在何处。请求批准性请示中,请示缘由多写当前遇到的困难。

（二）写作格式要素

1. 标题

标题一般必须三要素齐全，要尽可能把请示的问题在标题中反映出来，使受文者一目了然，如"江苏省教育厅关于申报教育部高校辅导员培训和研修基地的请示"。文种使用要正确，不能用报告代替请示，更不能生造文种，如"请示报告""申请报告"。请示标题有时还会出现无文种现象，如"关于××××的请求"。另外，语意不要出现重复，如"关于请求批准××××的请示"，请示本身已经含有请求意思，没有必要在标题出现"请求"。

2. 主送机关确立的原则

主送机关确立的原则有以下两个。

（1）文件的内容和工作需要。如一份《关于建设职工食堂的请示》，结尾说："拟建职工食堂，所需资金在厂福利基金中开支"，这里，文件内容包括建食堂、经费来源，从内容中可以看出，资金问题已经解决，故该文件不必主送财务部门。

（2）隶属关系和职权范围。如法院一般只能向上一级法院请示，行政机关一般不得越级请示和报告。向上级机关行文，应当主送一个上级机关。

3. 正文

正文一般包括请示缘由、请示事项、结语三部分。

（1）请示缘由：主要回答"为什么写请示"，涉及原因、背景、依据（政策依据和事实原因）、出发点和思想基础等。请示的目的之一是要得到上级的批准，所以依据一定要充足，要符合实际情况，这样才具有说服力，才能引起上级的重视，尽快批复，使问题早日得到解决。

（2）请示事项：必须明确、具体、可行，同时必须向上级提出解决问题的态度或意见，有时甚至提出几种意见供上级筛选，并表明自己的主导意见。请求批准性请示在写清请示原因的基础上，再明确提出请示要求，即请求批准什么。如增设机构，就涉及机构名称、职权范围、隶属关系、行政级别、人员配置、编制如何解决、办公经费出处等，如果这些问题不落实，增设机构只能是纸上谈兵。

（3）结语：一般用"以上意见当否，请批示""以上请示，如无不妥，请批准""特此请示，请批复"等。这些请求语都是肯定性要求，多数可通用。

4. 其他部分格式

（1）版头除了"发文机关标识"和"发文字号"，还有"签发人"，并且因多此一项，"发文字号"的位置，由"发文机关标识"的下方，变为其左下方，而其右下方标注"签发人"。

（2）版头部分"发文机关标识"的位置要标注在距版心上边缘 80mm 处，留出空白，便于领导阅后批示。

（3）在成文日期之后，标注"附注"，说明联系人姓名和电话。

（三）写作注意事项

（1）内容表述要得当。事情要真实，不要任意夸大请示事实原因；理由要充分，不要笼统含糊、一笔带过，要用事实说话，以数字证明；事项要清楚，要有明确具体的要求。

（2）行文格式要规范。请示的格式具有一定的特殊性，必须在版头部分标注本机关签发人的姓名；在附注栏标注联系人和联系电话。

（3）行文规则要遵守。首先，请示内容必须单一，一般应一文一事，否则不利于文件的处

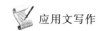

理。其次,一份请示只能写一个主送机关单位,不能多头请示;受双重领导的机关向上级请示,应写明主送机关和抄送机关,由主送机关负责答复;不得同时抄送下级。再次,一般情况下,不得越级请示,如遇特殊情况必须越级时,应抄送被越过的上级。最后,除领导直接交办的事项外,请示一般不得直接送领导者个人。

(4)党委、政府的部门向上级主管部门请示,应当经本级党委、政府同意或者授权;属于部门职权范围内的事项应当直接报送上级主管部门。

(5)下级机关的请示事项,如需以本机关名义向上级机关请示,应当提出倾向性意见后上报,不得原文转报上级机关。

(6)除上级机关负责人直接交办事项外,不得以本机关名义向上级机关负责人报送公文,不得以本机关负责人名义向上级机关报送公文。

(四)与相关文种的区别及联系

1. 请示与报告

请示与报告行文方向一致,都是呈报给直属上级机关的上行文,一般不得越级行文;内容上都必须反映下级机关的具体情况,以具体的事实、确凿的数据为主要材料。但请示与报告也存在显著的区别,具体如下。

(1)目的性质不同。请示的行文是为了解决某一问题而请求上级机关审核批准,而报告的行文目的是让上级机关了解、掌握情况。因此,从写作性质上看,请示是请求性公文,需要上机机关给予答复,而报告则是陈述性公文,不需要上级机关回复。

(2)行文时间不同。请示必须事前行文,得到明确答复才能采取相应行动。报告在事前、事后及事情进行中皆可行文。

(3)主送机关数量不同。受双重领导的机关一般只主送给与请示事项相关的一个上级机关,根据需要抄送给另一个上级机关。报告则可以同时主送给两个上级机关。

2. 请示与请批函

请示与请批函都是在请求批准相关事项的情况下使用的报请类公文。二者在写作思路上大体相似,都是先详细写明请求批准的缘由,再明确提出请求批准的事项,最后加上相对固定的结语。

请示与请批函之间界限明确,主要区别在于二者的行文方向不同:请示属上行文,主送机关是具有隶属关系的直属上级领导机关;而请批函属平行文,主送机关是没有隶属关系的有关业务主管部门,发文机关与主送机关之间没有领导与被领导、指挥与被指挥的上下级关系。

3. 请示与上行意见

请示与上行意见行文方向一致,都是呈报给直属上级机关的上行文,一般不越级行文。二者之间的主要区别如下。

(1)涉及事项不同。请示的事项多为个案,是个别问题,一般是对属于超出自己职权范围的事项进行请示。上行意见所涉及的问题往往是普遍性的问题。

(2)结构内容不同。在行文思路方面,请示主要包括请示缘由、请示事项和固定结语,而上行意见在结构内容方面,主要侧重对相关问题提出见解或处理办法。

4. 请示与申请书

请示与申请书的主要区别如下。

(1)性质不同。请示是法定公文,申请书是事务文书。

（2）适用范围不同。请示用于有行政隶属关系的上下级之间，申请书主要用于个人与组织之间。

（3）结构形式不同。请示必须按照法定公文的格式撰写，而申请书只需按一般书信的格式写作即可。

三、例文赏析

例文一

关于对××区××街道××村农村土地综合
整治项目进行验收复核的请示

省国土资源厅：

根据××市国土资源局北仑分局《关于要求对××街道××农村土地综合整治项目复垦竣工验收的请示》（×土资〔2017〕17 号）文件，按照《××省国土厅关于印发〈××省农村土地综合整治项目验收暂行办法（试行）〉的通知》（×土资发〔2013〕7 号）文件相关规定，我局会同××市水利局、统计局等相关单位领导和专家组成验收组，对××区××街道××村农村土地综合整治项目进行了实地验收。验收组一致认定，该项目共使用增减挂钩周转指标 8.4674 公顷，拆旧总面积 10.0718 公顷，复垦新增耕地面积 9.1925 公顷，已足额归还周转指标，且符合省规定的农村土地综合整治验收要求，同意通过验收，现上报申请省级验收复核。

特此请示。

附件：××区××街道××村农村土地综合整治验收项目清单

××市国土资源局
2019 年 8 月 31 日

（联系人：×××；联系电话：×××××××××）

【评析】 该请示从外部格式到内部结构都符合文种的具体要求，且语言简练，要点明确，数据具体，是一篇规范的范文。

例文二

关于要求变更"××服务区"名称的请示

省交通厅：

为了更好地提升××高速路网整体服务水平，进一步优化指路体系，满足人民群众的出行需求，应××××高速××××至××段运营公司——××××高速公路有限公司要求，申请将"××服务区"名称变更为"××服务区"，主要理由如下。

一是更加符合服务区的发展定位。××服务区建于 1995 年，位于××区××街道，沿××高速双侧对称布局，总占地面积 90 亩。由于该服务区靠近××东收费站，小型客车流量极少，主要为重型集卡车提供停车服务，且位于城区，难有扩建空间。鉴于该服务区规模小，经营业务单一，其"××服务区"的名称与××门户形象的定位不符，更名为"××服务区"较符合服务区发展定位。

二是进一步优化指路体系的需要。随着××区划的调整，撤销了××区，将原××区管辖

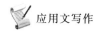

的行政区域划归××区管辖。目前××服务区位于××区××街道,从行政区划上考虑,更名为"××服务区",地理方位指向更加明确,在指路体系上也更加科学合理。

经沟通××市地名办,其支持服务区更名,并认为服务区为高速公路体系内名称,只需更名后备案即可。

特此请示。

附件:××××高速公路有限公司《关于××服务区更名的请示》

××市交通运输委员会
2019 年 4 月 16 日

(联系人:王剑波,138×××7522)

【评析】 该请示在格式和内容上都没有问题,对请示的具体条件报告得非常详细,以方便上级部门理解。附件部分有瑕疵,不应用书名号。

例文三

××广播电视台关于开办生活广播的请示

市文广新局:

由于历史等原因,××广播电视台目前只有综合广播和交通音乐广播两个广播频率,已远远不能满足人民群众日益增长的文化需求和广播自身发展的内在要求,也无法适应××市委、市政府推动文化产业跨越发展、打造区域文化高地、建设京津冀协同发展示范区的新要求。

因此,我台特向市局申请开办生活广播频率,呼号为"××广播电视台生活广播",并请市局审核完毕后向省局提交报告,恳请省局予以批准和办理相关手续。

请示当否,敬请批复。

附件:1. 市广播电视台关于开办生活广播的可行性报告
      2. 市广播电视台生活广播节目安排表

××市广播电视台
2019 年 2 月 6 日

【评析】 该请示格式规范,条理清晰,语言简练,要素齐全。

例文四

关于将依法行政工作纳入市政府专项督查的请示

市政府:

近年来,党中央、国务院高度重视依法行政工作。国务院《全面推进依法行政实施纲要》(国发〔2004〕10 号)和国务院办公厅《关于推行行政执法责任制的若干意见》(国办发〔2005〕37号)提出加快依法行政进程、努力建设法治政府的目标任务,要求各级政府建立健全依法行政工作的评议考核体系,加强对依法行政工作的组织领导和监督检查。党的十八大明确提出,到2020 年基本建成法治政府,对全市依法行政工作和法治政府建设提出了新的更高的要求。

省委、省政府将依法行政工作和法治政府建设情况作为对 17 市科学发展综合考核的重要内容。省政府《关于进一步加强市县政府依法行政的意见》(×政发〔2007〕37 号)、省政府办公厅《关于贯彻国办发〔2005〕37 号文件 做好行政执法责任制推行工作的通知》(×政办发〔2006〕15 号)要求,各级政府要把依法行政工作考核列入对所属工作部门及下级政府的年度考核中,考核分值在年度总体目标考核中的比重应当不低于 20%。《××省人民政府关于印发××省依法行政第五个五年规划(2011—2015 年)的通知》(×政发〔2011〕42 号)明确要求,要"完善依法行政工作考核制度。加强依法行政工作考核,将依法行政考核纳入各级政府目标考核、绩效考核评价体系,并增加依法行政工作考核在各级政府目标考核、绩效考核评价体系中的比重。进一步完善依法行政工作考核标准,修订依法行政工作考核内容。依法行政工作考核由各级政府法制机构负责,考核结果作为本级政府各部门和下级政府领导班子和领导干部综合考核评价的重要内容。"

市政府对依法行政工作高度重视。《××市依法行政工作考核试行办法》(×政发〔2007〕6 号)规定:"依法行政工作考核纳入政府政务考核评价体系,并占一定分值,分值比例由本级政府确定"。《××市人民政府关于进一步加强依法行政工作的意见》(×政发〔2008〕7 号)对依法行政工作考核纳入政府督查考核作了强调,《××市行政审批监督管理办法》(市政府令第 151 号)进一步明确:"行政机关实施行政审批的情况作为依法行政的重要内容,纳入市政府政务考核"。市政府在《关于印发××市依法行政第五个五年规划(2011—2015 年)的通知》(×政发〔2011〕27 号)中,也对加强依法行政工作考核提出了明确要求。

自 2007 年开始,依法行政工作均被列入市政府专项督查,有效地推动了全市依法行政工作的开展,收到了良好的效果。为此,特申请将依法行政工作继续列入市政府 2013 年专项督查,并适当增加考核分值。

当否,请批示。

2013 年 10 月 14 日

主题词:依法行政 专项督查 请示

××市人民政府法制办公室 2013 年 10 月 14 日印发

【评析】 对照《党政机关公文格式》,发现该例文存在几处不规范的地方,具有普遍性和典型性。①标题应该是"发文机关+事由+请示",该标题缺少发文机关名称;②主送机关应该顶格书写;③公文生效标识应该有发文机关落款;④版记部分已经取消了"主题词"要素。

四、实训演练

(1) 指出下面这篇公文的错误并做出修改。

关于报送××市质量技术监督局 2017 年产品质量定期监督检验计划的请示

省质量技术监督局:

根据《省产品质量定期监督检验目录》和省局有关要求,结合当地实际,我局编制了《××市质量技术监督局 2017 年产品质量定期监督检验计划》。

本计划共列入 64 种产品,涉及 1129 家企业,列入计划的产品约占定检目录的 60%。指定了 9 家检验机构承担对列入计划产品的定期监督检验任务。

现上报省局,请审阅。

附：××市质量技术监督局 2017 年产品质量定期监督检验计划

××市质量技术监督局

二○一七年一月十四日

（联系人：××　联系电话：×××××××××）

（2）阅读下面的材料，假如你是该区文化局工作人员，请以文化局的名义给你所属的区政府写一份保护该文化遗产的请示。

海派印钮雕刻简介

海派印钮雕刻是中国传统美术的独特表现形式之一，是华夏五千年雕刻艺术的缩影，具有鲜明的民族特性与时代特征。此项目从上海长江刻字厂延伸传承而来，由上海行健职业学院保护申报。

先秦时期就有了形式简略的钮式；东汉卫宏《汉旧仪》就有有关印纽的记载；隋唐五代宋元之后，印钮的功能逐步从实用转向艺术；明清时期，我国的印钮雕刻由于制作材质的变化和文人雅好而走向高峰，几乎无石不钮。

1908 年《国粹学报》第 39 期美术篇专题介绍《印钮》，并言"制钮无专工"，事实是制钮技艺为石雕、篆刻技艺所掩。

民国时期，石雕、篆刻形成的东门派、西门派、吴门派、徽派、娄东派、浙派等进一步发展，海派印钮雕刻深受影响。

新中国成立后，原上海长江刻字厂，成为传承海派印纽雕刻的专业单位，"文革"结束后，张充仁、闵雅兴、纪晓松、段小庵、朱银芳等前辈艺术家们亲自示范教学，从选料到开料、从设计到制作、从雕塑到不同材料的雕刻等。

1976 年，长江刻字厂组成专雕图章（印钮）的雕刻组，陈海龙任组长，为传承奠定了基础，至今已近四十年。

海派印纽雕刻集圆雕、浮雕（薄意）、透雕、镂雕、线刻等工艺之大成，囊括了雕刻、书法、绘画艺术之精华，赋盈方寸以万种风流。通过学习比照前辈大师杨玉璇、陈敬祥等的作品，从故宫所藏象牙制品中，发现有传统技艺"斩砣"的痕迹，即利用转动原理来实施材料的切削。为此，陈海龙沿袭了古人"斩砣""转砣"的方法，借助现代"软轴机"，融合砖雕、木雕、玉雕、石雕等多种工艺，制作了鸟笼、瑞兽、人物、花果、鱼球等题材的印钮，在业界广受好评，并在印钮雕刻技艺上，形成了以陈海龙为代表的——"取材丰富、手法多样、造型生动、精巧齐备，观赏性大于实用性的特色"。

进入 21 世纪，海派印纽雕刻这一珍贵的非物质文化遗产已日趋边缘化，知晓的人越来越少，需加快保护，否则，这一民族传统文化的精华将逐渐消亡。

五、研究性学习

岳海翔《请示的写作规范与基本要领》，载《新闻与写作》2014 年第 11 期。

分析与评价：作者认为请示是党政机关和企事业单位常用的一种公文。按照中共中央办公厅和国务院办公厅于 2012 年 4 月 16 日印发的《党政机关公文处理工作条例》的规定，请示适用于向上级机关请求指示、批准。从行文方向上看，它属于呈请性的上行公文。请示文种的适用范围较广。凡涉及有关工作中的重大问题、需要上级机关予以审核批准的事项（如财政支出、资产购置、人员定编、机构设置、出国出境）等诸多方面的内容时，均应以"请示"行文，经上级批准后方可执行或办理。

下编　常用事务文书写作

计划总结类

第一节 计 划

一、文体知识

（一）概念

计划是各级机关单位或个人对未来一定时期内的工作（活动）拟订的预想和安排。它是一种对未来工作提出指标、要求、措施、实施步骤、具体期限的事务文书。

《中庸》上说："凡事预则立，不预则废。"意思是说，任何事情，事先有准备，就可以去做；事先没有准备，就要放弃。这里的"预"就是准备，就是计划。大量的社会实践表明，计划是一个单位或部门科学管理中的主要环节，是以后工作实施的基础，是宏观把握未来方向的依据，也是获得成功的有效途径。同样的，个人如果制订正确、有效、合理的计划，对个人的成长也是有莫大的帮助的。

计划有广义和狭义之分。狭义的计划主要是指在日常工作、学习、管理活动中使用的诸如工作计划、学习计划、生产计划、科研计划、培训计划等。广义的计划不仅包括上述所说的狭义的计划，还包括"安排""打算""方案""设想""纲要""规划""要点""预案"等文种，它们共同组成大的"计划性文书"。

（二）作用

计划在日常生活中起着重要的作用。它的应用范围很广，各级企事业单位或者个人，无论做什么事情，都需要事先制订计划。计划一般具有以下几方面的作用。

（1）指导与指令性作用。计划一旦制订出来，它就能够指导今后一段时期的工作，明确工作目标和任务，统一思想和行动。各级领导或个人就可以根据计划有条不紊地进行工作，增强预见性，减少盲目性。

（2）激励与约束作用。计划一旦制订出来，就会对制订计划的单位或个人产生强烈的激励作用，就有了要完成最终目标的动力，同时计划制订出来以后，就会对制订计划的单位或个人产生压力，具有强烈的约束作用，避免主观随意性。

（3）统一与协调作用。计划的制订使得各部门之间可以依据计划统一安排、统一部署，为完成既定目标而努力工作，增强工作的主动性和协作意识，具有很强的协调作用。

（4）总结与评估作用。计划的制订一般都有一定的期限，当这个期限到来之时，计划的制订者再回顾一段时期的目标、措施、步骤时，就会起到总结与评估的作用。

（三）种类和别名

1. 计划的种类

计划可以从不同的角度分为许多类别。

（1）按内容分，有生产计划、工作计划、学习计划、培训计划、科研计划等。

（2）按范围分，有国家计划、地区计划、单位计划、个人计划等。

（3）按时间分，有长期计划、中期计划、短期计划，其中短期计划里又可以细分为年度计划、季度计划、月计划、周计划等。

（4）按性质分，有综合性计划、专题性计划等。

（5）按写作特点分，有条文式计划、表格式计划、叙述式计划、叙述与表格结合式计划。

2. 计划的别名

计划是个统称，根据计划目标的远近、时间的长短、内容的详略等差异，计划还有以下一些名称。

（1）规划：是一种时间跨度长（一般最少3年以上），范围广，内容较为概括的计划。如《××市城市建设总体规划》。

（2）纲要：和规划相同，它们都是各级领导机关根据战略方针，为实现总体目标对某个地区或某一事项做出长远部署。不同的是，规划要详细一些、具体一些，而纲要则显得更为原则和概括，一般只提出一些纲领式的要求和指导性措施。如《××市2018年经济发展纲要》。

（3）设想：是一种粗线条的、初步的、预备性的非正式计划。相对来说，设想考虑的都是比较长远一点的。如《××市拓展就业安置门路的设想》。

（4）打算：也是一种粗线条的、其想法还不太成熟的非正式计划。相对设想，它的内容范围不大且考虑近期要做的。如《××学校争创文明校园的打算》。

（5）意见：也属于粗线条的计划，它适用于上级向下级布置工作任务并提供基本的思路、方法，交代政策，提出要求等。如《××公司关于拓展海外销售市场的意见》。

（6）要点：是将计划的主要内容择要摘编，使之简明突出，它适用于时间相对较短的计划。如《××公司2018年工作要点》。

（7）方案：从目的、要求、方式、方法、进度等方面进行具体、周密部署，是具有很强的可操作性的计划。方案一般比较适合专项性的工作，其实施往往必须经过上级批准。如《××市财政分配制度改革实施方案》。

（8）安排：是一种短期内要做的，且范围不大、内容单一、布置较为具体的一类计划。如《××学院开学第一周工作安排》。

二、写作指要

（一）计划的特点

（1）预见性。计划是为了达到一个具体的目标而制订的要求、步骤、期限的一种文书，因而具有可预见性。

（2）针对性。计划是未来工作总的指导方针，是未来工作的基础，因而具有针对性。

（3）事前性。计划一般都是在做具体的事情之前就已经规划好了的，所以具有事前性的特征。

（4）可行性。计划的制订一般都是具有可操作性的，总体来说是可以实现的。那种超越单位或个人能力的不切实际的计划一般都是不可行的，所以制订计划不能好高骛远。当然，计划在实施过程中可以根据实际情况的变化而做适当的调整和修订。

（5）约束性。计划一旦制订出来，就具有了很强的约束性，不然朝令夕改是很难实现计划中的目标。只有严格按照计划制订的步骤执行，才有可能实现最终的目标。

（6）时限性。计划的制订一般只在一个特定的时间范围里有效。无论是制订它，还是执行它,都是如此,离开了具体的时限,计划的制订与实施就失去了它本来的作用与意义。

(二)计划的格式

计划的结构形式大体有两种,一种是文章式的结构,另一种是表格式的结构。

1. 文章式计划的写法

文章式计划一般按照指导思想、目标和任务、措施和步骤等分条列项地成文,这种形式有较强的说明性和概括性,经常用于全局性的工作计划。它一般由以下几个方面组成。

(1)标题。标题一般由单位名称、时限、事由、文种四个方面组成,如《××市财政局2018年财政工作计划》。在这四项中,也可以省掉一项或两项,如《××公司职工培训计划》等。但不管如何省略,事由和文种都不能省。有的计划则采用公文式标题,如《××师范大学关于新生入学体检工作安排》。

(2)正文。计划的正文一般由开头、主体、结尾三个部分组成。

开头即引言、前言。这部分可以写制订计划的依据或背景材料(例如,面临的国家发展的基本形势、基本要求;或者上一阶段的工作经验教训;或者下一阶段工作的总体设想等)。这部分要写得简明扼要、精干流畅,切忌空话、套话、大话、废话。不同的计划对开头部分可以有所取舍和侧重,有些比较熟悉的例行工作计划,也可以不写或简写这部分内容,直接写明工作的总目标、总任务。

主体是计划最主要的部分,计划的重要因素都在这个部分,只是不同的计划对这些要素有不同的侧重与取舍。例如,领导机关制发的工作要点可不具体写实施步骤和时间,而基层单位的计划则要写清楚这些内容。

这部分可采取下面几种结构方式:①条文式。把下阶段工作分成若干项目,逐项逐条地写明具体任务要求、措施办法、执行人员、完成时间等。写这部分内容的时候要注意条文的逻辑顺序,可按各项工作的顺序,或者工作的主从轻重安排先后顺序。②分部式。按四要素规定的内容分成若干部分,每部分可用小标题概括重点或提示内容范围。这种结构常用于比较复杂的计划。③贯通式。按照段落分层次来写,开头经常用一些提示句,如"这项工作的目标是"之类。这种写法常用于短期的、单一的、具体工作的计划、安排。

特别注意,不管采用何种形式的写法,主体部分都要写得周到详尽、清楚明白、具体仔细。

计划的结尾可以提出号召和希望,激励大家为实现计划而努力;也可以简要强调任务的重点和工作的主要环节;也可以说明一些要注意的事项。有的计划甚至还把督促检查的要求写成结尾部分,有的计划甚至可以不写结尾。所以,结尾部分应根据需要,灵活掌握写法及内容。

(3)落款。落款部分主要是写明制订计划的单位(如果标题中已经标明单位的可以省略不写)和制订计划的时间。

2. 表格式计划的写法

表格式计划和文章式计划的写法不同之处主要在于主体部分。表格式计划会把任务、措施、步骤、完成时间、执行人员等分项列成表格,按照时间的先后顺序进行排列,有的甚至还列上执行情况一项,以反映计划的实施情况。

这种计划的优势在于:因为列成了表格,所以显得脉络清晰、一目了然,直观性很强,这种计划适用于任务具体、时间性强、程序性强的计划,如生产计划、招生工作计划、学校的教学计划等。有的也把这种计划称为工作日程安排、行事日历。

（三）计划的写作要求

（1）要从实际出发,量力而行。制订计划一定要考虑到实际情况,计划中的指标、措施、步骤都应从本单位、本部门、本人的实际情况出发,千万不能勉力而行;计划指标的提出要留有余地,经过努力能够实现。

（2）要服从大局,要克服本位主义,注意单位部门之间的协调与综合平衡,但是同时也要体现出本单位工作的个性化特点。

（3）要有一定的挑战性。计划的制订者要立足实际,不能太冒进,但是也不能畏首畏尾、裹足不前,要有积极进取的挑战性。如果计划的指标定得过低,缺乏吸引力,也不利于充分调动积极性。

（4）计划的内容要具体明确,清晰明了。表达的时候要简明、准确,做到条理分明。

三、例文赏析

例文一

教师个人学习计划

随着课程改革的深入,素质教育的全面推进,教师现有的文化知识、教育思想和教育理念、现代技术教育的运用等方面,已跟不上高质量的推进素质教育的需要。学校立足岗位,以备课、业务学习和课堂教学研究为业务学习载体,脚踏实地地抓好教师业务学习,作为教师我也要通过自主学习来满足现代教育的需要,需要提高教学质量。

一、学习目标

1. 加强学习,掌握正确的教育观点。

2. 了解教育工作的基本规律和基本方法,进行教育实践。

3. 了解学科的发展动向和最新的教研成果。

4. 所掌握的教育理论转变成教育教学的实际能力。

二、学习内容

根据自身情况,我主要将学习内容分为政治业务理论、教育教学技能、教育科学研究、个人修养四大块。本学期,在政治业务理论学习上,我将继续进行观看新闻、阅览报刊等学习活动,教学方面将围绕"语文生活化"主题开展自学和研究课,而在教育科学研究、个人修养方面,也要有些有益的自学活动。

三、具体措施

1. 了解教师个人学习的制度。

2. 学习《师德》,提高教师的职业道德素养。

3. 多听教学水平较高的教师上公开课,通过交流备课、互相学习等形式,提高教师的业务水平。

4. 认真学习新课程标准中的改革与要求。

5. 大胆尝试、创新,使教育教学有新的突破。

6. 强化学习,坚持每周进行业务学习,学习有关优化课程结构的文章和走进课程的信息报道的文章。学习常规管理、班集体建设、师德、民主管理的报道,并与新课程改革密切结合。

7. 强化开展新课程的校本培训,认真学习《基础教育课程改革纲要解读》全书,以阅读为主。自学自练相结合,理论联系实际,开展尝试教学,探索教学方法。

8.加强自身素质的提高,将平时教学与业余学习相结合,多读教育理论的书籍,认真做好学习笔记,完成一篇2000字以上的教育教学论文。

四、自学自查

通过个人自学保证自学效率,尤其是在自学过程中,针对工作实际,要坚持以自修为主,转变观念;以过程为主,提高能力;以实践为主,开展创新;在认真通读教育教学理论书籍的基础上,相互讨论,结合每个专题进行自省、自查,找到自己存在的问题。通过接触书中的新思想、新观念,研读与教师工作密切相关的典型事例,深入反思,结合自己的问题寻求科学的、最佳的解决方法。在学习过程中深入研究,认真记录学习中的所思、所想、所做,把学习、科研、实践有机结合起来,按照实施建议去学习,在理论上得到提高,还能创造出更好的学习方法。结合自己的教学实践,找出自己教学过程中不符合教育理论与教育规律的做法,用教育教学的理论指导自己的教学实践,增强自我完善的意识,明确自我前进的方向。

×××

2020 年 12 月 8 日

【评析】 这是一篇比较有代表性的个人学习计划,整个计划的条理非常清晰,实施的步骤也比较详细,整个过程一目了然,语言的叙述也非常流畅。

例文二

阳泉市煤炭工业局 2018—2020 年党员干部教育培训工作计划

为教育引导党员干部认真学习、深刻领会、全面贯彻党的十九大精神,自觉用习近平新时代中国特色社会主义思想武装头脑、指导实践、推动工作,培养造就高素质党员干部队伍,奋力开创新时代煤炭工作新局面,根据《中国共产党章程》和党内有关规定,制定本规划。

一、总体要求

(一)指导思想

高举新时代中国特色社会主义伟大旗帜,深入学习贯彻党的十九大和习近平总书记系列重要讲话精神,认真贯彻落实省委十一次党代会和市委十二次党代会精神,为实现市委市政府"四大定位"目标,实现全面建成小康社会、不断夺取中国特色社会主义新胜利、实现中华民族伟大复兴的中国梦提供坚强保证。

(二)基本原则

1.坚持围绕中心、服务大局。紧紧围绕煤炭发展工作大局谋划推进党员干部教育培训工作,进一步增强广大党员贯彻落实中央和省市委、局党组和局机关党委决策部署的自觉性和责任感。

2.坚持服务党员、按需施教。在教育中体现服务,在服务中加强教育,坚持集中培训与经常性教育并重,突出重点,分类施教,全员培训,让党员作评价,从基层看效果。

3.坚持联系实际、学以致用。大力弘扬理论联系实际的马克思主义学风,坚持问题导向,提高党员解决实际问题、做好本职工作的能力,做到学与用、知与行、说与做相统一。

二、目标任务

从 2018 年开始,用 3 年时间,在深入推进"两学一做"学习教育常态化制度化、切实加强经

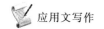

常性教育的基础上,对广大基层党员干部普遍进行教育培训,使广大党员干部理想信念进一步坚定,党性观念进一步增强,不断增强党的生机活力。

(一)坚持以理想信念为重点,开展主题教育培训

1. 围绕政治建党,抓紧抓实抓好党的十九大精神的教育培训。党的十九大在政治上、理论上、实践上取得了一系列重大成果,就新时代坚持和发展中国特色社会主义的一系列重大理论和实践问题阐明了大政方针,是我们党在新时代开启新征程、续写新篇章的政治宣言和行动纲领。

2. 围绕思想建党,加强习近平新时代中国特色社会主义思想和中国梦教育培训。始终把习近平新时代中国特色社会主义思想教育放在首位,增强新时代中国特色社会主义道路自信、理论自信、制度自信、文化自信,增强政治意识、大局意识、核心意识、看齐意识。

3. 围绕从严治党,加强党章和党性党风党纪教育培训。把党的十九大通过的新《党章》作为加强党性修养的根本标准和必修课,深入开展党章和党的基本知识、党史国史、党的优良传统和作风教育,引导党员坚持党的基本理论、基本路线、基本纲领、基本经验、基本要求。

(二)针对不同领域特点,开展分类教育培训

按照分层级、分类别和全员培训的原则,根据形势需要和不同类型、不同层次、不同岗位党员干部的实际需求,有步骤、有重点地组织开展党员教育培训。

(三)围绕深化党的建设制度改革,健全教育培训工作体系

经过3年努力,初步构建与新时代中国特色社会主义事业相适应,与基层学习型、服务型、创新型党组织建设相符合,系统完备、科学规范、开放有序、务实高效的党员干部教育培训工作体系。

三、重点工作

(一)基层党组织书记教育培训。重点围绕建设一支服务意识强、服务作风好、服务水平高的基层党组织带头人队伍,定期开展基层党组织书记培训。每年分两期进行集中教育培训,教育培训时间不少于56学时。

(二)专兼职党务干部教育培训。重点围绕基层组织换届选举、发展党员、党员教育管理等教育培训,切实提升基层党务干部业务素质。每年举办一期集中教育培训,教育培训时间不少于32学时。

(三)在职党员干部教育培训。重点围绕重大战略思想、形势政策、党风廉政、政策法规、宗旨意识、业务技能、纪律作风、专业技术等开展教育培训。

(四)新发展党员教育培训。重点围绕党的基本知识、理想信念和宗旨意识,加强思想教育和法律知识教育培训,在党员入党后一年内组织一次集中培训,每年集中教育培训时间不少于16学时。

四、主要措施

(一)改进方式方法,增强党员教育培训的针对性实效性

1. 灵活运用多种方式方法。采取集中教育、脱产培训、集体学习、网络培训、自主选学、个人自学等方式,运用多种方法开展教育培训,增强党员干部教育培训的吸引力感染力。

2. 开展主题党日教育培训。局直属基层党支部要根据中央和省市委要求,紧密联系各自实际,自主确定特色鲜明的党日主题,组织党员开展教育培训和实践活动。

3. 加强正反面典型教育。组织党员干部学习重大先进典型和身边先进典型,特别要注重

学习身边的"优秀共产党员"先进事迹,发挥先进典型的示范引领作用。

(二)创新载体手段,提高党员教育培训现代化水平

充分发挥远程教育的功能和作用,运用远程教育平台开展教育培训。积极参加山西干部在线学院平台和阳泉干部在线学习中心平台教育培训。

(三)加强制度建设,推进党员教育培训工作科学化

局党组、局机关党委要研究制定党员干部教育工作条例及配套规定,为做好全局党员干部教育培训工作提供基本保障。

五、工作要求

(一)加强组织领导。党员干部教育培训工作在局党组统一领导下,由机关党委牵头,局党组办、机关党委办公室、各直属单位为成员单位,负责党员干部教育培训工作的安排部署、指导协调、督促检查,联席会议每年至少召开一次。

(二)建立保障机制。局党组要统筹协调,采取有效手段,多渠道帮助解决全局各级党组织、局直属事业单位党员干部教育培训经费。

(三)强化督促检查。由局党组牵头,每半年对局直属各党支部、各事业单位党员干部教育培训工作进行督查指导,督促党员干部教育培训工作落实。

本规划主要对全局基层党员干部和基层党组织负责人的教育培训做出总体安排。纳入市委干部教育培训范围的党员领导干部,除认真执行全市干部教育培训的有关规定外,还应带头参加本局的党员教育培训,做刻苦学习、学以致用的模范。

中共阳泉市煤炭工业局党组

2017 年 11 月 28 日

【评析】 这是一篇非常仔细、非常完整、非常具有条理性的计划,整个计划的条理非常清晰,从总体要求、目标任务、重点工作、主要措施、工作要求五个方面进行详细说明,阐述得很通透、很详尽、很完整,整个过程一目了然,语言也非常流畅、自然。

例文三

学习宣传新宪法计划

一、时间安排

学习宣传宪法主题活动自 2018 年 4 月开始,到 12 月底结束。

二、宣传重点

突出宣传宪法修改的重点内容和主要考虑,阐释宪法修改对党和国家事业的重大意义,引导和促进全社会坚定宪法自信、增强宪法自觉。

深入学习宣传以宪法为核心的中国特色社会主义法律体系。大力宣传宪法确立的国家根本制度、根本任务和我国的国体、政体,宣传公民的基本权利和义务等宪法基本内容。

注重弘扬社会主义法治精神,使人们内心拥护和真诚信仰法律。

三、主要活动

(一)深入学习宣传党的十九大精神和习近平总书记关于全面依法治国重要论述。

把学习宣传党的十九大精神和习近平总书记关于全面依法治国重要论述,作为当前和今后一个时期我局普法工作重点,在"12·4"国家宪法日期间,采取多种方式,运用多种载体,大

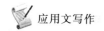

力宣传。深入浅出地向广大群众宣传解读好党的十九大精神,宣传解读好习近平总书记关于全面依法治国重要论述。

充分发挥"七五"普法讲师团作用,组织专家学者和普法志愿者深入机关、学校、企业、社区、农村等基层,通过召开报告会、法治讲座、研讨会等多种形式,宣传习近平新时代中国特色社会主义思想,宣传党的十九大关于全面依法治国新论断新部署,引导干部群众坚定不移走中国特色社会主义法治道路。

(二)深入学习宣传以宪法为核心的社会主义法律体系。

组织广大职工深入学习宪法法律,引导大家牢固树立宪法法律至上、法律面前人人平等的法治理念,使法治真正成为根植于内心的信仰。

(三)开展"法律下基层"活动。

组织普法志愿者队伍,走进社区、农村、学校、企业等基层一线,深入开展"法律下基层"活动,广泛开展宪法主题宣传活动,在全市环保系统营造宪法学习宣传的良好社会氛围,使职工成为宪法的忠实崇尚者、自觉遵守者、坚决捍卫者。

(四)开展系列法治宣传教育活动。

四、活动要求

(一)坚持正确政治方向,按照新时代全面依法治国新要求,准确宣传解读党的十九大法治建设精神,准确宣传解读宪法,大力弘扬宪法精神和社会主义法治精神。积极传播法治正能量,形成正确的社会法治舆论。

(二)要坚持在服务群众中教育群众,帮助广大群众解决身边的法律问题,努力满足群众法治需求。以"12·4"国家宪法日活动为契机,深入群众,服务百姓,引导公民参与法治实践,依法开展生产生活和维护合法权益。

(三)要把法治宣传教育融入百姓生活,融入社会热点事件,在潜移默化中培养法治观念。要结合本单位实际,统筹运用各种平台和载体,充分利用沿街电子显示屏、楼宇电视、灯箱、公益广告牌等宣传宪法知识、播放宪法宣传标语,把法治宣传教育与群众性文化活动紧密结合,努力丰富和创新宣传形式,力戒形式主义,不断增强宣传实效。

××市环保局

【评析】 这是一篇不是很完整的计划,主要存在以下几个方面的问题:①标题不完整,应当是"××市环保局学习宣传新宪法活动计划";②计划的目的、原因没写,开头显得很突兀;③落款部分没有日期。所以,总体来看,这篇计划还是有缺憾的,显得不够完整。

四、实训演练

下面是一篇病文,指出其存在的问题并加以改正。

××县经委今后八个月工作计划

为了完成县委、县政府下达的3.1亿元工业总产值(力争3.5亿元)的任务以及各项经济指标,我们计划在今后8个月主要抓好以下几方面工作。

(一)进一步深化企业改革。我们在全面推行厂长(经理)任期目标责任制的基础上,从实际出发,有针对性地分别实行租赁、承包、百元工资税利制和工资总额与企业经济效益包干等经营方式,把权、责、利全面落实到企业及其经营者身上,使企业真正成为相对独立的经济实体,成为自主经营、自负盈亏的社会主义商品生产者和经营者,较好地调动企业厂长职工的积极性,增强企业活力,促进生产发展,并使这一改革能够健康发展,深入持久地坚持下去,采取有效措施加以保证。

(二)加快新项目和技术改造项目的建设速度,确保这些项目预期投产,发挥效益。主要抓好苎麻纺织、印染工程等项目,并实行目标责任制管理,使这些项目预期投产,早日发挥效益。

(三)进一步加强企业管理,提高企业经济效益。我们坚持以改革为动力,促进企业的发展,加强管理,提高企业经济效益,把增产节约、增收节支的工作作为提高企业经济效益的重要工作来抓,要求企业产品总成本、企管费及车间经费都要下降。具体措施:①调整企业产品结构,大力增产适销对路产品,实现多产快销。②加强企业管理,挖掘企业潜力,调整定额,向管理要效益。

(四)加强企业职工思想教育、技术培训,努力提高企业职工队伍思想、技术素质,为企业上等级和企业现代化管理打基础。①全面进行思想、纪律、法律教育和坚持四项基本原则,反对资产阶级自由化的教育,全面提高工人思想觉悟。②搞好技术培训和职工文化、技术学习,努力提高职工队伍技术素质。

五、研究性学习

徐本亮《如何撰写项目计划书》,载《中国社会工作》2018 年第 2 期。

分析与评价:该文从"以成果为导向制订项目计划""正确确定项目目标和评估指标""制订项目实施计划的基本要求"三个方面具体阐述了项目计划书这一特殊文种的写作要求,内容比较具体细致且操作性强。

第二节 总 结

一、文体知识

(一)概念

总结,是党政机关、企事业单位、社会团体及个人对过去一段时间的工作所做的回顾、反思与分析研究,从中找出经验和教训、成绩与问题,并用以指导今后工作的一种事务性文书。

总结是人们自身实践的本质的反映,其作者是该活动的积极参与者,因此,总结往往是采用第一人称来写。基于这样的亲身实践性,人们的思想认识才会从具体的感性阶段向理性层次不断提高。通过总结,人们能够更好地、更全面地认识过去,以便顺利地开展以后的工作。

(二)作用

唐代名相魏徵说过:"以铜为鉴可以正衣冠,以史为鉴可见兴替,以人为鉴可知得失。"总结,正是起到了这种"鉴"的作用。总结一般有如下作用。

(1)总结过去的经验,得出教训,为下一步的工作制订出更好、更科学的计划。

(2)认识缺点,发扬优点。

(3)增长才干,少走弯路,少犯错误,以便于更好地开展今后的工作。

(三)主要类型

可以根据不同的标准对总结进行分类。

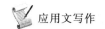

（1）按内容分,有学习总结、工作总结、教学总结、科研总结、思想总结等。

（2）按性质分,有专题性总结、综合性总结等。

（3）按范围分,有地区总结、单位总结、部门总结、班组总结、个人总结等。

（4）按时间分,有月份总结、季度总结、学期总结、年度总结、一年以上的时期总结。

二、写作指要

（一）写作特点

与计划相比,总结具有以下特点。

（1）回顾性。计划是预想未来的,总结则是回顾过去的。古人说:"吾日三省吾身",就是说,一个人或者一个部门要经常地回顾过去,只有进行良好诚恳的总结,未来才能有更好、更有针对性的发展,也才能制订出更好的计划。

（2）事后性。计划是先写后做,具有事前性的特点;而总结则是先做后写,具有事后性的特点。

（3）真实性。总结是对过去一段时间工作的实实在在的思考,没有实实在在的工作,任何的总结都是虚妄的。所以,总结的内容要求真实、客观,要能够准确地反映之前一段时间的具体工作情况。

（4）理论性。总结具有理论指导性,它是对过去一段时间本单位、本部门或个人过去工作的一种理性分析,并在理性分析的基础上找出经验教训,指出其中具有规律性的实质,并用这个规律再来指导今后的工作,制订更科学、更切实可行的计划。

（二）写作结构要素

总结一般由标题、正文、落款三大部分构成。

1. 标题

总结的标题一般有以下几种形式。

（1）完全式标题。这种标题由四个部分组成,即单位机关名称、时间、事由、文种。如《××市人事局2017年补充国家机关工作人员考试工作总结》。

（2）省略式标题。这种标题是在完全式标题的基础上可以进行省略,比如可以省去单位名称,如《2017年度科研工作总结》。

（3）文章式标题。这种标题只是对内容的一种概括,并不标明"总结"字样,但一看内容就知道是总结。如《我市是如何管理城市街道绿化的》。

（4）新闻式标题。这种标题经常采用双标题的形式,即正副标题。这类总结一般用于专题性总结,正标题点明文章的主旨或中心,副标题具体说明文章的内容与文种。如《春风进家门,温暖万人心——××市2017年春节扶贫工作总结》。

2. 正文

和计划一样,总结的正文一般也是由开头、主体、结尾三部分构成。

（1）开头。总结的开头要简明扼要、紧扣中心、有吸引力。它一般采用以下几种方式。

① 概述式:概括介绍基本情况,即交代工作的背景、时间、地点、条件等。

② 结论式:先明确提出总结出的结论,使人了解经验教训的核心所在,然后引出下文。

③ 对比式:开头对有关情况进行比较,以说明成绩,表现进步,然后借此引起下文。

当然,总结没有固定的开头方式,甚至可以综合运用以上所讲的几种方式开头,以增强表达效果。

（2）主体。总结的主体一般包括以下三方面。

① 做法、成绩与经验。这是总结的主要内容。在这个环节，要写明做了哪些工作，采取了怎样的措施、方法、步骤，有什么样的效果，取得了什么样的成绩，取得成绩的原因有哪些。哪些是成功的，行之有效的，有什么样的经验与体会。其中，做法、成绩是基础性的材料，经验、体会是总结的重点，在全文中占有主导地位。这部分的内容一般都比较丰富，在写作当中要处理好主次、详略、结构层次之间的关系。

② 问题与教训。要写出工作中存在的问题与不足以及它们给工作带来的影响、造成的损失；分析出现问题、失误的主客观原因及由此得出的教训。当然，不同的总结对这部分内容的轻重处置不同。例如，着重反映问题的总结，就要把这部分作为重点。

③ 今后的工作设想及努力方向。这是在总结经验教训的基础上，针对工作中出现的实际问题，提出具体的改进措施；或者说明今后的打算，提出新的目标。

3. 落款

落款部分要求署上单位名称，并且写上完整的年、月、日。

（三）写作注意事项

（1）实事求是，切忌虚假。

总结要想写得好，一定要注意材料的准确性与真实性，只有具备了这两点，总结才能真实、有效，总结出来的东西才有价值。

（2）全面收集材料，精心选择。

除了实事求是之外，要想写好总结还必须有大量的材料做支撑，这样总结出来的观点才不会以偏概全。另外，收集材料的时候要注意"点"和"面"的结合。所谓"点"是指局部得到典型材料；所谓"面"是指带有全面性的材料和数据。有了这两个方面的材料做支撑，写出的总结才会既有广度，又有深度。

（3）要善于总结经验。

虽然有了材料做支撑，但如果不善于总结，依然达不到预期的效果。一篇总结，如果只写工作成绩、问题，而不能从大量的材料中总结出经验，也是失败的，不完整的。

（4）写出特色，切忌平庸。

总结和其他事务文书一样，具有一定的程式性、规范性，但在这些写作要求之余，总结切忌写得千篇一律、异口同声，不能做简单的平铺直叙，也不能堆砌材料、记流水账，要根据材料的不同，写出自己的特色。

三、例文赏析

例文一

2017年新教师年度个人工作总结

"做一名好老师"是许多老师一生所追求的目标，也是我的目标。自踏入教育这个行业一年以来，我始终以勤勤恳恳、踏踏实实的态度来对待我的工作，以"师德"规范自己的教育教学工作，以"当一名好老师"作为自己工作的座右铭。现本学期的工作总结如下。

一、让读书成为习惯

利用课余时间看有关教育教学刊物，以便及时更新教育教学观念，掌握新的教育教学理

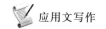
念,提高自身的教学素质。进一步加强现代信息技术的应用,拓宽自己的视野。进一步完善自己的教育博客,及时保质地完成其中的相关内容。

二、让工作成为快乐

在工作中,我始终将"让工作成为快乐,让追求成为乐趣"作为自己的座右铭。用心留意工作的每一处细节,以平和的心态,扎实地开展各项日常工作事务,认认真真做好本职工作。

1. 学籍工作,学习不辍。为了成为一名功底扎实、技术过硬的学籍管理人员,一年来,在自学之余常向有经验的老师虚心请教,不断探索、不断创新。严格按照新课标《学籍管理规定》,落实事业计划,做好小学新课程管理系统的培训,做好学籍管理工作。

2. 常规工作,坚持不懈。根据《德化县浔中中心小学教育教学常规工作细则(修订)》要求,从教师的备课、上课、作业批改、周工作计划的开展等入手,深入课堂,走进教室,全面做好常规检查,较好地开展了《教育教学大检阅工作"回头看"活动》,共听课70多节。

3. 教科研工作,实中求新。学期初认真制订教研计划,并组织实施、检查、总结。深入开展"课改半月谈""课改展示周"等教改活动。组织"提高课堂效率,促进学习方式的转变"教学研讨会和市级重点课题展示课;5月,组织课改半月谈——"提高课堂教学有效性"研讨会。组织教师参加各级各类教学研讨活动,并积极与之交流互动。另外,协助黄主任推进、深化教育科研,实施"创新校本教研的实践与研究"课题研究,组织申报全国及我省教育信息技术研究"十二五"规划重点课题《信息技术与课程教学整合的研究》。

4. 其他工作,稳中求实。扎实开展校本培训工作,组织选拔各学科中青年教师和学生参加各级各类的比赛及评选工作。认真撰写各种总结、讲话稿、方案及各类通知,其中有《你追我赶共同发展——"我为我的教学(管理)岗位订目标"工作回顾与展望》《与时俱进谋发展,素质教育谱新章——浔中镇2017年教育工作总结》《德化县浔中中心小学教育教学常规工作细则(修订)》《精细管理促发展,和谐共进谱新章——浔中中心小学2017年秋学校工作总结》等。组织好各类比赛,如2017年组织教师说课比赛活动和学生绘画比赛;3月,组织学生硬(软)笔书法比赛活动;5月,组织一、二年级讲故事比赛活动;6月,组织开展"亮我才艺,秀我风采教师才艺展示"活动等。

三、让不足成为动力

生活不会亏待积极进取的人,在新的一年里我将勇敢直面自己的不足——业务技术不够精湛,开拓创新意识有些淡薄,工作缺乏主动性,对数字敏感度偏低等。针对工作中存在的不足,我将努力做好以下几个方面。

(一)提高:勤练内功和提高专业知识、技巧,扩大个人的信息来源和广泛的沟通技巧,更好地服务于学校各项工作。

(二)蜕变:任何的改变对于一个人都是艰难的,我将按照新的工作路径去改变一些态度、方式或思路。多学习、多实践,尽早提高自己的管理水平,增加管理主动性,在行动中时刻提醒自己在做什么,问问自己做得对不对,做得是否到位,怎么样才能做得更好,努力做一个有长远规划的人。

(三)发扬:继续发扬"团结奋斗,勇于争先,敢于创新,乐于奉献"的精神,以友善之心面对每一件小事,对待每一个同事,以力求精致的态度为自己的目标,尽自己最大努力在"真诚、善意、精致、完美"这八个字里面找到人生价值的所在。

这一年来的学习,使我收获不少,无论是和学生相处的技巧,还是在课堂教学的合理安排上,我都有很大的进步。在今后的实践中,我会继续努力工作,以真挚的爱、真诚的心,以及有个性的课堂教学风格吸引学生,打动家长,不断提高自己,完善自己,努力使自己早日成为一名优秀的教师。

××ד
2017 年 12 月 30 日

【评析】 这是一篇比较完整、比较具有条理性的总结,整个总结条理清晰,从让读书成为习惯、让工作成为快乐、让不足成为动力三个方面进行详细说明,阐述很完整,很有层次性,整个过程一目了然,非常清晰。

例文二

全省乡镇规模调整工作总结

我省乡镇规模调整工作自去年 12 月份全面铺开,到今年 4 月上旬,历时 3 个多月,目前已基本结束。这项工作在省委、省政府精心组织下,周密实施,取得了圆满成功,达到了省委省政府提出的撤并目标,收到了显著效果。(前言)

一、乡镇规模调整工作的基本情况和主要成效(略)

(一)……

(二)……

(三)……

二、规模调整工作的主要特点

乡镇规模调整工作主要有四个特点,即抓得早、力度大、时间短、效果好。

(一)抓得早,就是这项工作着手早,准备充分。

(二)力度大,主要体现在撤并的比例和乡镇规模的变化上。

(三)时间短,就是从省里集中部署到基本结束,全省的调整工作用了不到 4 个月的时间,而且主要集中在今年第一季度,时间相对集中,在全省形成了一个比较好的氛围,为这项工作的顺利实施创造了有利的外部环境。

(四)效果好,主要体现在运行平稳,没有出现大的波动。

三、几点体会

这次乡镇规模调整工作之所以取得显著的成效,我们的体会有以下四点:

(一)要站在生产力发展的前沿,在深入调研论证的基础上提出乡镇规模调整的总体框架和科学可行的方案。

(二)要有明确的调整目标和可操作性强的调整原则,并切实贯彻到实际工作中去。

(三)要有一系列得力措施保证各项原则和方案的实施。

(四)各地成功的试点经验为全省乡镇规模调整提供了可资借鉴的方法、路子。

四、存在的主要问题及下一步工作意见

(略)

××省民政厅
2021 年 5 月 28 日

【评析】 这是一则专题性工作总结。针对性强,偏重于介绍成功经验,内容集中、具体、细

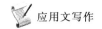

致,是推广经验文章的可取写法。

例文三

××乡上半年工作总结

半年来本乡在精神文明和物质文明方面做了许多工作,取得了很大成绩。半年来,主要做了以下工作:动员乡、村干部和广大群众学习中央一号文件;安排、落实全年生产计划;推行、落实承包责任制;帮助专业户发展;修建乡小学校舍;建乡食品厂方便面生产车间厂房;推销乡果脯厂、食品厂、编织厂的产品;为乡机械厂解决原材料不足的问题;美化环境,街道两旁栽花种草;封山植树;办了一期果树栽培技术培训班;健全了乡政府机关,调整了工作人员,开始试行乡干部招聘制。

半年来,在工作繁杂、头绪多而干部少的情况下,能做这么多工作,主要原因是:

一、上下团结。乡干部和一般干部都能同甘共苦,劲往一处使。工作中有不同看法,当面讲、共同协商。互相间有意见能开展批评与自我批评,不犯自由主义。例如,经营科的同志对乡长不同他们商议,擅自更改果脯厂的奖励办法,影响产量一事有意见,经当面提出,乡长接受,做了自我批评,并共同研究了新的奖励办法,使生产量又增加。

二、不怕困难。本乡企业刚刚起步,困难很多,技术力量薄弱,原材料不足;产品销路没有打开;等等。为此,经营科的同志和全乡干部共同想办法,他们不怕跑路,放弃自己的休息时间,忍饥挨饿受冻,四处联系,终于解决了今年所需要的原料,推销了一些产品。

三、领导带头。乡的几位主要领导带头苦干、实干。他们白天到下边去调查了解情况、解决问题,晚上开会研究问题,寻找解决的办法。领导干部夜以继日地工作,带动了全乡工作。

××乡人民政府

××××年×月×日

【评析】 这篇总结,空话、套话太多,主要存在几方面问题:①材料不足:成绩在哪里?没有统计数据,没有概括性材料,也没有乡里为上述各项工作解决困难的较为实在的说明。②情况不明:这个乡半年前"承包责任制"落实情况如何?经过半年,现在又怎样?投资多少?规模多大?生产效益如何?半年前销售情况如何?现在情形又怎样?③材料不足:为什么要建生产车间?是为了解决乡里什么问题?为什么要"试行乡干部招聘制"?招聘了多少干部?解决了什么问题?④经验体会缺少特点。三条经验,机关可用,企业可用,工厂可用;农村可用,城市可用;现在可用,将来也可用。作者没有对乡里的情况进行基本的分析,没有从乡的工作实际出发,概括出为问题的解决、工作的开展起了作用的属于规律性的东西。

四、实训演练

假如你是淮安市国税局办公室的秘书小张,现在领导要你写一篇关于本单位年度工作总结,请你依据工作总结的行文结构及注意事项,写一篇较为详细的工作总结。

五、研究性学习

(1) 罗永金、罗华《把握三个要求写好总结中的经验》,载《应用写作》2017年第4期。

分析与评价:这是一篇如何写好总结的论文。整个文章围绕表达方式、角度、合适的层次三个大的方面来进行论述,同时,更加细化地去阐释为什么这么做、怎么去做的问题,整个文章资料翔实、论述充分,对于了解、学习总结这个事务文书非常有帮助。

(2)岳海翔《工作总结常写常新的要领》,载《新闻与写作》2017年第12期。

分析与评价:本文的作者主要从传统总结的基本结构与写法入手,然后提出要突破已有的固定传统模式,从跳出"三大块"的单一写作模式上思考还有什么更好的具有创新性的写作方式,比如递进式、并列式、倒置式等,这样的思考就具有了时代性、思考性、创见性,也对如何写好传统的公文提出了自己的思考。

第三节　策　划　书

一、文体知识

(一)概念

策划书是指对未来某个活动或者事件进行策划,并展现给读者的一种应用文书。

策划书是一种具有目标规划的文字书面表达,是实现目标的灯塔。撰写策划书就是让未来的活动能得到最清晰的路径,能够有安全保障性,能够预判未来活动中出现的困难与风险,并在此基础上得到一种全盘的考量。

(二)主要类型

策划书一般分为:商业策划书、创业计划书、广告策划书、活动策划书、营销策划书、网站策划书、项目策划书、公关策划书、婚礼策划书、医疗策划书等。统筹来说,只要未来举行一定的活动都可以用策划书来进行写作。

二、写作指要

(一)写作特点

(1)科学性。策划不是一种突然的想法,或者突发的奇想,而是建立在调查、研究基础上,对宏观全面统筹、对微观缜密设计的科学预测、筹划。策划书是思维智慧的结晶。

(2)目的性。无论什么样的策划方案,都带有鲜明的目的性,对未来要做什么、怎么做、如何做,一目了然,否则是无意义策划。

(3)前瞻性。策划是人们在一定思考及调查的基础之上进行的科学预测,它不仅涵盖过程、步骤、措施等预期的谋划,也应涉及不确定性因素的风险性评估与对策,因而体现很强的前瞻性。

(4)可操作性。可操作性是策划方案的前提。如果一个策划连最基本的可操作性都没有,那么这个策划方案再有创意、再好,也是一个失败的策划方案。

(5)创意性。策划是人们思维智慧的结晶,是一种思维的革新,具有创意的策划,才是真正的策划,策划的灵魂就是创意。

(二)写作格式要素

策划书一般由标题、正文、落款三大部分构成。

1. 标题

一般来说,策划书的标题要尽可能地具体写出策划的全部名称,如《2018年5月25日淮

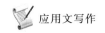

阴师范学院秘书周活动策划书》,置于页面中央。当然也可以写出正标题后将此作为副标题写在下面。

2. 正文

正文是策划书的核心部分,通常包括背景、目的或意义、主题、时间和地点、组织单位、参与对象、内容及日程安排、组织机构及人员配置、宣传方式、前期准备、物料清单、风险预测及解决方案、经费预算、注意事项等内容。

(1)背景。这部分内容要根据策划事务的特点,对环境要素进行分析,着重介绍活动或会议开展的大背景,对过去、现在的情况进行描述,通过对相关情况的预测进行严密计划。

(2)目的或意义。要用简洁明了的语言将目的要点表述清楚,阐述想达到什么效果。

(3)主题。设计一个言简意赅、朗朗上口、紧扣策划活动中心思想的主题,然后对主题进行阐释。

(4)时间和地点。时间、地点准确,选择恰当的时间和地点很重要,会影响到场的人数;持续多长时间效果最好,也要深入分析。

(5)组织单位。交代整个活动的主办、组织方,必要时应写明承办者。

(6)参与对象。参与对象即面向的主体或预想的参与者。

(7)内容及日程安排。阐述活动开展的具体方式,需要重点考虑:内容的价值与意义;流程安排的合理性与吸引力。

(8)组织机构及人员配置。建立完备的组织机构,对工作人员进行合理安排,确保"人人有事做,事事有人管"。

(9)宣传方式。选择富有创意与表现力的宣传手法,选用一个口号式的炒作宣传,是成功与否的有力保障。在前期、活动中、后期宣传阶段,要全方位、覆盖广地宣传策划的重要内容。

(10)前期准备。人员安排(工作分工)、物资准备、宣传造势,需要提前布局、准备。

(11)物料清单。周详合理的物料准备将大大提升活动现场的气氛。

(12)风险预测及解决方案。任何再详细、可靠的策划都不可避免地会受到各种因素的影响,这些内外环境的变化,不可避免地会给方案的执行带来一些不确定性因素。对预期会发生的突发状况进行细心的风险预测,同时对各个可能出现的意外事件作必要的人力、物力、财力方面的准备。

(13)经费预算。根据实际情况,对整个活动所需的物品、数量、价格,人员开支、接待费用等进行具体、周密的计算,并用清晰明了的形式分类列出,做到账目一目了然。

(14)注意事项。在活动策划方案中能用图表表示的尽量用图表表示,因为图表简单明了,会让方案看起来简洁并且思路清晰。

3. 落款

落款部分要求署上单位名称,并且写上完整的年、月、日。

(三)写作注意事项

1. 确立主办者意识

一定要按委托单位的属性确定要做什么活动:生产啤酒的企业搞啤酒节、赞助世界杯很合适,赞助中学生篮球赛就不合适;别墅促销在搞奢侈品展时拉小提琴很合适,请个三流乐手唱支流行歌曲就不合适。这个道理大家都明白,写方案的时候别糊涂,就成功了第一步。

2. 着力解决问题意识

为什么要做活动,活动的目的是什么? 在策划整个方案时时刻想着活动的目的,每个细节都向目标靠拢,与目标没有关系的一概砍去,这样才能主题明确。活动无非两个目的:提升销量和提升企业形象,是为产品与企业服务,不要搞成个人的秀场。

3. 凸显步骤明晰意识

(1)铺垫期。告诉参与者要做什么,他们能得到什么好处,慢慢传播,好处一次比一次多,慢慢升温,调动起参与者的兴趣,尽量让他们期待。

(2)活动期。在参与者的期待中,"高潮"终于来了。这个活动的主要阶段一定要有亮眼的点。

(3)降温期(后续阶段)。这个阶段也很重要,通过活动让参与者对产品或企业产生了好感,这个阶段是完成购买的阶段,趁热再给点好处,就能达到活动的目的。

4. 注意细节雕琢意识

在策划的过程中,客户短时间内无法判断你的大智慧、大策略,于是细节就成为成败的关键。这个细节包括:提案文件的格式,是 Word 还是 PPT;用词是否准确,有没有错字等。另外一些细节就是执行时间、流程、工作分工等是否细致科学。

三、例文赏析

例文一

国泰安"教学做"实训智慧管理平台校企协作联盟策划书

职业教育与经济发展、民生就业和社会和谐发展联系十分密切。加快发展现代职业教育是我国实现创新型国家和人才强国目标的必然要求。目前,应用型本科院校、高等职业院校在管理、专业设置、师资培养等方面仍不够完善。亟须与时俱进,贴合国家对职业教育的创新改革思路,在发展过程中对突出问题进行梳理和诊断,创新职业院校建设发展思路,提升学校管理运行机制,实现各级职业院校健康、可持续发展。

一、活动目的

诚邀教育技术科研机构、应用型本科院校、高等职业学校及教学设备生产企业,聚焦职业教育发展现状,共商职业人才培养大计,分享实训智慧管理经验,探索我国职业教育改革创新发展新路径。

二、活动主题

智慧实训　雏鹰丰翅

携手协作　共铸辉煌

三、活动时间

2017 年 9 月 17—19 日

四、活动地点

中国·江苏(淮安)

五、组织单位

主办单位:中国职业教育创新联盟

国泰安职业教育与产业发展研究院

承办单位：淮阴师范学院

深圳国泰安教育技术股份有限公司

六、参会代表

特邀嘉宾：1. 各地教育行政部门职业教育主管领导

2. 中国职业教育创新联盟理事长、理事、会员

3. 中国职业技术教育学会副会长

参会人员：1. 职业院校校长及主管教学负责人

2. 职业教育研究院所负责人和有关专家学者

3. 行业组织、企业相关单位负责人

活动总人数：约120人

七、活动内容

1. 中国职业教育应用型人才培养模式创新研讨

2. 国泰安"教学做"实训智慧管理平台操作观摩

3. 校企联盟协作签订仪式

八、日程安排

（略）

九、组织机构与分工

领导小组	组　长：　　　　成员： 负责：全面领导；会议总策划、总指挥；会务总调度；过程控制、协调；监督各工作组的工作，各项工作方案审批
策划组	组　长：　　　　成员： 负责：会议或活动议题确定、活动内容安排，活动组织形式、活动规模等方案的策划；各小组工作调度；各项工作验收
宣传组	组　长：　　　　成员： 负责：会议场所外部的宣传、张贴；邀请新闻媒体、网络媒体及记者，适时对外宣传报道；会议全程拍摄、录像；会议专题报道，宣传刊物的编制
后勤组	组　长：　　　　成员： 负责：宾馆接洽，参会人员住宿、餐饮安排；车辆落实，班车路线、班车人员的制定与分配；代表返程安排，车票预订等；会议所需物品的购置、配备；费用报批、管理

十、活动准备

（一）前期准备

1. 人员安排（工作分工）。

2. 物资准备。

（二）后期延续

1. 会议简报的编撰、发送。

2. 会议专题报道，宣传刊物的编制。

3. 活动效果的反馈、收尾工作。

十一、活动宣传

前期开展传单、海报、横幅、广播、发通知、QQ群、微博、口头宣传等宣传活动，积累人气。

在继续延用前期宣传方式的同时,加强媒体宣传的力度、广度、深度,宣传内容更多,面向参与人员的宣传,突出会议活动的宗旨、意义,同时向社会、同行宣传本次会议活动的理念。活动闭幕综合新闻报道,进一步开展跟踪报道,全面介绍协作单位的工作推进进程。

十二、经费预算

1. 房、餐费:105000 元
2. 会议室:5000 元(租赁费含音响、话筒、绿化)
3. 车辆费用:5000 元
4. 考察参观费:5000 元
5. 宣传牌等:2000 元
费用总计:122000 元

十三、注意事项

1. 各组工作人员必须严格按筹备工作计划的进度要求推进工作。
2. 会议督查负责督促各工作组的工作按时完成。
3. 会议期间公司人员必须统一着装,佩戴工作牌。
4. 会议期间公司人员必须提前到达现场,不得迟到、早退和无故缺席。

【评析】 这是一篇比较详细、完整、具有条理性的策划书,整个过程让人一目了然,非常清晰,而且操作性非常强,连许多细小的方面都注意到了,容易让人理解与记忆。

例文二

"吴承恩杯"全国高校大学生原创话剧大奖赛策划方案

为了进一步贯彻落实习近平总书记在党的十九大报告中提出的关于"培育和践行社会主义核心价值观",推动中华优秀传统文化创造性转化、创新性发展,积极践行"道路自信、理论自信、制度自信和文化自信"新时代社会主义价值观,现特举办"吴承恩杯"全国高校大学生原创话剧大奖赛,旨在丰富大学生校园生活,激发大学生文化源灵感,以赛促进交流与合作,推动高校文化创新。

一、活动目的

丰富当代大学生的校园文化生活,激发大学生的创造力及表现力,培养大学生的文艺创作才干;繁荣高校话剧艺术,鼓励校园原创剧目,普及高雅艺术;促进选手之间的文化交流,扩大淮师校园艺术在社会上的影响,促进淮安文化事业的蓬勃发展。

二、活动主题

"创新、传承、发扬"

三、活动时间

2019 年 4 月 25—27 日

四、活动地点

中国·江苏(淮安)

五、组织单位

主办单位:"西游记"学会吴承恩研究会
　　　　　淮阴师范学院

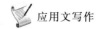

承办单位：淮阴师范学院文创中心

　　　　　　燃灯戏剧社

六、参会代表

参赛人员：

全国各高校大学生（30 所）

特邀嘉宾：

1. ×××："西游记"吴承恩协会研究人员

2. ×××：淮阴师范学院校长、各院长

3. ×××：淮阴师范学院文学院教师代表

4. ×××：淮安市淮阴区媒体、记者

5. ×××：保利大剧院院长

会议总人数：约 150 人

七、活动内容

1. "百花齐放"原创话剧研讨会

2. "吴承恩杯"全国高校大学生原创话剧大奖赛

3. "文化追思"之旅

八、日程安排

（见附件）

九、组织机构与分工

领导小组	组长：　　　　成员： 全面负责,总指挥、总策划,控制、指挥、监督各组工作
策划组	组长：　　　　成员： 1.活动议题的确定、内容的安排；2.活动组织形式、活动规模等方案的策划等
秘书组	组长：　　　　成员： 1.活动议程的确定、活动策划方案的编制；2.开幕词、闭幕词等会议材料的撰写、制作等； 3.发言材料的收集；4.活动简报的编辑、发送等
联络组	组长：　　　　成员： 1.与会人员的联络、邀请、通知；2.活动场地的联络、接洽；3.代表信息数据库的建立、核对； 4.报到接待、信息核对,发放日程安排等
宣传组	组长：　　　　成员： 1.活动场所外的宣传；2.新闻媒体、网络媒体的邀请,对外的宣传报道；3.活动中的摄像； 4.活动的专题报道等
后勤组	组长：　　　　成员： 1.参会人员住宿、餐饮地点的联络、安排；2.车辆、人员安排等；3.代表返程安排,车票机票预订等；4.活动所需物品的购置、配置；5.费用报批、管理等

十、论坛准备

（一）前期准备

1. 人员安排

（1）前期筹备分工：联络组主要负责参会人员的邀请、场地的接洽；秘书组确定活动议程及材料收集编辑；宣传组负责前期宣传。

（2）聘请专家制定比赛规则。

2. 物资准备

详细物品清单见"物料准备"。

（二）后期延续

1. 活动简报的编撰、发送。

2. 活动专题报道、宣传刊物的编制。

3. 活动效果的反馈、收尾工作。

十一、活动宣传

采用多样表现形式，开展创意宣传活动和宣传创新活动，突出活动主题——"创新、传承、发扬"。主要宣传途径为：网络、海报与广告。主要宣传方式为：传单、海报、横幅、广播、发通知、QQ 群、微信公众号、微博、视频等。

十二、经费预算

1. 房、餐费：13800 元

2. 嘉宾费：10000 元（2000 元×2 人＋1000 元×6 人＝10000 元）

3. 会场布置：6000 元

4. 媒体、记者费：5000 元

5. 不可预计费用：10000 元

费用总计：44800 元

十三、注意事项

1. 各组工作人员必须严格按筹备工作计划的进度要求有序推进工作。

2. 督查组负责督促各工作组的工作按时完成。

3. 活动举办期间工作人员必须统一着装，佩戴工作证。

4. 工作人员必须提前到达现场，不得迟到、早退和无故缺席。

5. 设备音响要提前反复调试，确保会议的顺利进行，工作人员不得擅离会场，必须随时待命。

【评析】 这也是一篇比较详细、完整、比较具有条理性的策划书，整个过程的脉络也是非常清晰，每一步都有详细的人员分工与准备，容易操作。

例文三

淮安掼蛋推介会暨第一届"运河杯"掼蛋大赛策划方案

一、活动背景

淮安掼蛋产生于 20 世纪 60 年代的淮安市淮安区，因其具有简单易上手、讲究团结协作、技战术组合千变万化等特点而迅速在民间流行开来。90 年代后期，淮安掼蛋逐步扩散至淮安、南京及周边地区，不仅发展出一系列线下竞赛活动，还覆盖了网站、有线电视等线上领域。如今，淮安掼蛋不仅是淮安的非物质文化遗产项目和城市特色体育文化品牌项目，影响范围更是扩展至全国乃至世界。据不完全统计，目前仅在江苏和安徽两省就有超过 2 000 万人经常参加各类掼蛋游戏活动，有不少于 16 家电视台创办了掼蛋栏目，还有数十家网站开通了掼蛋游戏。

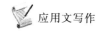

二、活动目的

为了进一步促进全民健身工作,促进淮安掼蛋作为体育运动和赛事项目的更好发展,实现我国从体育大国向体育强国迈进。另外,提升淮安掼蛋的知名度,弘扬淮安掼蛋这一本地文化特色。同时加强和促进全国掼蛋交流,从而加深全国各地百姓的情感,促进社会和谐发展。

三、活动时间

2019 年 9 月 26—30 日

四、活动地点

1. 淮安掼蛋文化中心
2. 淮安掼蛋博物馆
3. 市奥体中心

五、活动对象

全国各地掼蛋研究者、爱好者;淮安市体育局、淮安掼蛋文化协会、淮安掼蛋文化中心、淮安掼蛋博物馆主要负责人。

六、活动主题

"玩转掼蛋,享受人生"

七、活动内容

1. 淮安掼蛋研讨会
2. 参观淮安掼蛋博物馆
3. "运河杯"掼蛋大赛
4. 掼蛋吉尼斯纪录(6000 人)

八、活动宣传方式

1. 由淮安市人民政府组织向社会各界、海峡两岸人士发出活动邀请函。
2. 由淮安市掼蛋文化协会利用微信、网站、新闻发布等方式组织社会各界掼蛋爱好者参与淮安掼蛋吉尼斯纪录大赛。

九、前期准备

人员	职责	负责人	联系方式
会务组	参加会场布置及会长安排	× ×	××××××××××
摄像组	跟踪拍摄活动的整个过程	×××	××××××××××
接待组	对来宾进行接待工作	× ×	××××××××××
应急组	对突发事项进行处理	× ×	××××××××××
安保组	保证活动安全进行	× ×	××××××××××
后勤组	保证活动各项物品安排到位	×××	××××××××××

十、结论与建议

此次大型活动能够充分宣传掼蛋活动,提高掼蛋的影响力,使来自各地的参与人员领会到淮安的文化魅力。由于活动规模巨大、参与人员过多,短时期内给淮安的交通秩序、社会治安等各个方面带来了较大的隐患,引发了部分群众的不满情绪。我们应从此次活动中汲取经验和教训,在以后的大型文化活动中,提前做好准备工作,在不扰乱人民日常生活的前提下,有秩序、有规范地开展活动,取得更多群众的支持。

【评析】 这也是一篇策划书,这篇策划书看上去很多要素都具备,无论是标题、活动背景、活动目的都是齐备的。但是这篇策划书从总体来看仍然是粗糙的,主要有以下几个方面问题:①总体缺乏操作性,说得过于笼统;②小标题标点符号使用错误;③缺乏活动资金安排;④人员分工不细致,过于粗犷。所以,总体来看,这篇策划书具有策划书的雏形,但在许多细节上做得不是很好。

四、实训演练

无论是刚上大学进入社团负责活动的大学生,还是团委工作的公职人员,无论是上班的白领,还是坐办公室的公务人员,写好策划书的能力都是必须具备的。一份好的策划可以让你成功举办一次完美的活动,甚至可以因此得到领导的青睐。下文介绍写好一份策划书的具体步骤。

在撰写一份策划之前,应考虑策划应该做什么,目的是什么,需要达到什么效果,活动的初衷、赞助方的要求以及参会人员的组织,这些都是写好策划的基础。

首先,大字标题居中,写上活动的名称,然后左下角写上目录,小字,因为下方将引出策划书的内容。具体内容如下。

(1)活动名称,不同的是名称下方应该有活动内容以及活动宗旨和活动意义的简单介绍。此部分切忌冗长。

(2)活动背景。每一个活动都有背景,也就是在什么样的环境或者什么样的影响下举办这次活动。这部分最好有比较真实的描述,切忌假大空。

(3)活动主题。活动的主题要求轻松明快,活动到底是要干什么,这个项目更像是一句广告语,让人们一眼就能看出举办这次活动的目的。简单精练,表述清楚即可。这部分也可作为活动条幅,在活动场地展出。

(4)活动具体意义,或者活动目的的具体描述。首先介绍活动组织方的详细信息,然后详细说明此次活动的意义和想法、举办的初衷和具体的目的,活动想干什么,通过干什么,怎么干,干完以后体会到什么或者收获到什么,以达到什么样的目的,基本就是这些内容。如果有赞助方,应在最后给予赞助方感谢。

(5)活动时间和地点。根据活动的性质选择适当的时间,最好是活动对象都空闲的时间,而后选择场地是室内或者室外。

(6)活动对象。如果活动有具体要求,可以根据年龄段、职务、单位、性别或者某些条件限制来划分,也就是什么人能参加这次活动。

(7)活动主办方,也就是办活动的最高单位。因为活动往往不是最高单位直接承办而是下属部门负责,这里必须将最高单位陈述清楚。

(8)活动具体流程。分为准备阶段、举办阶段、后续阶段。准备阶段:介绍人力、财力及物力、活动场所的租借及申请、人员的邀请、宣传单或者礼品或者请柬的准备、所需要的组织人员以及物品工具(桌、椅、板凳、酒水、饮料、条幅、展板等)。举办阶段则是具体实施过程,要有一个详细的规划,几点到几点宾客来到,几点到几点开始举行什么仪式,几点到几点人员退去。如果大型活动,如慈善晚会等,还必须给出每个节目的限定时间。后续阶段:包括物品的清点、人员的欢送、赞助方的总结、活动的总结以及花销的总结等。

（9）活动具体经费预算。每个用到的物品,组织人员,吃喝玩乐,租场地等费用,都要预算进去。合理的预算是活动成功的开始。

（10）活动备用方案。例如,遇到糟糕天气、意外事件如何处理,可能碰到的问题如音响设备哑炮或者酒水未能及时送到或者宾客有未到的情况,都应该有备用方案。考虑得越周全,活动将举办得越成功。

（11）活动组织方,也就是负责活动的组织部门,而后是策划人和日期。

要求:这是一篇教你如何写好策划书的小经验。请根据以上内容,看看还有什么内容要补充的,然后根据这些经验,以"2018年淮阴师范学院翔宇杯公文写作大赛"为题,写一篇策划书。

五、研究性学习

张美娟《例谈大学生校园活动策划书的写作》,载《应用写作》2015年第8期。

分析与评价:该文最大的特色是通过举例来进行分析、说明,显得非常通透、明了,并且具有很强的实践指导意义,对于大学生如何写好校园活动策划书具有极强的指导意义。在该文的写作中,理论性的指导加上实践性的操作结合得非常紧密,让读者在学习之余不知不觉地就了解了策划书的写作,并且掌握这类文种的写作。

信息宣传类

第一节　简　报

一、文体知识

（一）概念

简报，顾名思义，就是一种简明、简短的报道，是党政机关、企事业单位、社会团体为及时通报情况、沟通信息、汇报工作、交流经验、报道动态而编发的一种内部文书。简报是一种常见的发布性文书，用于日常工作的汇报及发布，便于系统内部了解最近工作、掌握最新动态。它又称"动态""简讯""要情""摘报""工作通讯""情况反映""情况交流""内部参考"等。

（二）主要类型

根据不同的分类标准，简报可以分为不同的种类。

（1）按时间分，有定期简报、不定期简报。

（2）按性质分，有综合简报、专题简报。

（3）按内容分，有工作简报、生产简报、学习简报、会议简报、动态简报。

（4）按功用分，有报道性简报、汇报性简报、总结性简报、交流性简报。

依据简报内容及其常见形式，主要介绍以下 3 种简报。

（1）工作简报：反映本地区、本系统、本部门日常工作或问题的情况简报，包含内容较广，工作情况、成绩问题、经验教训、表扬批评、政策执行、措施采用、步骤推进等均可反映。工作简报常以定期或不定期的形式出现，在一定范围内发行。

（2）会议简报：机关、企事业单位或团体召开重要会议时用以报道会议相关情况、传达会议精神或决议而编发的简报。内容包括会议的进展情况、发言交流及会议决定等，其作用为便于领导了解情况，推动会议深入进行，沟通情况，交流经验，便于归档存查。会议简报是一种临时性的简报，依据会议召开时间的长短及会议规模的大小可编发一期或多期。规模较大、时间较长的会议常要编发多期简报，以起到及时交流情况、推动会议进行的作用；小型会议一般是一会一期简报，常常在会议结束后，编发一期较全面的总结性的情况反映。

（3）动态简报：反映本地区、本系统、本部门的情况动态和思想动态而及时编发的简报。动态简报内容着眼于人们关注的问题，紧跟推进新进程，供领导参考。简报的时效性、机密性较强，要求迅速编发，发送范围有一定限制，在某一个时期、某一阶段可能要保密。

二、写作指要

（一）写作特点

简报紧盯实际工作，汇报、交流、报道相关新闻信息，具有以下显著的特点：

（1）简约。"简报"的要义在于"简"，篇幅简短、文字简约、叙事简要、内容简明。

（2）真实。简报的生命在于真实准确，内容真实可靠，事件真实确凿，材料准确无误。

（3）快捷。简报的价值在于快捷高效，讲究时效性，编发须及时迅速。

（4）新颖。简报的意义在于内容新鲜，报道新事件、新信息、新情况、新思想、新观念、新动态、新进程。

（二）写作格式要素

简报一般包括报头、报核、报尾三个部分。

1. 报头

报头类似于行政公文的眉首部分，有相对固定的格式，主要包括简报名称、期号、编发单位、印发日期、保密等级、编号。

（1）简报名称。一般含单位、部门、工作特点的限制词，用套红印刷的大号字体，印在简报第一页上方的正中处。

（2）期号。一般按年度依次排列期号，有的还可以标出累计的总期号。属于"增刊"的期号，要单独编排，不能与"正刊"期号混编。在简报名称的正下方，用括号标注。

（3）编发单位。应标明全称，在期号下一行居左空一格标注。

（4）印发日期。以领导签发日期为准，年、月、日应标全，在编发单位同行居右空一格标注。

（5）保密等级。标明"内部参阅""秘密""机密""绝密"等密级字样，印在报头的左上角顶格。

（6）编号。保密性简报编号，印于报头右上方顶格，一般简报不用编号。

报头部分与标题和正文之间一般用 1.5mm 的红色间隔横线隔开。

2. 报核

报核是简报的中间部分，包括按语、标题、导语、主体、结尾 5 个方面。

（1）按语。按语即"编者按"，言明编制机关的主张和意图，对文稿进行说明与评价。按语并非简报所必需，要视具体情况加以使用。通常在转发文稿、汇编辑录、时事聚焦等简报前配上编者的按语，或是用以介绍稿件的来源、编发原因和发至范围；或是用以提纲挈领、揭示稿件内容，便于读者理解题旨，把握编发意图；或是用以申明意义，表明态度，提出要求或提供办法。按语的位置在报头间隔线的下方，目录或标题上方。

（2）标题。标题类似新闻标题，要求简明地概括正文内容，揭示主题，简短醒目，富有吸引力。

（3）导语。导语是简报的开头。用一句话或一段话，简洁明了地概括全文的主旨或主要内容，引导读者阅读全文。导语写法多种多样，有提问式、结论式、描写式、叙述式等，一般要交代清楚谁、什么时间、干什么、结果等内容。

（4）主体。主体是简报的主要部分，用充足、典型、具有说服力的材料，将导语概述的观点、事件、内容具体化。

（5）结尾。结尾是对主体部分进行归纳和概括，指明事情发展趋势，提出希望及今后打算。若主体部分已经将事情说清楚，就不必再加结尾。

3. 报尾

简报的结尾部分。置于简报末页最下方，由一横线与报核隔开。报尾由发送对象及印数两部分组成，其中发送对象用上、下两道横线框住，以"报""送""发"等字样引出会议简报的发送对象，各发送对象间以逗号隔开。发送对象下横线外右下方处标出印数。

简报格式示意图如下。

编号(可选)	保密等级(可选)
×××简报(大号字,套红)	
(第×期)	
×××××××编印	××××年×月×日

编者按(可选)

×××××××××××××××(标题)

×××××××××××××××××××××××××××××××××
××××××××××××××××××××××××××××××××××
×××××××××××××××××××××××××××(正文)

×××(撰稿人)

报:×××××××××,××××××××,×××××××
送:×××××××,×××××××
发:××××××,××××××,×××××××

(共印×份)

(三)写作注意事项

1. 内容真实,切中时事

简报和新闻报道一样,用事实说话,是简报的主要特征之一。所选用的材料与数据要真实、准确,报道内容客观、真实、不虚妄,这是编写简报应该注意的一个重要问题,更是编发者需花力气核实相关事实资料,力戒不实造假的职业操守。

2. 选材典型,突出主题

简报需要精心挑选典型材料,以个别反映一般,突出表现符合时代精神的主题。撰写简报,必须对相关材料加以甄别,认真分析研究,特别要对那些用以表现主题的材料,要投入更多精力,进行精心选择,从中挑选具有代表性的、最能反映事物本质的典型材料,加以使用;对那些与主题无关的材料,即便十分生动,也须割爱舍弃。通过材料的剪裁,突出主题,使简报的主题充分而明确地表现出来,做到不堆砌、不罗列、不雷同、少而精。

3. 贵在迅速,编发及时

简报承载信息的传递、沟通与交流,是领导了解实情、做出决策的参考依据之一,也是有效地推动工作的一个重要手段。简报的功能,决定了简报的编者必须讲求时效,必须思想敏锐、行动敏捷,对问题反应得快,对材料分析得快,写作构思快,动笔成稿快,同时还要求简报的编辑、签发、打印、发稿速度快,共同把握发稿时机。

4. 篇幅简短,语言精练

简报用尽可能少的文字说清楚必须说明的问题,篇幅简短明快,内容简明扼要,用语简洁精练。简报不贪大求全,不搞面面俱到,一稿一事,只抓住一个问题,主题集中凝聚,篇幅短小,问题说得透彻、干净利落。若涉及内容较多,简报要注意归纳、提炼,抓住最能反映事物本质的主题,落笔成文;也可以将可写的几个问题,各写一期简报分期介绍,一期一个重点,而不将几个观点纠缠在同一份简报中。

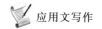

三、例文赏析

例文一

江苏省十三届人大一次会议
大 会 简 报

（第 13 期）

大会简报组   2018 年 1 月 27 日

淮安市代表团：开启现代化建设新探索 推动高质量发展走前列

1 月 26 日下午，淮安市代表团对政府工作报告进行了认真审议。代表们充分肯定政府工作成绩，同时积极提出意见和建议。

樊金龙代表说，政府工作报告一是特点鲜明。总结工作时体现出发展的理念更加明确、发展的目标更加聚焦、发展的举措更加务实、发展的成效更加显著。二是方向明确。提出未来五年奋斗目标和主要任务，可以概括为一句话的总要求：在高质量发展上走在全国前列；两句话的总目标：高水平全面建成小康社会、高起点开启基本实现现代化建设新征程；三句话的总思路：积极推进探索性发展、创新性发展、引领性发展。三是措施务实。从九个方面对今年工作进行了安排部署。淮安要落实报告要求，抢抓当前交通基础设施建设等重大机遇，加快建设江苏绿色发展先行区、淮河生态经济带引领区、大运河文化带标志城市，努力实现新跨越。

刘永忠代表说，政府工作报告主题鲜明、实事求是、文风朴实，是一个振奋人心、凝聚人心的好报告。一是围绕"两聚一高"新实践和建设"强富美高"新江苏，用翔实的数据展示经济社会发展的丰硕成果；二是围绕贯彻党的十九大精神和习近平总书记对江苏发展的新要求，提出的落实措施与省情紧密结合；三是围绕贯彻省委六个高质量发展的决策部署，目标任务明确，保障措施扎实；四是围绕贯彻以人民为中心的发展思想，提出尽心尽力为群众办实事，提高改善民生水平。特别是针对"一小一老"问题，对推进婴幼儿照护服务和强化学前教育资源配置、医养结合、多层老旧住宅加装电梯等事项都作了部署安排，很暖人心，进一步增强了人民群众获得感幸福感安全感。

姚晓东代表说，政府工作报告通篇体现强烈的政治担当，贯彻高质量发展的要求，饱含勤政为民的深厚情怀，彰显从严治政的勇气决心，是一个符合江苏实际、顺应人民意愿的好报告。淮安要认真落实中央、省委决策部署和报告提出的各项任务，统筹推进稳增长、促改革、调结构、惠民生、防风险各项工作，以推进供给侧结构性改革为主线，加快构建现代化经济体系；以深化"放管服"改革为先手棋，充分激发发展活力动力；以建设台资集聚示范区为特色，推动形成全面开放新格局；以实施乡村振兴战略为突破口，着力提升城乡建设品质；以满足群众美好生活需要为重点，不断提高保障和改善民生水平，努力在贯彻落实党的十九大精神开局之年形成蓬勃发展的强劲态势。

蔡丽新代表说，政府工作报告推进探索性发展、创新性发展、引领性发展的思路清晰，推动质量变革、效率变革、动力变革的举措有力，充分体现了省政府求真务实、开拓奋进的工作作风，是一个立意高远、内容丰富，合乎省情、顺应民意的好报告。淮安要细化落实报告中提出的目标任务、发展战略和务实举措，推进江淮生态经济区建设，彰显淮安生态文旅水城特色；大力实施淮河生态经济带国家战略,充分发挥淮安核心引领作用;切实完善基础设施体系,迎接高铁时代到来;有序推进农村相对集中居住,促进乡村振兴;深化重点领域改革,切实增强发展活力,奋力谱写"迈上新台阶、建设新江苏"的淮安篇章。

孙蔚代表建议:更加注重简政放权,加强后期监管,真正提高工作效率。财政部门要大力支持农村公路"建养一体化",放宽此类纯公益项目纳入 PPP 项目库的条件,省政府和设区市政府发行农村公路一般债券或对实施一体化改革的地区给予一定引导资金或补贴。更高层次上推进区域协调发展,加强对苏北四市航线资源整合。加大对科技创新企业体制、政策、机制上的支持。

张笑代表说,目前金融领域非法集资、金融诈骗等问题易发多发,建议加强立法、明确职责、强化监管,切实防范金融风险。建议在推进大交通构建方面给予淮安支持,打通盐河航道"最后 10 公里",实现盐河航道与连云港徐圩港区无缝对接。

朱海波代表说,政府工作报告体现了政治性、前瞻性、科学性、群众性、务实性、担当性。建议通过调整优化农村产业布局和产品结构,解决农民增收问题。

朱林代表建议:在扶贫工作中抓住人这个关键,加强对村干部的培训,改变思想观念,发挥带头作用;要切实解决"谁来扶贫"的问题,企业带项目下来扶贫最有效。

顾正中代表说,政府工作报告以朴实的语言反映出浓浓的为民情怀,格外关注人民群众的获得感。建议实施乡村振兴战略不仅要"锦上添花",更要"雪中送炭",在政策、资金、项目安排上给予苏北以更多关注,在农村小水利建设方面加大投入;在民生保障工作中进一步关注因病致贫群体,帮助其实现"造血功能"。

倪春玲代表建议:切实加强学前教育,合理规划教育资源布局;加快幼师队伍建设,加强培训、提高专业水准,增加编制、提高待遇,进一步稳定队伍、保障权益。

报:××××××××,××××××××,××××××××

送:××××××××,××××××××,××××××××

发:××××××××,××××××××,××××××××

（共印×份）

【评析】 这是一篇会议简报。简报内容客观真实,提及的代表发言贴近发言者的原意,依据会议主题或主要会议精神突出报道会议的重要内容,内容概述做到了重点突出。简报格式规范,报头、报尾各要素齐全;主干部分结构完整,自然收结,不拖泥带水;文字简要,精练准确,干净利落。编发及时迅速,在会议代表讨论结束便完成编发工作,既很好地发挥了会议简报交流、沟通信息、传递心声的作用,有效地推动会议深入进行,又对大会实况作了专题性的报道,扩大了会议的广泛影响力。

例文二

浙江省深化高等教育领域"放管服"改革

教育部简报〔2018〕第 8 期

浙江省结合本省和高校实际,瞄准关键环节和突出问题,大力推进高等教育领域"放管服"改革进程,进一步激发高校办学活力,加快建设高等教育强省。

推进"放",赋予高校更大办学自主权。下放专业设置权,支持高校依法自主设置专业,允许高校在制订专业规划的基础上自行调整设置规划内的专业。全面下放高校教师专业技术职务评聘权,允许高校自定标准、自主评聘、自主发证,同时加强事后监管,每年随机抽取若干所高校复核,对评聘工作标准把握不严、程序不规范,造成教师投诉较多、争议较大或复核中发现问题严重的高校给予黄牌警告,经整改仍无明显改善的暂停其自主评聘工作。开展省级教育检查评比评估事项清理工作,将省级教育部门主导开展的各类检查评比事项从 117 项精简为 62 项,取消、合并 47%,公布检查评比评估事项项目清单,切实减轻基层负担。出台《关于支持省重点建设高校的若干意见》,支持首批 5 所省重点建设高校在经费使用、人事管理等领域试点开展改革,采取"一事一报""一校一策"方式,向省级部门申报实施。

创新"管",提升管理效率和水平。加强教育法治建设,印发《关于深入推进全省依法治教的若干意见》。建立领导班子"法治微课"制度,每季度邀请法学专家讲解法律法规,并向各级教育行政部门和各高校推广。推动建立法律顾问制度,要求全省各级教育行政部门和各级各类学校全面建立法律顾问制度,将制度建设情况纳入教育业绩考核。改革财政拨款方式,在测算生均经费标准的基础上,将优化培养层次结构和专业结构、加快教育国际化、降低生师比、提升教育质量和办学水平作为新增财政拨款的重要参照依据,引导高校加强内涵建设。对本科教学业绩考核排名第一的高校按生均定额拨款标准的 15% 给予奖励,第二至第五名按 10% 奖励,第六至第九名按 5% 奖励。加强信息公开,重大决策或规范性文件出台前,通过新媒体平台开设征求意见专栏,召开新闻媒体和网民、服务对象座谈会,广泛吸纳公众参与公共教育政策的制订过程。

优化"服",推行"最多跑一次"改革。按照"群众和企业到政府办事最多跑一次"的理念和目标,坚持一切以服务对象方便为工作宗旨,全面梳理权力清单、责任清单和公共服务事项,编制完成纳入省教育厅本级"最多跑一次"改革的权力事项和公共服务事项 23 项、纳入全省教育系统事项 55 项,其中厅本级有 95.6% 的事项实现"最多跑一次",6 项实现"零上门"。强化学生事务中心建设,整合学校教育、管理和服务资源,以集中办事项目、提供优质服务、学生"少跑腿"为目标,以事务服务、学业指导与咨询交流为功能定位,充分满足学生了解信息、办理事务、解决问题和发展咨询的需求。(责任编辑:刘潇翰)

【评析】 这是一篇工作简报的报核部分。属于经验性简要报道,编发于教育部网站,对进一步开展教育工作,扎实推进教育改革进程,具有广泛的借鉴和指导作用。简报以新闻形式刊发,没有呈现简报固定的格式样式。就该报核内容而言,标题概括报道内容,揭示文章主题,让读者一目了然;导语简洁,不枝不蔓,高度简练;主体部分紧扣标题、导语概括的"放""管""服",铺陈展开,具体、细致、深入地阐述工作内容、工作方法以及工作实效;纹路清晰,文笔干练,文气贯通,行文紧凑,收缩自然,很好地体现了简报的特征。

例文三

【2016 年国家公务员】 请你根据"给定资料 1"的内容,将与会人员关于"好政策"的有关见解,汇总整理成一份简报。(20 分)要求:(1)内容全面,紧扣材料;(2)观点明确,简明扼要;(3)语言流畅,条理清晰;(4)不考虑格式要求,不超过 400 字。

关于"好政策"专题研讨会的简报

(一)好政策要实地考察。苏东坡清淤修堤、种菱除草,这种治湖思路既节省人力物力,又一举两得,取得因地制宜的治理效果。

(二)好政策要变繁为简。张居正在一条鞭法中规定"全国税收由实物税变为货币税",将复杂问题简单化。

（三）好政策要发挥政府和市场的作用。"限塑令"之所以成功，一是政府的监管执行，二是市场的价格调节。

（四）好政策要关注群众的切身利益。美国养老保险计划由实施不顺到顺利，说明政策要注重参与者的实际感受。

（五）好政策需通俗易懂做得到。某区纪委梳理违纪"高发点"，用动漫的形式进行形象梳理、权威解读，让人民看得懂、做得到。

（六）好政策需有良好的反馈和延续。良好的反馈系统便于政策及时补充和修正，要看群众满意与否，好政策要有延续，不断调适渐进。

【评析】　简报作为常用事务文书，出现在国家公务员考试《申论》科目试题中。作答要求对格式要求不作考虑，但报核部分各要素应完整无缺。报核部分缺少导语，若加进"'好政策'要便民、易懂、可延续。市政府此次会议中，专家和政府部门人员对'好政策'分别提出如下见解："则显完整。

四、实训演练

（一）改错题

阅读并辨析下列这则简报，对照简报写作指要，辨别并加以修正。

提示：该简报在格式规范、活动报道等方面存在诸多问题，比如报头、报尾各要素的位置、次序以及报核部件的切分等。

×××市人民政府办公室
简　报

第×期

市政府办综合科××××年×月×日编印

抓落实提效率转作风

【记者×××、通讯员×××供稿】　×月×日晚，市政府办公室系统2018年"双创"系列活动在综合楼会议室举行。活动由×××副市长主持，市政府办公室系统全体干部、职工参加活动。活动中，秘书一科至八科负责人紧紧围绕"抓落实"这一主题，分别就工作中"抓落实"的好做法、存在的问题和下步工作打算进行交流发言。涌现出秘书一科拟办公文"三无三不提三必须"、草拟文稿"四清四核"，秘书三科"四加一"跟踪督办，秘书七科"三类工作台账"，秘书八科"三个一步"原则等一批工作中抓落实的好做法，得到了与会领导的一致认可。领导点评环节，各科室分管领导结合日常实际，指出了各科室存在的问题，并提出了具体建议，开出了加强业务学习、强化责任担当意识、树立关口意识、强化督办并及时反馈结果、加强信息报送等"良方"。活动中，×××副市长逐一点评了各科室负责人的交流发言，强调抓好工作落实是检验干部讲政治、检验干部工作态度、检验干部能力的具体表现。同时，要求各科室各单位：一是提高对抓好工作落实的认识。增强责任意识，改进工作作风，主动思考，加强沟通协调，在"办文、办会、办事"上下功夫，把日常工作落细、落小、落实，不断锤炼工作能力，展示良好的工作形象。二是理清抓好工作落实的思路。在日常工作中要理清思路，雷厉风行，精益求精，注重细节，做到上下协同，齐心合力，忙而不乱，快中求好，建设一支反应灵敏、判断准确、运转高效的干部队伍。三是完善抓好工作落实的

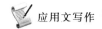

制度体系。一分部署,九分落实,要不断总结提炼抓落实中的好做法、好经验,通过转变作风抓落实,讲究方法抓落实,提高能力抓落实,营造氛围抓落实,树立办事求严、讲话求真、汇报求实、文风求简的工作作风,把抓好落实直接反映在具体工作上。

抄：

送：

报：

（共印×份）

（二）写作题

为深入学习贯彻习近平新时代中国特色社会主义思想,按照《中共中央宣传部等关于深入学习贯彻党的十九大精神　广泛组织开展文化科技卫生"三下乡"活动的通知》的有关要求,引领教育广大青年学生勇做担当民族复兴大任的时代新人,以实际行动助力精准扶贫,服务乡村振兴战略,在切实感受改革开放 40 年所取得的新成就新面貌的生动实践中受教育、长才干、做贡献,中央宣传部、中央文明办、教育部、共青团中央、全国学联决定,2018 年继续组织开展全国大中专学生志愿者暑期文化科技卫生"三下乡"社会实践活动(以下简称"三下乡"社会实践活动)。请结合你熟知的"三下乡"社会实践活动,按照格式如下,编写一份简报。

_____【学院】_____【活动名称】

简　报

（　　　　）【期号】

_____【编写单位】　　　　　　　　　　　　【日期】____年___月___日

_____【标题】

【导语】

【主体】

【结尾】

____：_____【报】

____：_____【送】

____：_____【发】

五、研究性学习

（1）陈祖英《简报定义辨析》，载《写作》2017年第1期。

分析与评价：不同的教材和专著对简报的定义不同，有的将其看成是一种文体，有的说其是一种内部刊物或小报。该文在对简报的产生、发展、演变进行追溯的基础上，将简报定义为党政机关、社会团体、企事业单位用来沟通信息、指导工作、交流经验的简短灵活的内部小报。此观点，值得商榷与探讨。

（2）王维新《简报写作方法谈》，载《重庆科技学院学报》（社会科学版）2009年第2期。

分析与评价：简报是机关内部用来汇报工作、沟通情况、交流经验、揭示问题的一种内部文件。该文分析了简报的特点和作用，并结合实际工作经验，探讨了简报的写作方法。简报编写者要强化自身素质：一是胸怀全局、眼睛向下多调研；二是反应迅速、实事求是抓焦点；三是锤炼文字、简明凝练不散漫。写作中要注重四个环节：一是标题以揭示主旨为本；二是开头以开门见山为要；三是主体以直截了当为宜；四是结尾以篇末点题为任。该文对简报撰写具有很强的现实指导价值。

（3）梁国钧《浅谈人大会议简报的采编》，载《江淮法治》2001年第5期。

分析与评价：做好人大会议简报的采编工作，对于开好人大会议具有重要作用。作者想结合自己的体会，从简报的性质与格式、简报的采写、简报的编发三方面，对人大会议简报的采写与编发谈谈个人的见解和做法，也为其他种类简报撰写提供具体、实用、可资借鉴的案例。

第二节　海　报

一、文体知识

（一）概念

海报是把特定的活动信息告知公众，具有广告宣传性质的一种应用文书。中国的海报名称起源于上海。旧上海将职业戏剧表演称为"海"，把从事职业性戏剧表演称为"下海"；为吸引顾客，职业戏剧表演者通常会在特定的地点张贴具有宣传性的张贴物，此类张贴物被称为"海报"。

海报作为一种公关性的广告，其作用仍然主要用于宣传特定的活动。早期的海报就是用来进行戏剧宣传的，随着时代的发展，"海报"的使用范围也发生了变化。现在的海报已经不再限于宣传戏剧演出的讯息，也用来宣传各种表演或活动，如影讯、讲座、答辩、赛事、书讯以及各种文体活动等。

（二）主要类型

可以根据不同的标准对海报进行分类。

1. 按形式分类

海报按形式分为字类海报、美术类海报。

（1）文字类海报。这类海报较为传统，制作较为简单、快捷而被广泛使用，它讲究视觉冲击力，但它的视觉冲击力主要依赖于字体、字号和背景颜色，而非内容。

（2）美术类海报。这类海报在制作上较为复杂，以图像画面为主，综合插入文字，使用图像富有视觉冲击力，且考虑图像本身与宣传的事件相切合，使用文字凝练精当且布局美观。

2. 按内容分类

海报按内容分为文化类海报、学术类海报等。

（1）文化类海报。这类海报是指各种社会文娱活动及各类展览的宣传海报，主要用于宣传特定的文体活动，比如球赛、演唱会、电影等。由于需要宣传和展览的种类很多，不同的文娱展览活动都有各自的特点，设计师需要了解展览和活动的内容才能运用恰当的方法表现其内容和风格。这些活动通常有一定的商业性质，属于商业海报；因其诉诸其他目的，故而不是严格的商业海报，比如电影的艺术性、球赛的公益性，不适合归类于商业海报。

（2）学术类海报。这类海报用于宣传一场特定的学术活动，包括报告会、论文答辩、演讲等。由于专业性很强，因此不需要作太多的装饰。当然，现在的学术类海报已经越来越强调形式感，这符合人们对美感的追求。

3. 按性质分类

海报按性质分为商业海报、公益海报。

（1）商业海报。商业海报是指宣传商品或服务的商业广告性海报，以促销商品、展销、劳务、满足消费者需要之内容为题材，多数是用制版印刷方式制成，在公共场所或商店内外张贴。也有一些出于临时性目的的海报，以手绘完成，如商品临时降价优惠、通知展览会、交易会、时装表演或食品品尝会的时间、地点等。商业海报的设计，要恰当地配合产品的格调和受众对象。这类海报强调找准卖点，即海报要准确地抓住消费者的心理。商业海报首先强调的是视觉冲击力，因此，如何在追求"卖点"的同时赋予其最大的视觉冲击力是商业海报最关键的要求。

（2）公益海报。公益海报带有一定的思想性，具有特定的对公众的教育意义，其海报主题包括各种社会公益、道德的宣传，或政治思想的宣传，弘扬爱心奉献、共同进步的精神等。从内容上看，公益海报与其他海报的不同之处在于，公益海报没有明确的劝服对象，也没有鲜明的劝服目的。这是因为在所有海报里，海报的价值诉求不同于其他海报。如果说其他类别的海报都有现实的、明确的目的的话，那么公益海报则隐晦得多。它的出发点，更多的是适合全人类的普世价值与目的，而非狭隘的、地域性的目的。

4. 按途径分类

海报按途径分为张贴类海报、传单式海报、登载式海报、广播或电视海报。

二、写作指要

（一）写作特点

1. 广泛性

海报的本质是广告，广泛性是海报的基本特征。通过张贴、登刊、发放、广播电视播报等方式，将有关信息、事实在大范围内公开在引人注目的地方，广而告之，引起人们广泛关注，产生广泛影响，这是海报发挥效用的必由之策。

2. 告知性

海报的关键是知达，告知性是海报内容的基本要求，也是给撰写者提出的明确任务。信息通报透明，事项叙述清楚，将特定的事件告知大众，需要突出事件、时间、地点、人物即可，用词活泼精致,使海报的告知性得以充分体现。为便于阅读,海报具有醒目、快速和制作简易的特点,内容要真实准确,篇幅要尽量短小。

3. 宣传性

海报可用于宣传,具有隐藏的劝服作用。对特定的事件进行宣传,语言要生动而富有鼓动性,以便吸引群众。比如,在校园对一次讲座、一项自愿活动进行海报宣传,在社区对一个公益活动进行海报宣传,希望说服受众接受宣传者的宣传目的和意图,对海报受众特别对参与者产生一定的教育作用。

4. 冲击性

不同的海报定位不一致,导致了目的和功用的不一致、表达方式的不一致。宣传性的文化海报和营利性的商业海报,在形式上各有侧重与特点,但要取得较大的传播效用,海报务必在形式和内容上都要吸引受众的注意力。某些海报,可根据内容配适当的图案或图画,以增强感染力。制作一张富有冲击性、强烈震撼力的海报,会使你的成功事半功倍。

(二)写作格式要素

海报一般由标题、正文、落款三部分构成。

1. 标题

海报的标题可直接使用"海报";也可以宣传、告知的内容作为大标题,如"球讯""影讯""××讲座""××大型文艺会演"等。标题已经逐渐被淡化,直接用具有冲击力并且具有较强概括性的语言来取代标题。标题都要居中。

2. 正文

海报的具体内容,一般要把事件或活动的时间、地点、主要人物、参加或售票办法、主办单位等交代清楚。如果是商业活动,一般还要把票价等需要参与者负担的费用标明。正文首行要缩进两格。

3. 落款

海报的落款就是发文单位与成文日期。

在读图时代,由于电脑技术发达,传统的海报体裁、格式也正在遭受前所未有的挑战。传统的纯文字海报已经逐渐被美术海报取代。

(三)写作注意事项

1. 设计讲究艺术

现代海报的设计越来越摆脱纯粹的文学样式,图片选取、插入部位、缩放编排、字体选用、字号确定、排版调整以及文字图片的搭配、色彩选择等多方面成为海报的形式因素,整体美观性、布局艺术性更是海报的重要标志。

2. 文案意赅言简

海报内容、海报文案都需要通过文字撰写实现海报信息内容的传递。文案撰写的要点:简洁明了,通俗易懂,但不味同嚼蜡;言简意赅,但富有吸引力。在内容安排上,如果要撰写具有劝服功能的海报,或者具有盈利目的的海报,还需要注意不能依靠虚假的内容和浮夸的文字来吸引、劝服受众。

3. 表达蕴情贴切

由于绝大部分海报具有劝服作用,因此还应考虑海报的受众是什么样的群体。如果受众

群属于文化层次相对低一些的人群,则需要把内容说得清晰透彻,这样会有更好的劝服效果;反之,如果受众文化层次高,就需要说得隐晦才能有好的劝服效果。

三、例文赏析

例文一

翔宇论坛(第 97 期)
海　报

2018 年 4 月 21 日下午 4:00—5:30,教育部特聘长江学者、华东师范大学中文系主任朱国华教授做客翔宇论坛,在弘文楼 3-206 开设题为"阶级习性与中等品味的艺术:布迪厄的摄影观"的讲座,欢迎全校热爱文学的同学前来参加。

领受大师的教益,成就最好的自己!

淮阴师范学院文学院
2018 年 4 月 20 日

【评析】　这是一则学术类海报,也是纯文字的海报。海报格式规范,要素齐全。标题内容＋文种形式,简洁明了;正文交代清楚活动的主题、时间、地点、人物,并对参与者发出热情的欢迎,以"口号式"结尾,发出强劲的感召。海报篇幅简短,干练,不拖沓。

例文二

菁菁韶华　　以梦为马

文学院 2017 元旦迎新晚会来啦!

岁在乙未,悄然冬至,元旦夜话,共迎新日。淮阴师范学院文学院 2016 年元旦迎新晚会进入倒计时啦!

时间:2017 年 1 月 1 日晚 6:30
地点:师院大礼堂
主办:文学院团委、学生会
附:节目单
1. 三大机构开场秀

2. 古诗词吟唱《客至》《春夜洛城闻笛》《咏淮上》

3. 小品《爱笑的女生运气不会差》

4. 歌曲串烧《听你，听我》

5. 民族舞《康定情歌》

6. 吉他弹唱《当你老了》

7. 爵士舞《我的天》

8. 女声合唱《燕归巢》

9. 少数民族舞蹈《黑走马》

10. 现代舞《烽火记忆》

11. 美声合唱《龙文》

12. 爵士舞《only you worth it》

13. 二胡 & 旗袍展示《青花瓷》

【评析】　这是一则文化类海报，广泛告知"元旦迎新晚会"，以图文并茂形式呈现，喜庆、活泼、热闹。标题含有"菁菁韶华 以梦为马"警句，与新年新岁月相贴切；"迎新晚会来啦!"，使用告知性的语气，俏皮、和悦。正文部分表意清楚，基本信息齐全，能清晰地传递海报内容。

例文三

【评析】　以上两则为美术海报，一则是告知学术讲座，另一则是期刊发行海报。图像画面为整体布局，将相关内容信息巧妙地排列在画面上，给人以美术的视觉观感，又将相关信息用文字方式表述清楚。

四、实训演练

（一）改错题
阅读并辨析下列这则海报，对照写作指要进行辨析，并加以修正。

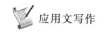

秋 季 促 销

感谢广大顾客对本商场的厚爱与支持,为回馈广大客户,近期将举办大酬宾秋季促销活动。时间持续一周左右,优惠幅度惊心,品种除不参与促销活动的全部商品。欢迎广大顾客来电咨询,或关注门店临时通知。

上帝的肯定,就是我们的期许!

×××商场

即 日

（二）写作题

为提高学生专业技能,学校将举行秘书职业技能竞赛。请你为本次大赛或单项竞赛设计一份海报。

五、研究性学习

（1）燕林《海报——一种文化生命的形态》,载《湖北美术学院学报》2012年第1期。

分析与评价：进入设计文化的新纪元,在图形语言成为优势传播的信息时代,设计与文化的融合,构建出多元化设计的生命形态,使设计的思维、观念、风格、审美渗透出独特的文化价值。海报如何正确、充分地传达信息是我们始终要面临的中心问题,但是,仅仅把海报传达信息的关键词定位于正确和充分显然是不够的。鉴于时代与设计本质的要求,必须要把海报传达信息的创新重视起来,在世界语境下对海报设计进行综合性、多角度的思考,以创新为前提并充分准确地传达信息是海报设计的关键,那么海报设计结合本土文化进行创新在视觉传播中就显得特别重要。

（2）吴苑《论海报的表现形式》,载《美与时代（上）》2016年第3期。

分析与评价：海报是设计师通过多种图形创意手段,通过专业的构图和美妙的文字展示的自然美景、人文景观、广告创意等。受众可能只需匆匆一瞥,就可将海报的内容尽收眼底,这是海报最大的特点。海报之所以可以有这样的效果,主要原因就是海报特殊的表现形式。如今海报的表现形式多种多样,但是共同的特点就是创作者要通过创造性的思维去观察和理解平凡的事物,使之变得不平凡。

（3）孙茜《中国现代海报设计风格转变研究》,载《包装工程》2014年第22期。

分析与评价：该文的目的是研究中国现代海报设计风格的转变。方法：将中国现代海报设计分成5个阶段来分析其风格的转变,探讨中国现代海报设计风格转变的因素。结论：研究中国不同时代背景下的设计风格以及各种设计风格与当时的时代背景、文化的关系,对于促进中国海报设计的发展具有重要意义。

第三节　启　　事

一、文体知识

（一）概念

启事是行政机关、企事业单位、组织团体或个人,向公众陈述事情事实、传递愿望要求,希望得到协助与参与的应用文书。

在日常的生活中,人们通常会把"启事"误用为"启示"。"启事"是一种文体的名称,"启"即陈述,"事"即事项,本意是公开陈述事情;"启示"是一个动词,指启发指示,可见二者截然不同,是不能通用的。

(二) 主要类型

根据不同的分类标准,启事可以分为不同的种类。

(1) 按作者分,启事分为个人启事、组织启事。

(2) 按内容分,启事分为征招类启事、声明类启事、寻找类启事。

(3) 按发布形式分,启事分为张贴启事、传单启事、报刊启事、广播启事、电视启事。

启事的应用范围较广,内容比较具体、单一。例如:

- 征招类启事,包括征文、征稿、征订、征婚、招生、招聘、招工、招领、招租、招标等启事。
- 声明类启事,包括开业、停业、迁址、更名、更期、遗失、作废、解聘、辨伪、竞赛、讲座等启事。
- 寻找类启事,包括寻人、寻物等启事。

二、写作指要

(一) 写作特点

1. 公开性

启事向公众告知特定的事情,期望得到协助与参与;通过公开张贴或传媒播送,向社会公众广泛发布,目的是让公众知道,让大家参与。所陈事实、具体要求、愿望期待则一应公开、公布,无秘密可言。

2. 广泛性

启事适用范围非常广泛,具有较强的通用性。上至党政机关、下及个人,凡是需要告知他人某事或需要他人帮助,均可使用。如举行一次征文活动,或发布寻人信息,如此种种,都可以使用启事。

3. 单一性

启事,一事一启。一文一事,不掺和其他事件内容;用语十分简明,有的三言两语,有的单行单距,一目了然,便于公众迅速了解和记忆。

4. 无约束力

启事向公众通知、告知事宜,招揽和请求,希望得到公众的了解、支持和协助,只具有知照性,不具备法令、法规的强制性,没有行政约束力,公众是否参与全凭自愿,不承担责任和义务。

(二) 写作格式要素

启事一般由标题、正文、落款组成。

1. 标题

标题,正文首行,居中、放大字号,文字简练。启事的标题有以下几种写法。

(1) 文种名作标题。"启事"用作标题直接、简单,缺陷是不容易使读者明了启事内容是否为自己所关心,不易引起注意。

(2) "事由"作标题,如"寻人""寻物""征婚"等。

(3) "事由＋文种"作标题,最常见的标题,受众更广泛,如"招聘启事""寻物启事""征婚启事""迁移地址启事"等。

(4) "单位＋事由＋文种"作标题,要素齐全,有针对性,如"××大学招生启事""××学报征稿启事""新华百货公司开业启事"等。

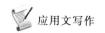

若启事所陈述的事情重要或紧迫,可在"启事"前加"重要"或"紧急"字样。

2. 正文

正文是启事的核心部分,把事情的有关情况写明确、具体,一般包含两个方面:一是事由,需向公众告知应启的事件,以简明文字交代启事发布的原因;二是事项,详细陈述启事的具体内容、要求、方式,主要讲明需要具备的条件、应遵循的规定、与发文者的联系方式、可获得的报酬等。

启事种类繁多、特质不一,相关事项、内容存在差异,其写法举例如下。

(1) 招聘启事。要写招聘单位情况、应聘的条件、工作待遇、报名办法、个人资料、具体联系方式等。

(2) 迁址启事。要写什么时间迁移到新的地址,新地址的具体方位(街、巷、门牌号码、乘几路公共汽车在哪一站下车),电话号码、传真、网址等。

(3) 寻物启事。要写什么时间、什么地点、丢失了什么东西,东西有什么特征,拾物人如何把东西交还给你等。

根据文字情况,启事写法有下列三种形式。

(1) 单段式写法。以简明的文字交代发布启事的原因,通常单独成文。

(2) 分段式写法。针对启事的内容比较多,划分几个板块,分段交代启事的原因,陈述启事事项,写清楚具体内容和实际方式。

(3) 条款式写法。由若干条款构成。

3. 落款

落款包括启事者、发文日期,在正文右下方,分两行注明。启事者单位名称,若在标题或正文中已经写明,结尾处可省略不写。以单位名义张贴的启事,一般要加盖公章。

启事格式示意图如下。

××××××××启事	标题
×××。	事由
一、××××××× 1. ×××。 2. ×××。 二、××××××××××××××××××××××××××××××××××……×××。	事项
××××××××××××××× ××年×月×日	启事者 日期

（三）写作注意事项

1. 醒目明了

启事的种类繁多,适用范围较广。启事的标题既是文体种类的提示,又能确定应启之事的内容与范围,过于宽泛,大而无当;俗不可耐,了无新意;拟好一个醒目、简洁的标题,切合不同启事的性质和特点,富有个性,不入俗套,能提升受关注度的指向率和准确率。启事的行文须简洁明了、通俗浅显,用语要准确,不生僻,没有歧义,易于理解。

2. 真实具体

启事正文内容要真实,不可弄虚作假,否则会损害单位或个人信誉和形象。写清楚启事事项,内容和要求力求做到具体清楚,可采用分项、分条一一列举,启事联系人、联系方式、有效时间等有关信息要写明,以便读者知悉、知照并考虑是否因应。

3. 真诚恳切

启事不具有约束力,却又希望得到公众的了解、支持和协助,态度庄重又要不失热情,给公众以信任感,用语要热情、恳切、文明。

4. 集中单一

启事一文一事,集中笔墨写清楚一件事,事件单一、不杂糅。说明问题即可,切忌啰唆,不说不着边际的话,不可借启事戏弄人。

（四）启事与启示的区别

"启事"和"启示"有以下三点区别。

（1）表现形态不同。"启事"是一种公告性的应用文体,是为了说明某事而在公众中传播信息,一般采用登报或张贴的方式,其形态是显性的;而"启示"则是启发提示,作用于人的内心世界,启迪思想或激活思维,其形态是隐性的。

（2）语素意义不同。"启事"用的是"启"的陈述义,即开口说话,它和"启禀""启奏"的"启"同出一辙;而"启示"用的是"启"的开导义,即"启蒙运动"的"启"。前者是向人诉说,是单向的;后者既可启示他人,也可自己受到启发,是双向的。

（3）语法功能不同。"启事"是名词,不能带宾语;"启示"既是名词,又是动词,可以带宾语。

像"招领（聘、租）启事""招工（生）启事""寻物（人、车）启事""挂失启事""迁移启事""征集启事""征文（稿、婚）启事""庆典启事"等,都只能用"事",而不能用"示"。

三、例文赏析

例文一

淮阴师范学院文学院征稿启事

时光荏苒,春华秋实。淮阴师范学院文学院自 1958 年淮阴师范专科学校创办中文科始,至今已然走过近 60 个春秋。为了真实全面地展示学院 60 年的办学历程,更好地总结办学经验,联络校友感情,文学院院史编纂工作已于今年正式启动。我们秉承以人存史、以文存史之理念,将在院史附录部分独辟专栏记载学院的人和事。为了最大限度地还原历史,再现生活,现向全社会征集相关回忆性文章。

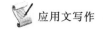

一、征稿对象

1. 曾经在文学院(含师专中文科、中文系)工作、任教的老师以及正在学院工作的老师。

2. 曾在文学院学习过的校友以及正在学院学习的同学。

3. 了解、熟悉文学院院史的各界人士。

二、内容与要求

1. 记录学院的办学历程、重要事件,以及曾在文学院工作过的教职工事迹,重在突出人物的个性,揭示其精神风貌,可于平凡中见精神,不必追求"高、大、全"。

2. 以事记人,客观真实,不溢美,不虚夸,语言生动,文字精练,抒情有度,字数在 2000~3000 字,文体一般为传记体散文,诗词兼收。

3. 欢迎提供独家珍藏照片,一并附于文中,使文章图文并茂。

三、征稿时间

2017 年 10 月 23 日至 2018 年 3 月 31 日。

四、投稿方式

为方便后期出版,请将电子稿发送至邮箱:zyc89128@126.com。来稿请附 200 字以内的个人简介。如因身体、年龄等原因,无法提供电子文档,可将文章邮寄至:江苏省淮安市淮阴区长江西路 111 号淮阴师范学院文学院朱跃成老师,邮编:223300,联系电话:18252350821。

投稿截止时间:2018 年 3 月 31 日。

五、出版发表

所有稿件将来可能会结集出版,如您不同意出版,投稿时请作特别说明;若无特别说明,我们将视作同意使用。

淮阴师范学院文学院(签章)

2017 年 10 月 26 日

【评析】 这是一则征稿启事。由"标题+正文+落款"构成。标题写明单位、事因、文种,要素齐全;正文先写发文的事由,再写周知的事项,内容具体清楚,要求明了易懂;落款清楚,启事单位用签章,规范、不重复。

例文二

更 正 启 事

由于作者和编辑的疏忽,本刊 2013 年第 6 期 66 页刊登的《福特福克斯 1.8L 车怠速抖动》一文中,"接着对 PCM 的标定做了更新,又对免钥匙启动模块(KVM)做了重设后再次试车,故障仍存在"有误,应为"接着对 PCM 的标定做了更新,又对保活存储器(KAM)做了重设后再次试车,故障仍存在"。特此更正,并向广大读者致歉。

该车没有 KVM,作者笔误将"KAM"写成了"KVM"。KAM 存储着 PCM 的一些自适应参数,在清洗节气门后,需要对其进行清除,以便重新自适应。

在此特别感谢火眼金睛的维修技师俞勇(昆山市周市镇 339 省道 479 号福特 4S 店)对本刊的指正,同时也希望广大读者在发现文章中有不妥之处时,能及时与我们取得联系。

《汽车维护与修理》

2013 年 7 期

【评析】 这是一则更正启事,发布在本期刊,对此前刊发的错误内容进行更正。标题由事因、文种构成;正文对此前刊发的错误文字、期刊号等精确注明,对其中差错作了还原,对因工作失误本着实事求是、认真负责的态度;致歉,言辞诚恳;致谢,真挚热忱;期盼,真诚急切。

例文三

诚　聘

现因公司发展需要,现向社会征聘驻地人事主管一职。

职位信息岗位职责:

1. 负责本地经销商×××专卖店团队(门店导购、施工、业务等)人员的招聘配置;

2. 负责执行门店团队人员的培训工作;

3. 负责门店团队人员考勤、绩效考核、社保缴纳、薪资发放等工作;

4. 负责门店员工关系管理,不定期与在职员工进行面谈沟通,了解员工心理动态;

5. 负责门店上部分行政工作及领导交办的其他工作。

任职要求:

1. 25～35岁,三年以上人力资源工作经验,熟悉人力资源六大模块专业知识和技能;

2. 熟悉国家及当地相关的一些法律法规;

3. 有较强的亲和力、沟通能力、团队协作能力,工作主动、积极热情;

4. 居住本地或想回原籍长期发展者优先;

5. 有零售行业、专卖店人事管理工作经验者优先。

注:本岗位隶属于一家上市公司。岗位培养方向:主管—区域主管—省区主管—经理。

薪酬结构:底薪＋绩效＋经销商回款提成＋年度奖金。

【评析】 这是一则招聘启事。启事对岗位职责、任职要求作了较为具体、详细的叙述,采用分项分条形式,陈述清楚,一目了然。启事单位未作交代,对招聘起止的时效、联系方式、受聘的基本薪酬也没注明,让受聘者不明就里,或无法应聘,势必会影响招聘的实际效果。

四、实训演练

(一)改错题

这是一篇刊发在《大众文艺(快活林)》上的"寻书启事",请从实际效用与规范角度对其进行修改。

寻 书 启 事

文/余维庆

本人失书一本:《城北地带》,苏童著,今日中国出版社出版。该书于一九九八年十月四日下午四时被不良友人借走,至今下落不明。据该不良友人追忆,该书被三借四借之后曾流落上海,辗转北京,至今线索全断,追讨无方。该书由保定市第二印刷厂印刷,规格:850毫米×1168毫米,13/2开本,定价8.8元。该书被外借时封面下角略有破损,扉页有"书虫藏书"印鉴,编号〇二四七。第八十八至第八十九页码之间有蚊子尸体一具,无血迹。望子成龙天下书友,本着一家亲的思想,帮忙寻找,狠批深揭,造成一定的舆论攻势,把隐藏在我们中间的"孔乙己"式人物揪出来。另,若有哪位"孔乙己"良心发现,把书还给某某,某某又还给谁谁……一直

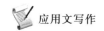

回到我手中,我就不作深究了。我这里也有一批来路不明的"野"书,还可以当作薄酬奉赠,反正这些书,也不知道哪年哪月跟谁借的。

书虫

二〇〇六年 1 月 12 日

(二)写作题

请以"师生共庆'十九大' 不忘初心跟党走"为主题,拟一则启事,面向全校师生进行诗文征稿。

"师生共庆'十九大' 不忘初心跟党走" 征稿启事	标题
×××××××××××××××××××××××××××× ××××××××××××××××××××××××××××× ×××××××××××××××××××××××××××× ×××××××××××××××××××××××××××× ×××××××××××××××××××××××××××× ×××××××××××××××××××××××××××× ××××××××××××××。	背景、目的、意义等事由
一、××××× 1. ××××××××××××××××××××××××××××× ×××××××××××××××××××××××××××。 2. ××××××××××××××××××××××××××× ×××××××××××××××××××××××××××× ×××××××××。 二、××××××× ×××××××××××××××××××××××××…… ×××××××××××××××××××××××××××× ×××××××××××××××××××××××××××× ×××××××××××××××××××××××××××× ×××××××。 ……	主题、内容、时间、奖项、投稿及联系方式等事项
××××××××××××× ××年×月×日	启事者 日期

五、研究性学习

(1) 宣英《"启事"写作摭谈》,载《写作》2013 年第 1 期。

分析与评价:启事写作首先需要辨清文种的含义,弄清"启事"和"启示"的不同是认识文种的第一步;在确认文种的基础上,研究启事的组成部分,从标题、正文、落款三方面细挖深究,结合"启事"例文,提炼文种格式模型,提示写作时需要注意的事项,并提供病文例析,从理论与实践两个层面对"启事"写作进行阐述,内容较广泛,对读者认识、掌握、撰写"启事"文种具有一定的指导价值。

(2) 法美英《浅谈启事写作中的情感表达》,载《高教学刊》2016 年第 10 期。

分析与评价:启事作为一种说明事项的公告性实用文体,具有周知性、商洽性和祈请性等特点。其写作要求文字简洁、事项单一、内容清晰。启事同其他文体相类似,其写作同样具有情感需求,好的情感表达会使启事写作增强功效,更好地达到传播、商洽和祈请的目的。

(3) 金常德《怎样撰写招聘启事》,载《应用写作》2005 年第 12 期。

分析与评价:招聘启事是用人单位面向社会公开招聘有关人员时使用的一种应用文书。招聘启事撰写得好不好会影响招聘的效果和招聘单位的形象。该文结合实例介绍招聘启事旳一般写法,值得学习借鉴。

第四节 倡 议 书

一、文体知识

(一)概念

倡议书是单位和个人就人们共同关心的事情,向社会公开提出某项建议,以倡导完成某项任务,或开展某项活动的文书,多用于文化、生态、社会等领域,具有号召性。

(二)主要类型

根据不同的分类标准,倡议书可以分为不同的种类。

(1) 按倡导主体分,倡议书分为个人倡议书、集体倡议书、企事业单位或机关部门倡议书。个人发布倡议书的情况较少出现,集体等组织发布倡议书较常见。

(2) 按受体对象分,倡议书分为面向全社会倡议书、面向特定单位倡议书。

(3) 按内容性质分,倡议书分为品德修养类倡议书、具体行动类倡议书。

(4) 按传播方式分,倡议书分为张贴式倡议书、刊载式倡议书、传单式倡议书、播送式(电台、电视台)倡议书。

二、写作指要

(一)写作特点

1. 广泛性

倡议书的受众较广泛,其期待响应较广泛,尽可能使某个人或集体倡导的理念、行为,在较广的范围内激起人们普遍的、广泛的响应,转化为广大群众的自觉行动,从而产生更深刻、更广泛的作用力。广泛性是倡议书的根本特征。

2. 公开性

倡议书是一种广而告之的文书,就是通过各种传播方式,让广大民众知道倡议内容,明晓倡导理念,懂得行动建议,激起人们更多的响应和践行。

3. 教育性

倡议书的内容密切关注日常生活,号召民众参与公益活动、投身有意义的社会事务,使人们在悉心倡导中经受洗礼,实际上不具有强制性,群众响应与否并无很强的约束力。在警示教育中得到启迪,在感召引领中自觉行动,为培育美好情操、增进美满生活而推波助力。

4. 号召性

倡议书的目的就是号召大家一起去从事某项公益活动,因而必须用号召性的语言去写作。

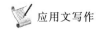

（二）写作格式要素

倡议书一般由标题、称谓、正文、落款四部分组成。

1. 标题

标题，正文首行，居中，放大字号。标题写法通常有以下四种。

（1）文种名作标题，直接写"倡议书"字样，也可只写"倡议"。

（2）"（倡议者＋）内容＋文种"作标题，如"关于创建卫生城市的倡议书""文学院毕业生'文明离校'倡议书"。

（3）"致＋受文者＋文种"作标题，如"致全体考生的倡议书"。

（4）"主标题＋副标题"作标题，主标题明确倡议书的中心内容，副标题注明倡议对象与文种，如"青春在沃土上绽放——致大学生村官的倡议书"。

2. 称谓

称谓，即倡议的对象。置于标题下一行，左顶格。称呼可根据倡议的对象而恰当选用。有明确倡议对象，必须写明，如"广大青年学生们""全体党员、干部及教师们"；有的倡议面很广，可选用泛指对象的称呼，或省略不写。

3. 正文

倡议书的主体内容，一般包括倡议事由、倡议内容、号召行动三方面内容。

（1）倡议事由。

倡议书的目的在于说服受众响应倡议。只有充分、具体、真实地交代清楚倡议的背景原因和意义，言明倡议活动的原因、理由或条件，申述清楚发布倡议的目的，指出完成倡议内容的意义，有理有据，受众才能理解和信服，才会有目标地、更加自觉地行动。若交代不清楚，人们就会感到莫名其妙，难以响应，或导致盲目行动。

倡议事由内容结束处，常用"为此，我们倡议如下："或"在此，我们提出如下倡议："等作为承启用语，自然过渡。

（2）倡议内容。

重点展开。写明倡议的具体内容、要求做到的具体事项。倡议事项要有针对性和可行性，根据事实或材料所反映的观点、措施、问题等内容进行提炼概括，内容及要求一定要具体化，开展怎样的活动、要做哪些事情、具体要求是什么、有哪些价值和意义等，均需一一写明。倡议事项简单的，可以紧接在倡议目的之后写；倡议事项内容多的，一般采用分条列项的写法，清晰明确，一目了然。

（3）号召行动。

展望收结。表明倡议者的决心和希望，呼吁人们团结一致、共同行动、积极参与，以彰显倡议的感染力。倡议书结尾一般不写表示敬意或祝愿的话。

4. 落款

落款署名在正文右下方，须写明倡议者的单位、集体或个人的名称或姓名。若倡议者较多，可依次排列。

在署名下一行标注倡议日期，即年月日。

倡议书格式示意图如下。

××××××××××××××××	标题
×××××××××× :	称谓
×××××××××××××××××××××××××	
××××××××××××××××××××××××××	
××××××××××××××××××××××××××	倡议事由
××××××××××××××××××××××××××	
××××××××××××××××××××××××××	
×××××××××。在此，特发出如下倡议：	
1. ×××××××××××××××××××××××	
××××××××××××××××××××××××××	过渡句
××××××××××××××××××××××××××	
×××××××××。	
2. ×××××××××××××××××××××××	
××××××××××××××××××××××××××	倡议事项
××××××××××××××××××××××××××	
×××××××××。	
……	
×××××××××××××××××××××××	呼吁号召
××××××××××××××××××××××××××	
××××××××××××××××××××××××××	
××××××××××××××××××××××××××	发文单位
×××××××。	发言日期
××××××××××	
××年×月×日	

（三）写作注意事项

倡议书的写作注意事项具体如下。

1. 内容贴近生活，引领正气方向

倡议书贴近社会生活，关注时事世风，所倡导的参与公益活动、社会事务，具有很高的实际价值和深刻的现实意义。倡议书紧密结合形势政策，紧跟时代潮流，倡导真善美的行为，参与扶持社会正能量，干预影响社会风气，引领时代精神，具有较强的时代感。

2. 缘由入理充足，事项具体明了

达到倡议的目的，首先要有说服力，倡议缘由须立足客观事实、真实材料，周密分析相关事件前因后果，梳理归纳背景依据，申明发布目的，倡议缘由做到理由充分。倡议事项需经提炼，要点明确，通俗易懂、层次清晰，让人一目了然；倡议内容符合客观实际，具体可行；倡议要求具有可操作性，表述清晰。

3. 富有感染力、鼓动性

倡议书对象主体是社会大众或相关人员，目的是号召大家共同行动。倡议书的性质带有宣传性、倡导性、号召性。因此，倡议书的语言要生动，情感要真挚，语气要有激情，要富有宣传鼓动性，可多用号召性的句子给人以鼓舞。要富有号召力和感染力，调动人们的积极性，起到

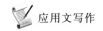

一呼百应的效果。

4. 语言生动精练,篇幅紧凑

通俗易懂是倡议书广泛性、公开性得以实现的保障,生动精练是号召性、目的性得到实现的手段。倡议书蕴情饱满,论理充分,叙事清晰,解说明了,语言使用规范得体;倡议书篇幅不宜太长,写作时尽可能避免啰唆、内容杂乱无章,以免让人不明所以。

三、例文赏析

例文一

创建文明城市争做文明市民倡议书

尊敬的市民朋友们:

城市让生活更加美好,文明让城市更有尊严。2017 年是我市创建全国文明城市的决战决胜之年,为全力打赢创建全国文明城市这场新时期的"淮海战役",用创建全国文明城市的最新成果展现周总理家乡的新形象、新面貌、新风采,在此,我们向全体市民发出如下倡议:

一、关心创建工作。积极了解创建政策和全市创建动态,掌握文明创建应知应会知识;动员家人和亲友、邻居积极参与各项创建活动;认真监督和劝阻各类不文明行为,自觉维护城市形象。

二、遵守道德规范。自觉遵守公民道德规范,恪守社会公德、职业道德、家庭美德、个人品德;践行社会主义核心价值观,爱祖国,爱家乡,讲诚信,会感恩;自觉养成爱学习、重礼仪、知荣辱、守公德的好习惯;学习道德模范和身边好人,存好心做好事,营造文明和谐的社会风尚。

三、维护社会秩序。积极参与文明交通行动,驾车行路遵守法规,不闯红灯,不乱停乱放;爱护城市公用设施,不乱扔垃圾、随地吐痰、嬉戏吵闹,不在小区和楼道乱贴乱画、乱堆杂物,不破坏绿地;遵守经济秩序,不私搭乱建、店外经营;积极参与文明桌餐行动,杜绝餐桌上的浪费。

四、增进人际友善。在家庭,尊老爱幼,相互包容,增进家庭和睦;在岗位,文明服务,诚信经营,立足岗位做奉献;在社区,互谅互让,邻里互助,促进社区和谐;对待外来人员,热情友善,礼貌待人,做谦恭有礼的淮安人。

五、参与志愿服务。自觉关爱他人、关爱社会、关爱自然,积极投身关爱空巢老人、关爱农民工、关爱留守儿童、关爱环卫工人、关爱残疾人、公共文明引导等志愿服务活动,做中华民族传统美德的传承者、社会主义道德规范的实践者。

广大市民朋友,让我们携手并肩,同心协力,以主人翁的使命感和责任感,从自身做起,从身边的每一件小事做起,为淮安建成全国文明城市做出应有贡献。

淮阴区创建全国文明城市指挥部

2017 年 4 月

【评析】 这是面向组织倡议书,面向全体市民。内容紧贴社会生活,关乎市民言行举止,事项具体清晰、有条理,倡议要求切合实际,具有可操作性,易于遵照行动;文体格式规范,主要部件齐全,语言简洁明了,带有倡导、号召性。该倡议书的事项分条列举,采用"主旨句+具体阐述"的形式:""主旨句"增进人际友善。"具体阐述"在家庭,尊老爱幼,相互包容,增进家庭和睦;在岗位,文明服务,诚信经营,立足岗位做奉献;在社区,互谅互让,邻里互助,促进社区和谐;对待外来人员,热情友善,礼貌待人,做谦恭有礼的淮安人",值得大家学习。

例文二

毕业生文明离校"七个一"倡议书

时光飞逝,岁月轮转,转眼又来到离别的六月。这个夏天2021届毕业生即将启程,离开美丽的校园,怀揣梦想,驶向人生的彼岸。在此,我们向全体毕业生道一声珍重,同时也向全体毕业生发起倡议。

1. 开好一次主题班会。邀请班主任主持最后一次班会,大家聚在一起,回顾大学青葱四年,说说和老师、同学间有趣的故事,谈谈对未来的设想。

2. 开好一次榜样经验交流会。学院组织部分优秀毕业生代表,为低年级同学带来考研、考公务员、考编制等方面的成功经验和心得。

3. 提出一条好的建议。牢记"坚守朴实,追求崇高"的淮师精神,以良好的状态奔赴社会的四面八方。同时,提出一条母校发展建议,为学校和学院的发展献计献策。

4. 捐赠一件有意义的物品。赠人玫瑰,手有余香。一份捐赠便是一份希望,让我们奉献一份爱心,温暖一个心灵。将自己不便带走的书籍、衣物等捐赠出来,送给更需要的人。

5. 参加一次集体活动。希望全体毕业生积极配合学院工作,自觉按照学校离校流程办理相关手续。我们号召全体毕业生参加一次集体活动,按时参加毕业生晚会和毕业典礼,将最好的风采留给母校。

6. 美化一次环境。希望大家维护宿舍内外的环境卫生,保护和谐校园环境,爱护公共财物。我们号召每一个毕业班级,在离校前最后打扫一次宿舍卫生,将文明与整洁留给母校。

7. 留下一份美好回忆。让我们带着一份感恩的心,再一次静赏校园里的一草一木,以积极向上的心态告别母校。让我们向敬爱的老师说一声感谢,道一声珍重。让我们留下美好的回忆,带着殷切的希望,愉快地奔向新的征程。

毕业不是终点,而是迈向新生活的起点。今日的离别是为了来日更好地相聚。离别之际,让我们努力做到:安全离校、文明离校、有序离校、从容离校、和谐离校。

祝全体毕业生前程似锦!一帆风顺!

淮阴师范学院文学院

2021年6月10日

【评析】 这是面向全校毕业生的倡议书,内容紧贴学校生活,关乎毕业时言行举止,事项具体清晰、有条理,倡议要求切合实际,具有可操作性,易于遵照行动;文体格式规范,主要部件齐全,语言简洁明了,带有倡导、号召性。该倡议书的事项分条列举,采用"主旨句+具体阐述"的形式。

例文三

"光盘行动"倡议书

亲,有一种节约叫光盘,有一种公益叫光盘。光盘就是吃光你盘中的食物,不剩饭,不浪费粮食。知道吗,亲,我国每年浪费食物总量折合粮食约500亿公斤,接近全国粮食总产量的1/10,最少倒掉2亿人一年的口粮,全球平均每年有1000万人因饥饿丧生,每6秒就有1名儿童因饥饿而死亡。如果每位同学一顿饭节省1元,一天就可以省下3元,一星期21元,一个月就可以省下90元,利用这些钱又可以做很多事,例如:买一些学习用品、生活用品等。相信亲

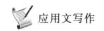

们看到这样的数字,都不会再倒掉盘中的食物!

为了进一步弘扬我们文明中国勤俭节约的美德,特发出"光盘行动"倡议:

1. 亲,一定要记住用餐时,吃多少点多少,避免剩饭;

2. 现在流行拼车、拼房,亲,我们还可以一起拼饭哦;

3. 亲,我们消费时,可以点半份餐哦;

4. 亲,一定要提醒你身边的同学、朋友和家人,积极制止浪费粮食的现象。

亲,你愿意吃光盘中餐,今天不剩饭吗?期待亲和亲身边的人加入"光盘行动"中来哦!

【评析】 这是典型的"淘宝体"倡议书。结构不规范,一般由标题、称呼、正文、落款四部分组成,缺少称呼与落款。正文中缘由叙述松散,重点不突出,缺乏说服力,难以让人信服并自觉行动;事项内容啰唆,不精简;号召缺乏激情,没有力度。语言大量使用淘宝网络流行语,如"亲""哦""拼×"等,虽显简洁质朴、亲切舒缓,但就文体性质、语体风格看,缺乏庄重缜密,难以收到理想的效果。

四、实训演练

(一)改错题

阅读并辨析下面的"倡议书",对照写作指要,辨别并加以修正。提示:结构失范,内容虚泛,情感消极,语言杂芜,句读存在常识谬误。

倡 议 书

敬爱的全校师生:

您的一点爱,就是一个暖冬——用无私的心帮助需要帮助的人,是美德,我们有能力找回,并传承这样的美德。让需要爱的人和愿意播撒爱的人心心相印、共担风雨,我们相信每一个需要帮助和帮助他人的人,都能找到幸福——

为一个饥肠辘辘的人送一大碗面条是幸福的。

看着别人穿着自己心甘情愿捐出的衣服走在大街上是幸福的。

想象着别人欣慰地躺在自己捐献的被子中熟睡是幸福的。

送一个上不起学的孩子走进课堂是幸福的。

同时我们也会明白,自私地生活在我们的世界是多么的不幸——

50元办一张网吧会员卡是不幸的。

将很久不穿的棉衣棉裤压在箱子底下生虫子是不幸的。

百余元请客吃饭是不幸的。

你所富余的正是他们所需要的,你所舍弃的正是他们所渴望的,你想象不到的正是他们正在经历的……

这个冬天里,让我们多一种心灵充实的选择吧——这并不难,因为我们的校园散发出了一种善良的气息,因为爱心照耀着已经不算寒冷的日子,因为这个严冬里我们相拥取暖。

我们深信,低保户这个冬天的尽头是春天。那是一座善良的校园回馈给有爱心的人的盛大礼物!

请广大师生积极行动起来吧!

××大学××系全体师生

××年×月×日

（二）写作题

阅读下面的材料，围绕"恪守公德、建立诚信"主题，向全社会发出倡议。

春节期间，一条"失物招领"的信息在全国多地的微信群和朋友圈中热传。该信息称："我朋友捡到一个钱包，里边有一张身份证：梁伟瑜，卡 10 多张，现金 9400 元左右，动车票 2 张（梁伟瑜，薛瑞华）。车票是后天的，大家帮忙扩散。赠人玫瑰，手留余香。传递正能量。失主请联系：1362098××××。谁的群多，帮忙转一下……"

石家庄网警拨打网传消息中的联系电话，一直无法接通。该手机号码的归属地显示为广东深圳，并被多个用户标记为骚扰电话。通过搜索发现，这条"失物招领"在网络上已经流传很久。除了失主的姓名"梁伟瑜""薛瑞华"没变之外，联系人的电话号码出现过多个版本，类似的"失物招领"虚假信息还有很多。

＿＿＿＿＿＿	标题
＿＿＿＿＿： 【事由】 ＿＿＿＿＿＿＿＿＿＿＿＿＿＿ ＿＿＿＿＿＿＿＿＿＿＿＿＿＿ ＿＿＿＿＿。在此，特发出如下倡议： 【事项】 ＿＿＿＿＿＿＿＿＿＿＿＿＿＿ ＿＿＿＿＿＿＿＿＿＿＿＿＿＿ ＿＿＿＿＿＿＿＿＿＿＿＿＿＿ ＿＿＿＿＿＿＿＿＿＿＿＿＿＿ ＿＿＿＿＿＿＿＿＿＿＿＿＿＿ 【结尾】 ＿＿＿＿＿＿＿＿＿＿＿＿＿＿ ＿＿＿＿＿＿＿＿＿＿＿＿＿＿ ＿＿＿＿＿＿＿＿＿＿＿＿＿＿ ＿＿＿＿＿＿＿＿＿＿＿＿＿＿ ××××××××××× ××年×月×日	称谓 倡议事由 过渡句 倡议事项 呼吁号召 发文单位 发言日期

五、研究性学习

（1）张荣，雷庆娥《倡议书写作技巧谈》，载《应用写作》2007 年第 4 期。

分析与评价：一封好的倡议书，可以引起群众的强烈共鸣，所提出的倡议、建议也会得到热烈的响应。作者就教学质量评估创优活动撰写了一封致全系同学的倡议书，分析了倡议书的写作技巧。具体可感，值得学习借鉴。

（2）黄立平，曾子毅《振臂一呼　应者云集——谈倡议书写作技巧》，载《应用写作》2015 年第 4 期。

分析与评价：该文从标题写作，缘由确立，事项排列，结尾收官四个方面介绍倡议书的写作技巧与要求。对初学者有一定的借鉴意义。

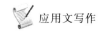

（3）郑立新《建议书与倡议书的异同比较》，载《应用写作》2012年第7期。

分析与评价： 建议书和倡议书属于专用书信的一种，而且它们都有一个"议"字，都要提出某种建议，因此有其相同点。在日常运用中，有人常把建议书与倡议书混为一谈，如有的教材专著说"建议书也叫倡议书"，这是错误的，致使人们有时应该用倡议用了建议，应该用建议用了倡议。倡议书和建议书有其相似之处，都是向受众提出希望或要求等，行文结构基本都差不多，正文部分一般都是交代背景、原因；对具体的内容和措施分条列项地展开；结尾部分是提出建议和希望等。但两者的区别也是十分明显的，所以应予以辨析比较。

第五节　公　开　信

一、文体知识

（一）概念

公开信是个人或组织将有关事情、信息、内容公之于众的专用书信。公开信的内容一般涉及比较重大的问题，具有普遍的指导作用、教育作用和宣传作用；公开信可以笔写，也可以印刷，写信者均希望有更多的人阅读、了解、关注，甚至讨论公开信的相关问题。

（二）主要类型

根据不同的标准对公开信进行分类。

（1）按目的内容分，公开信分为鼓励问候性的公开信、警示劝诫性的公开信、澄清事实性的公开信、宣传发布性的公开信。

（2）按接受对象分，公开信分为发给私人的公开信、发给群体的公开信。

（3）按发布形式分，公开信分为张贴式公开信、刊载式公开信、传单式公开信、广播或电视播送式公开信。

在日常生活、公务员及事业单位招录中，常见的公开信种类，简介如下。

1. 鼓励问候性的公开信

鼓励问候性的公开信，是以领导机关、群体团体的名义，在纪念活动、传统节日或其他必要的情况下，给有关单位、社会阶层、集体、个人发出的书信。这类公开信有问候、表扬、鼓励的作用。结构与普通书信基本相同。

2. 警示劝诫性的公开信

警示劝诫性的公开信，是以领导机关、群众团体的名义发布，针对特定的人群在遵法守纪、言行举止、公共卫生等方面存在的问题提出劝阻、制止，或对一些贪污腐败、传播谣言、宣传迷信等现象进行警告和劝诫，所采用公开信的方式。

3. 澄清事实性的公开信

在某一事实真相被掩盖或歪曲，或者名誉受损的情况下，为了使人们了解真相或恢复名誉，可使用公开信的形式来阐述事实、介绍情况。写作此类公开信要注意三点：一是事关重大，必须予以澄清；二是内容真实，必须实事求是；三是要慎于发表，必须依法行事。

4. 宣传发布性的公开信

宣传发布性的公开信，是以政府机关、团体组织或个人立场向特定对象发布，宣传政策法则、思想观念，倡导道德行为、良好风气等，采用的专用书信。公开信与宣传稿的区分在于，宣传稿更多地围绕政策或事件的重要性，展示自身的优势；公开信有指定的对象，在撰写过程中，可以采用劝说的方式。

二、写作指要

(一)写作特点

1. 公开性

公开信无一例外地应公开、公布,"公开性"是公开信最显著的特征。无论是发放、张贴、刊登还是广播电视播报,都是确保事件的公开、信息的透明、传播的广泛,从而提高其广泛影响与公开效果。

2. 透明性

每一个人都愿意与通透的人相处,而不是生活在疑虑和猜测中。透明是公开信的行文原则,更是存在的一种状态。公开信贴近人性的常态,符合人们获取事实真相的期待,尤其在那些涉及生存、生活、权益的领域。

3. 教育性

公开信鼓励、激扬真善美精神力量,批评、警示腐朽堕落颓废行为。公开信的内容一般都具有普遍的思想教育意义,它可以引导人们学习榜样,痛斥歪风邪气,树立正确的思想和对待问题的正确看法,唤起社会的正义行径,起到明示和感召的作用。

(二)写作格式要素

公开信的格式与倡议书基本相同,一般由标题、称谓、正文、落款四部分组成。

1. 标题

公开信的标题一般有以下几种形式。

(1)文种名作标题,直接写"公开信"字样。

(2)"(写信者+)内容+文种"作标题,如"考试诚信的公开信""教育局关于做到学生暑期安全工作的公开信"。

(3)"致(给)+受文者+文种"作标题,如"致全市居民的公开信""给地球人的一封公开信""农业部致全国农民朋友的一封公开信"。

(4)"主标题+副标题"作标题,主标题明确公开信的中心内容,副标题注明书信对象与文种,如"小米能上市就是巨大的成功——雷军上市前夕发表公开信""熟悉规则 诚实应考——致普通高考考生的一封公开信"。

2. 称谓

称谓是书信受体对象,正文第一行,顶格,称呼后加冒号。针对发信对象和发信方式,称呼相应变化,个人姓名或确定对象的需要写明;集体称呼或范围较广可用含糊的称呼,也可省略不写。根据不同对象的身份特点,可在称呼前加上"尊敬的""敬爱的"等字样。

3. 正文

正文是公开信的主体内容,一般包括公开事由、公开事项、呼吁收结等内容。

(1)公开事由。

前言导入。交代公开信写作的背景(形势)、原因(依据)、目的、意义等事由,提出期许、愿望。常常使用承启句,过渡事项。

(2)公开事项。

重点展开。针对具体事件与实情展开论述。做到观点明确、态度鲜明,内容具体、要有针对性。一般分段阐述,清晰明了。

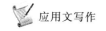

（3）呼吁收结。

结尾展望。表明书信人的决心和愿景,期待人们积极行动。公开信结尾可写上表示祝福的话,如"此致敬礼""祝进步"等。

针对具体问题的公开信的内容包括以下几个方面。①说明公开信的发文原因。一般要针对某一具体问题展开叙述。②简略叙述问题存在的一些情况。如果是事件,则说明在什么时间、什么地点,什么人,由于什么原因做了什么事,结果如何。若是某一现象,则要指明这是什么现象,有何表现,有什么倾向,有何危害,会造成怎样的结果以及什么原因造成的,等等。③阐明发文者对这一问题的真实态度。是提倡赞扬,还是批评反对。抑或提出某种看法主张,要一清二楚地表达出来。④提出希望或解决问题的意见及建议。⑤若是提倡赞扬的事件,结尾可以写上表敬意或祝福的话,如"此致敬礼"等;若是对某事的处理建议有看法,结尾则可写上"妥否请参考"字样。

问候性的公开信:适用于重大节日活动,针对相关人群。①写些表示关怀、问候和祝愿的话,把发文单位、机关的良好祝福带给这些收信的群众或单位个人。②真情实意地赞颂收信人的品德、成绩、贡献及其影响,使收信人在这种特殊的气氛下感到鼓舞和自豪。③发文机关、单位进一步提出勉励、希望和要求,使收信人可以不骄不躁,发扬优势,继续奋斗,为社会和他人做出更大的贡献。④以饱满、热烈的感情发出号召,两次表示真挚的祝福和希望。⑤结尾一般写上一些表示敬意和祝福的话语即可。

4. 落款

落款署在正文右下方,须写明书信单位、集体或个人的名称或姓名,注明发信的日期。

公开信格式示意图如下。

×××××××××××××	标题
×××××××××××:	称谓(可省)
×××××××××××××××××××××	公开事由
×××××××××××××××××××××	
×××××××××××××××××××××	
×××××××××××××××××××××	
×××××××××××××××××××××	
×××××××。现就×××作如下说明(阐释等):	过渡句
1. ×××××××××××××××××××××	
×××××××××××××××××××××	
×××××××××××××××××××××	
×××××××。	
2. ×××××××××××××××××××××	公开事项
×××××××××××××××××××××	
×××××××××××××××××××××	
×××××××。	
……	
×××××××××××××××××××××	
×××××××××××××××××××××	呼吁收结
×××××××。	
此致	敬辞(可省)
敬礼	
×××××××××××	书写者
×××年××月××日	日期

（三）写作注意事项

1. 激扬正义，引领正气

好的公开信，其内容一般都具有普遍的思想意义和教育意义，在宣传中会产生较大的影响，它能匡扶社会正能量，倡导优秀道德秉性，树立良好的社会风气，促进人们积极参与有意义的活动，指导工作广泛开展和推动活动顺利进行。

2. 内容具体，符合实际

写作要考虑实际需要与可能，的确有写公开信的必要，确有实现公开信所说的目标的可能；做到发布目的明确、情况陈述准确全面、分析情况属实深入、对策方法有效。既要诚心诚意地将发表公开信的理由告诉读者，又要向读者灌输公开信的基本思想，切忌夸大其词。

3. 用语得体，通俗易懂

公开信要明确自己的立场，站在受众方考虑问题。对于不同类型的公开信，语言表达应富有变动，具有针对性。多运用群众语言，注意措辞语气符合实际要求，各部分之间逻辑清晰，语句流畅通顺、通俗易懂。针对重大节日活动写给相关人群的公开信，应该写些表示关怀、问候和祝愿的话，进一步提出勉励、希望和要求，两次表示真挚的祝福和希望；针对具体问题的公开信的内容，应该说明公开信的发文原因，简略叙述问题存在的一些情况，并且阐明发文者对这一问题的真实态度；公布某件喜讯、噩耗、求助信件，需要人们了解并消除影响的事情。

4. 精确把脉，及时公布

公开信是将不必保密的全部内容公布于众，把握发表公开信的最佳角度和最佳时间，使公开信取得良好的社会效果。

三、例文赏析

例文一

致全市居民的一封公开信

尊敬的居民朋友：

大家好！

国家卫生城市是全国爱卫会授予城市环境卫生方面的最高荣誉，也是体现一个城市综合实力和文明程度的重要标志。我市自 2007 年底成功创建国家卫生城市以来，不断巩固和发展创建成果，爱国卫生运动蓬勃开展，城市品位有效提升，发展环境显著改善，大家生活的家园变得更加和谐、美丽。这些变化，饱含着您的理解和支持。这些成绩的取得，凝聚着您的辛勤和付出。在此，我们向您表示衷心感谢！

荣誉的取得实属不易，珍惜保持荣誉责无旁贷。今年，我市将迎来国家卫生城市第三次复审。为此，我们希望，全市人民积极行动起来，请您为巩固国家卫生城市成果贡献自己的力量。特发出如下倡议：

一、从我做起，养成良好习惯。提高卫生意识，从自身做起，从小事做起，不乱扔杂物，不乱倒垃圾，不随地吐痰，不乱停乱放，不乱贴乱画。工作和生活场所保持干净、整洁，垃圾投入指定密闭容器，不在楼道及公共区域堆放杂物。恪尽公民职责，争当卫生先锋。

二、遵守公德，维护市容整洁。搞好"门前三包"，保持沿街地面干净卫生、门窗墙面整洁

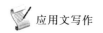

美观，不出店经营，不占道摆放。不乱搭乱挂，不乱泼乱倒。规范停车，整齐有序。爱护公共设施，不破坏垃圾容器，不损坏公厕设备。做守法商户，当文明居民。

三、摒弃陋习，倡导健康生活。增强食品安全意识。不在无卫生保障的街头摊点就餐，坚决抵制不符合卫生标准的食品。学习健康知识，讲究个人卫生，注重体育锻炼，不在电梯等禁止吸烟的场所吸烟，不乱扔烟头。养成健康生活习惯。

四、全民行动，支持国家卫生城市复审工作。勇当卫生监督员，主动劝阻破坏城市环境、损害市政设施、影响社区卫生环境的行为，形成人人参与、共同保持卫生城市的良好氛围。

"卫生是健康之基，环境是幸福之源"。居民朋友们，让我们立即行动起来，共同参与到迎接国家卫生城市复审活动中来，从自身做起，从身边小事做起，用我们的热情和真诚，用我们的辛勤和汗水，让家乡的水更绿，天更蓝，为建设美丽幸福城市做出积极的贡献。

××市国家卫生城市复审领导小组办公室

2018 年 3 月

【评析】 这是一封宣传类的公开信。公开信格式规范，构件齐全。标题注明受文对象、文体，明确而无歧义；正文部分由事由、事项、号召三层意思组成，脉络清楚，条理清晰。内容紧密联系现实生活，公开倡导事项实际可行，语言干练，具有鼓动力，为全市深入、广泛开展"创卫"活动营造氛围，收到良好的实际效果。

例文二

创业者是我们的英雄

——华兴资本董事长包凡的公开信

感谢您对华兴资本的关注。我们相信，阅读此信，有助您更好地读懂这本[编纂]。从我们的创业源起和初心，到华兴资本清晰的目标和发展愿景，这些为全面了解华兴业务和为股东创造价值能力提供了基础。

华兴资本代表着什么？

早在"新经济"概念广为人知之前，我们就已见证一批具有前瞻思想的先行者，矢志通过技术创新与商业模式创新改造中国商业理念。他们需要资金、期待建议、渴望信任。回应这些召唤，2005 年我们创立了华兴资本，提供财务顾问服务，更有幸成为创业者雄心的倾听者。我们按其需求订制协助创业者成长并达致发展目标的方案。我们寻求创业者的信任，而非他们对我们的依赖。

借用史蒂夫·乔布斯的说法，"你是谁，往往取决于你心中的英雄是谁"。对于华兴资本而言，我们一贯尊崇为中国经济长期变革带来动力的创业者。他们是我们的英雄，我们是他们的拥戴者和代言人。

这种理念，决定了华兴资本的核心特质。同一批创业者——我们心中的英雄——今天已做大做强自己的事业。我们力图助力他们创造持久的商业与社会价值，从最初的创业，到踏上连续创业之路，不断缔造成功的企业。

对我们而言，信任是合作的起点，我们建立信任并努力使之历久弥新。这样说并非标榜高尚，信任开启交易，反之则未必然。关键时刻，人们因信任而携手，以信任定抉择。强调互信不止于客户与我们之间，亦是员工与我们之间契约的基础。我们为员工提供施展的平台，支持他们发展事业,助其在实现个人目标的同时,也为华兴资本实现发展目标有所贡献。信任同样存在于投资者和我们之间,他们因信任或参与私募融资,或成为华兴旗下基金的有限合伙人,为我们的客户提供发展资金。

唯有信任,让我们完成为中国新经济参与者提供支持的使命。

为什么在此时选择上市?

我们认为,中国新经济的发展是大势所趋,我们预计在未来几十年新经济将成为经济增长与财富创造的引擎。请看中国产出独角兽企业的速度——中国初创企业平均只需四年时间即可达到10亿美元估值,在美国则平均需要七年。根据灼识投资咨询公司的报告,截至2017年年底,中国独角兽企业数量已占全球总数的40%。

不断迭代的创新与商业形态、充裕的资本与激烈的市场竞争,正在重塑中国新经济格局,提高了创业者与投资者逐鹿的筹码。

为匹配我们客户的前进脚步,我们必须加码投入、更快成长。成为上市公司后,我们将重点布局以下方面:

1. 加大力度吸引顶尖人才。

2. 随着业务发展,持续增加风控与运营的技术与硬件设施投入。

3. 着力国际化业务拓展:助力新经济创业者开拓跨境业务,亦为投资人提供全球资产配置选择。

在我们未来发展规划中,技术具有举足轻重的地位。我们见证了技术如何重塑所有行业:顺应趋势者,手握新的竞争优势,有望高效颠覆传统;拒绝新技术者,则可能遭遇重创。我们选择全面拥抱技术。

我们将数据视为重要性堪比水电煤的关键业务资源。利用新技术捕捉并分析不断增长的市场数据,升级我们的顾问服务,为我们的投资管理决策提供依据,指导我们的业务方向。从数据当中收集并提取洞见的能力,将成为我们下一发展阶段重要的竞争优势。

最后,成为一家上市公司后,我们坚信我们有能力更好地实现创立理想之一:成就一个金融行业优秀人才共同创业的平台,将引领中国创新金融产品与服务的发展。我们希望吸引具有创业精神的金融专业人才,并为他们提供一个广阔的平台。赋能以团队与资金支持、研究能力、品牌和监管准入资格以及投资者基础,用创新的方式协助创业者获得资金支持,同时让投资人参与其成长。此外,希望我们的员工借此孵化自己的创业梦想。

如何衡量我们的成绩?

我们长期深耕中国新经济,因此我们希望资本市场能够关注到我们的独有特色,例如我们全生命周期长期陪伴新经济企业的能力,我们作为财务顾问协助客户创造价值、作为投资者从价值创造过程中获益的能力,以及赢得机构和高净值投资者的信任并成为我们资本伙伴的能力。我们认为无论从客户、有限合伙人还是股东角度判断,对华兴资本的衡量标准都必须基于长期的成长和价值创造。

此外,希望我们的道德准则能得到[编纂]认同。我们努力在商业行为的道德后果与商业利益之间保持平衡。矛盾面前,我们将道德考虑置于财务回报之上。我们认为,历史上湮灭的伟大公司甚至雄极一时的帝国,多是祸起萧墙,毁于贪婪和不受约束的私利。践行行为准则不仅仅是道德的问题,更关乎生死。

展望前路

基于对中国新经济发展潜力的信心,我们必然放眼长远。我们相信,超越周期的管理能

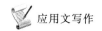

力、直面困难的勇气以及对战略承诺的坚守,保证了我们持续为股东创造价值,陪伴新经济公司客户和所投企业成长,不负所托。

我们认为新经济是全球化的,我们将立足中国,服务世界。华兴资本从建立之初,已着手培育国际视野。无论加入早晚,具备国际金融机构、跨国企业相关经验是我们员工的共同特质。随着业务扩张,我们持续在全球范围内广聚英才。

我们将继续努力领市场趋势之先,为迎接下一场颠覆性变革做好准备。我们将扩大行业覆盖、积累行业洞见,提升投行与投资业务能力。在这方面,最典型的实例当数医疗与生命科技领域,我们认为这是未来最具前景的创新领域之一,具有巨大的社会与经济价值。秉承这一信念,我们建立起专注于该领域的融资顾问与投行团队,团队中不乏具有临床及其他相关行业经验的人才,我们还建立了独立的医疗与生命科技投资基金。

得益于家庭收入的增加、投资需求和结构的复杂化,我们认为资产管理和财富管理业务将高速发展。我们将利用强有力的私募股权业务基础,开发丰富而有竞争力的资产管理产品,包括并购基金、信用基金和捕捉传统行业转型机遇的投资产品,例如房地产基金。

假以时日,我们计划增加二级市场证券基金产品。此外,在我们致力服务的新经济领域,存在巨大的财富效应,我们将拓展为客户及其员工提供财富管理和增值的服务。

我们将持续地致力于人才发展,培养下一代华兴青年领军人物。这不仅是全体管理层的责任,也贯穿于我们招聘、激励和人才培养的全过程。我们不仅着力于提升华兴人的专业素养和管理水平,更重视华兴价值观的传承,确保每一位华兴人都了解我们的历史和起源,都重视信任这一将我们与客户和被投公司紧密相连的纽带。同时,我们还为下一代华兴青年领军人物预留了充足的股权激励。

我们将与客户和被投公司保持长期紧密的伙伴关系,以确保我们能理解和预见他们的发展需求。这听起来像是陈词,但我们却发自内心地信仰和遵从它。如果我们无法理解客户和被投公司的梦想和驱动力,那我们也就失去了华兴成功的基石。我们将不遗余力发掘创新的手段和方式,满足客户的需求,做未来伟大公司的推手。只要做到这些,在新经济商业和技术的未来,必将有华兴的一席之地。

　　谨启

包凡

2018 年 6 月 25 日

　　【评析】 这是一封澄清事实的公开信,是针对某些人对华兴公司的猜想与言论而发布的。标题采用主副标题,中心明确,书信主体与文种明晰;主体部分内容丰富,展开充分,多角度、多层面阐述实情,解答有关质疑或疑问,便利于人们识清事情真相;收结时,满怀信心,充满愿景,给人以积极奋进的动力。

　　例文三

×女士:您好!

　　您来信中反映家庭内部、外部人际关系不和谐等问题我们已有所了解,非常理解您此时的心情。

　　每个家庭或多或少都会面临一些家庭矛盾,这时就需要双方均做出退让。您的婆婆毕竟是长辈,当出现矛盾时可以与她多谈谈心,把自己的想法委婉地提出,毕竟是家和万事兴嘛!婆婆在育儿方面有很多经验,还是要多向婆婆取经。

一个巴掌拍不响,当邻里之间出现了矛盾,要想想是不是自己的态度不够友好,让邻居产生误解,认为是故意刁难,只要心平气和地和邻居沟通,邻居不会不听的。小区经常丢东西,这是小区的治安问题,保安绝对不是针对您个人,可以把这种情况反映给公安机关。

祝您早日摆脱郁闷的情绪,开心生活每一天!

W街道

××××年××月××日

【评析】　这是一封发给个人的公开信。公开信缺少标题,内容较杂、不集中,涉及家庭矛盾、邻里冲突、物品失窃,语言说理不充分,缺乏从对象角度思考问题,且思路不清楚,用语夹杂口语气息。

四、实训演练

(一)改错题

【2011年国家公务员考试】　L县政府拟进一步宣传寄宿制学校的办学模式,以期更好地提高办学效益和质量。请根据"给定资料3",以县教育局的名义草拟《给各村中小学生家长的一封信》。要求:①内容具体,符合实际;②用语得体,通俗易懂;③不超过400字。

给各村中小学生家长的一封信

各村的家长们,你好!

为进一步改善办学条件,提高办学效益,我县将逐步推进中小学校寄宿制改革,改变我县不合理的校点布局,优化配置教育资源。希望广大家长朋友能够给予我们更多的关心和支持,共同为孩子创造一个良好的学习环境。对此,我们也会采取措施,方便孩子们上学,确保他们的安全。我们会推进教育资源配置方式的改革,统筹规划学校布局:一是从实际出发,对有限的教育资源进行优化整合;二是调整中小学布局,建设一批试点学校,形成富有特色的实践模式,如联村办寄宿制学校、民族寄宿制学校和边境形象学校等。我们会加大资金投入,建设新的教学用房、宿舍楼和食堂,完善学校的各项设施,为学生提供良好的学习和生活环境。当然,创办寄宿制学校,意味着孩子们要去更远的地方读书,难免会引起家长们的担忧。总之,我们将努力把寄宿制学校办成群众满意、家长放心、学生欢迎的优质学校。

L县教育局

××××年××月××日

(二)写作题

结合自己大学学习、规划、生活等经验和体会,请以大学高年级学生的名义,给大一新生写一封公开信。

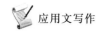

××××××××××××一封公开信	标题
××××××××××：	称谓
×××××××××××××××××××××××××××	公开事由
××××××××××××××××××××××××××××	
××××××××××××××××××××××××××××	
××××××××××××××××××××××××××××	
××××××××××××××××××××××××××××	
×××××××××××。现就×××作如下说明(阐释等)：	过渡句
1.××××××××××××××××××××××××	
××××××××××××××××××××××××××××	
××××××××××××××××××××××××××××	
××××××××××××××××××××××××××××	
××××××。	
2.××××××××××××××××××××××××	公开事项
××××××××××××××××××××××××××××	
××××××××××××××××××××××××××××	
××××××××××××××××××××××××××××	
××××××。	
……	
××××××××××××××××××××××××××××	
××××××××××××××××××××××××××××	呼吁收结
××××××。	
祝进步！	敬辞(可省)
×××××	署自己名
×××年××月××日	日期

五、研究性学习

（1）蔡宁涛《例谈公开信的写作》，载《应用写作》2011年第10期。

分析与评价：该文通过具体案例分析了公开信写作的三个注意事项：一、写作之前需考虑清楚是否确有撰写和发布的必要，不能盲目跟风；二、既要明确地将发表公开信的理由目的告诉读者，又要注意写作策略和方法；三、从收受双方的实际情况和时间背景出发，把握好发表公开信的最佳场合和最佳时间，努力使公开信取得最佳的表达效果。

（2）马僚娴《公开信写作技巧——以刘翔奥运退赛公开信为例》，载《应用写作》2010年第1期。

分析与评价：该文认为，通常情况下，公开信的格式与普通书信基本相同，包括标题、称呼、正文、结尾、署名等几部分。但公开信有两大主要特征：公开性与教育性。注重公开性尤其是想公开某些特殊情况、问题的公开信的公开信在发表时机、内容选择、文体结构、语言表达乃至标点符号的使用等诸多方面与注重教育性的公开信有很大不同。并以刘翔北京奥运会退赛后的一封信公开信展开分析。

（3）金常德《节日慰问信与节日公开信正文写作比较》，载《应用写作》2006年第1期。

分析与评价：通过案例分析与对比，作者指出节日慰问信重在鼓舞士气，着眼未来，而节日公开信重在解决问题，着眼当前。

第六节 大 事 记

一、文体知识

（一）定义

大事记是党政机关、企事业单位、社会团体将自己重要工作活动或自己辖区所发生的重大事件（事情）按年、月、日顺序记载，以便查考的资料。

（二）主要类型

可以根据不同的标准对大事记进行分类。

（1）按机构职权范围分，有世界大事记、全国大事记、地区大事记、部门大事记、单位大事记等。

（2）按机构性质分，有党政组织大事记、国家行政机关大事记、社会团体大事记、企业或事业单位大事记等。

（3）按内容特性分，有综合性大事记、专题性大事记等。

（4）按时间跨度分，有古今大事记、断代大事记、年度大事记、季度大事记、每月大事记、每旬大事记、每周大事记、每日大事记等。

二、写作指要

（一）写作特点

1. 内容的史料性

大事记可以为本地区、本部门的工作总结、工作检查、工作汇报、工作统计和上级机关掌握情况提供系统的、轮廓性的材料，具有史料价值，起到录以备查的作用。

2. 记载的摘要性

大事记作为应用文，用来简要、系统记载单位重要活动，反映整个工作、活动情况，具有总结情况和备查的作用。层次清楚，每事一条，每条一记。

3. 表述的概括性

大事记一般主要记录组织变动情况、重要会议、上级机关的领导活动和其他重要活动，要求提纲挈领、文字简洁、真实准确。

（二）写作格式要素

大事记由标题、正文、注述组成。

1. 标题

大事记的标题有以下几种格式。

（1）"事由＋文种"作标题，如"中国电影立法大事记""民法总则大事记"等。

（2）"制文单位＋文种"作标题，如"江苏省人大常委会大事记"。

（3）"制文单位＋事由＋文种"作标题，如"最高人民法院开展人民陪审员工作大事记""淮阴师范学院'迎评创优'工作大事记"。

（4）"制文单位＋时间＋文种"作标题，如"全国人民代表大会60年大事记""××市政府2018年5月工作大事记"。

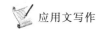

2. 正文

大事记主要记载事情发生的具体时间、基本情况两方面。正文采用一事一记的写法,具体时间按年、月、日的先后次序进行排列;基本情况通常记载包括事情的起因、过程、涉及的部门、人员、结果等。各单位大事记一般记录如下内容。

(1)大事、要事的记录:①单位内部人事变动事件,如重要领导人的任免、人员编制的变化、职责范围、奖惩情况、内设机构的增减、办公地点的迁移、变动的时间等;②外单位发生的对本单位产生影响的重大事件。

(2)重要工作与活动的记录:①上级单位领导人亲临视察、检查以及提出的主要意见,对本单位的工作活动重要的书面或电话指示、指导等;②本单位领导出席的重要内事、外事活动,重要会议的简况,如会议名称、任务、议题及形成的决议等,重要工程的兴建、竣工、验收,重大科技成果的鉴定等;③其他重要工作活动,本单位的主要工作和主要成就,工作活动中发生的重大失误,上级单位对本单位失误所采取的措施、办法等。

3. 注述

有些重要材料需要进一步叙述情况、注明出处的则予以注述、说明。

(三)写作注意事项

1. 大事突出,要事不漏

"大"事指能反映本机关(单位)活动情况、有价值的事。各部门应该指派专门人员,定期收集一次,在编写时要将这些事逐条记录下来,定期发给机关领导或有关单位负责人,修改补充完善,年终立卷归档。

2. 内容真实,观点正确

所记录的事情要按照事情的原貌,客观地加以记述,记录时间精确,做到表述准确、内容简明、记录合理。大事记选材精致,反映社会实际,突出时代精神,观点鲜明、正确。

3. 叙事简约,层次清楚

大事记重在关注大事件、重要工作,用语精练,文字简约;编辑时以时间为顺序,以年编号,年下分月,逐年逐月逐日分条记述,每事一条,每条独立一段,眉目清楚,结构简单,层次分明。

三、例文赏析

例文一

民法总则大事记

新中国成立后,党和国家曾于 1954 年、1962 年、1979 年、2001 年先后 4 次启动民法制定和民法典编纂工作。

1986 年 4 月 12 日,六届全国人大四次会议通过民法通则。这是新中国第一部具有民法总则性质的民法基本法,具有里程碑意义。

2014 年 10 月 23 日,党的十八届四中全会通过《中共中央关于全面推进依法治国若干重大问题的决定》,其中明确提出要"编纂民法典"。

2015 年 3 月以来,全国人大常委会法制工作委员会牵头成立了由最高人民法院、最高人民检察院、国务院法制办、中国社会科学院、中国法学会 5 家单位参加的民法典编纂工作协调小组,并组织了工作专班开展民法典编纂工作。

2016年6月14日,习近平总书记主持召开中央政治局常委会会议,听取并原则同意全国人大常委会党组关于民法典编纂工作和民法总则草案几个主要问题的汇报。民法典立法加速。

2016年6月27日,民法总则草案提请全国人大常委会初次审议。

2016年7月5日,民法总则草案在中国人大网公布并向社会公开征求意见,为期一个月。共有13 802人参与,提出65 093条修改意见。

2016年10月31日,民法总则草案提请全国人大常委会二次审议。

2016年11月18日至12月17日,民法总则草案(二次审议稿)公布并向社会公开征求意见。共有960人参与,提出3 038条修改意见。

2016年12月19日,民法总则草案提请全国人大常委会三次审议。

2016年12月27日至2017年1月26日,民法总则草案(三次审议稿)公布并向社会公开征求意见。共有660人参与,提出2 096条修改意见。

2017年3月8日,民法总则草案提请党的十二届全国人大五次会议审议。

【评析】　这是一篇按时间跨度排列的专题性大事记。格式规范,记事简约,篇幅紧凑。标题由事由、文种构成,中心明晰;正文部分按年份先后排序,线索清楚,记事以史实为据,真实客观;语言简要,提纲挈领,简练概括。

例文二

全球公认最健康的作息时间表

能力重要,人品也重要。但是健康,才是打败所有对手的秘密武器。下面是全球公认最健康的作息时间表,你值得拥有!

· 7:00 起床

7:00 迎着清晨的阳光起床。

一杯温水是早起之后的必需品,能让你获得一天最好的开始。

· 7:20—8:00 吃早饭

你需要营养全面而丰富的早餐。

一顿优质的早餐,能让你一整天都充满活力。

· 8:30—9:00 避免剧烈运动

早上是人体免疫系统最弱的时候。

不要做剧烈的运动,走路上班是很好的选择,健康又惬意。

· 9:00—10:00 做困难性工作

上午人脑最清醒犀利,应该用来做最有难度的事,比如攻克工作的难题,给复杂的报告列提纲,等等,充分利用好上午清醒的大脑。

· 10:30 让眼睛休息一下

一晃就10点半了,起来走动走动,眺望一下远方,做一做眼保健操,让眼睛舒缓舒缓。

· 11:00 吃点水果

上午工作得差不多该吃点儿水果了。

上午是一天吃水果的最佳时机,因为上午人体最适合吸收水果里的营养,还能补充我们智障的大脑急需的血糖。

- 12:00—12:30 午餐

午餐要吃饱,中午应该补充足够的蛋白质,豆类食品是最佳选择。

虽然是午饭,久坐办公室的人也不要吃得太油腻。

- 13:00—14:00 午休

午饭后的时间很宝贵,最好用来小睡一觉。

有的人喜欢在中午上淘宝购物或者是打激烈的游戏,这反而会让大脑处于过度紧张的状态,造成下午身体的疲惫。

- 14:00—16:00 做创意性工作

午后是人思维最活跃的时间。

非常适合做一些创意性的工作,想一想工作中的创新,即使是微小的改善,日积月累也会有巨大的成就。

- 16:00 喝杯酸奶

下午喝杯酸奶,能补充身体流失的血糖。

马上将要投入一天里最密集的工作中了。

- 16:10—19:00 做细致性工作

这个时间段身体和大脑都处于一天的巅峰状态,这时候我们应该做细致而密集的工作,做完这些别着急回家。

花10分钟总结一下当天的工作:

今天收获了哪些好创意,积累了哪些经验,学习了什么新工具,验证了什么想法……每天10分钟反思,大器必将早成。

- 19:00 最佳的运动时间

下班之后稍微吃点东西,晚饭不要吃太多,三分饱即可。

晚饭后稍微歇一会儿再开始运动,先散步,再慢跑是非常健康的运动方式。

- 20:00 看电视或看书

运动之后可以看看电视,或打开你阅读计划中的书放松阅读。最好的选择还是在娱乐休闲中延绵不绝地思考工作,这样会碰撞出意想不到的火花,劳逸结合的精髓就是:休闲的时候还有一根弦在牵挂工作,稍有灵感迸发就立刻抓住

- 22:00 洗个热水澡

时间差不多就该洗个澡了,让身体彻底舒缓下来,洗去一天的疲惫。

- 22:30 上床睡觉

11点人体的各项器官都开始处于休息期了,不要违背身体的自然规律,放松睡一个好觉,明天又是美好的一天!

【评析】 这是一篇每日大事记。标题虽未出现文种字样,却贴近要求且醒目,易于吸引读者的注意与关注。正文内容联系日常生活,作息安排较为科学合理,起居、饮食富于规律性,工作、休闲、运动劳逸结合;事项要求详尽细致,操作要领具体得法。

例文三

某市政府2017年下半年工作大事记

1. 把握监督重点,提高监督成效。紧紧围绕全省工作大局,立足推动经济高质量发展、助力打好"三大攻坚战"、积极回应社会普遍关切等依法开展监督,努力推动解决人民日益增长的

美好生活需要与发展不平衡不充分的矛盾,确保中央和省委决策部署贯彻落实,确保宪法和法律有效实施。听取和审议19个专项工作报告及计划、预算、审计报告,开展4次执法检查,结合审议工作报告开展3次专题询问。

2. 聚焦经济领域重点工作开展监督。听取和审议上半年国民经济和社会发展计划执行情况报告、"十三五"规划纲要实施中期情况报告,加强对国民经济运行情况的跟踪和分析,支持和督促政府坚持稳中求进的总基调,牢牢把握高质量发展要求,统筹做好稳增长、促改革、调结构、惠民生、防风险各项工作,确保目标任务圆满完成。听取和审议2017年市级预算执行情况报告及审计报告、审计查出问题纠正和整改情况报告,督促政府实施积极的财政政策,推动供给侧结构性改革,支持科技创新和产业转型升级,增进民生福祉。全面建成预算联网监督系统,进一步深化预算决算全口径、全过程监督。听取和审议全市文化产业发展情况报告,推动破解文化产业发展中的难题,健全现代文化产业体系,创新生产经营机制,培育我市新型文化业态。听取和审议关于推进建筑产业现代化工作情况报告,促进行业企业转型升级,加快布局适应新需求的生产能力,全面提高建筑产业现代化水平。检查专利法和市专利促进条例实施情况,推动有关方面加大专利保护和转化力度,促进科技创新和成果应用。检查旅游条例实施情况,推动我市旅游业转型升级,加快旅游强市建设。建立政府向人大报告国有资产管理情况制度,推进国有资产管理公开透明。

3. 紧扣打好"三大攻坚战"开展监督。听取和审议市政府关于深化地方金融监管体制改革、防范金融风险工作情况报告,支持政府深化改革,健全金融监管体系,完善金融安全防线和风险应急处置机制,提高金融领域防范风险的能力,守住不发生系统性金融风险的底线。听取和审议2017年环境状况和环境保护目标完成情况报告,更大力度推进绿色发展,促进我省生态环境质量持续改善。对农村扶贫开发条例实施情况开展执法检查,推动政府进一步落实责任,创新扶贫方式,加大扶贫投入,以更大力度推进精准扶贫,全力打好脱贫攻坚战。

4. 呼应人民群众期盼和社会普遍关切开展监督。听取和审议全市公共服务标准化建设情况报告,推动政府创建并落实全省统一的基本公共服务供给制度,促进基本公共服务向规范化、高水平发展提升,努力使全体人民幼有所育、学有所教、劳有所得、病有所医、老有所养、住有所居、弱有所扶。听取和审议关于我市重点地区城镇体系规划编制情况报告,推动政府加快规划编制实施,科学规划城镇空间布局、区域基础设施建设,最大化利用资源和促进生态环境保护,促进城乡融合发展、区域集约发展。听取和审议全省现代综合交通运输体系建设情况报告,并开展专题询问,督促有关部门加快完善基础设施网络、提升综合运输服务能力,推动交通运输事业高质量发展。对档案法和档案管理条例实施情况开展执法检查,发挥档案在社会治理和文化传承中的重要作用。

【评析】 这是一则记述政府工作的综合性大事记。记事内容较广,涉及政府工作的多个方面,注意归类分项记载。作为"大事记"文体,未能按具体日期,记写具体工作、内容、进程及结果,这是撰写该文的明显失误。

四、实训演练

(一)改错题

阅读并辨析下面的"大事记",对照写作指要,辨别并加以修正。

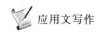

江苏省人大常委会 2018 年 3 月大事记（节选）

......

18 日下午，江苏代表团举行第十四次全体会议，酝酿国务院组成人员人选、全国人大各专门委员会组成人员人选。江苏代表团团长娄勤俭，副团长吴政隆、王立科、陈震宁参加审议，副团长蒋卓庆主持会议。

19 日下午，江苏代表团举行第十五次全体会议，审议各项决议草案和监察法草案建议表决稿。江苏代表团团长娄勤俭，副团长吴政隆、蒋卓庆、陈震宁参加审议，副团长王立科主持会议。

6 日，省人大常委会副主任刘捍东调研省人大财经委、省人大常委会预算工委的工作。

8 日，省人大常委会副主任刘捍东调研省人大常委会民宗侨委的工作。

22 日，江苏省传达学习全国"两会"精神大会在南京召开。省委书记、省人大常委会主任娄勤俭出席会议并讲话，省人大常委会常务副主任陈震宁传达全国人代会精神。省人大常委会副主任邢春宁、刘捍东出席会议。

省十三届人大常委会召开第三次主任会议，受省委书记、省人大常委会主任娄勤俭的委托，省人大常委会常务副主任陈震宁主持会议。会议听取了省十三届人大常委会第二次会议日程安排和议程准备情况的报告。会议决定于 3 月 27 至 28 日召开省十三届人大常委会第二次会议，会期 2 天。省人大常委会副主任许仲梓、刘捍东、曲福田，秘书长陈蒙蒙出席会议。

23 日，省人大常委会副主任陈震宁、许仲梓、刘捍东在南京参加义务植树活动。

......

（二）写作题

关注校园文化建设、文化活动、文化生活，收集相关重要事件、重要工作、重要活动等信息，撰写一篇以"校园文化"为主题内容的大事记。

五、研究性学习

（1）张雪梅《浅谈大事记编写的注意事项及重要性》，载《新西部》2017 年第 9 期（中旬刊）。

分析与评价：文章探讨单位乃至行业的大事记记载编撰以及应注意的事项。叙述了大事记的选收标准，选收材料的取舍；大事记的记述原则与注意事项；编辑过程中录入图标应注意事项。大事记既要保持其严格客观性，又要具有新的和鲜明的时代特点。

（2）田晓晶《浅议大事记的编写》，载《城市档案》2012 年第 4 期。

分析与评价：大事记是一种重要的信息资源，在档案利用体系中发挥着重要的作用。文章就如何编写大事记相关问题展开探讨，提出要充分认识到大事记的重要性，在思想上引起高度重视；要建章建制，确保大事记工作的顺利完成；要本着对历史负责的精神，编写出水平高、质量好的大事记。既宏观又微观地对大事记的编写提供有益指导。

社交书信类

伴随着经济全球化、市场一体化的进程,各种社会组织以及人与人之间的交际活动空前活跃且日益频繁。有社交活动,就必然要写社交文书。社交书信是指在社会交往过程中产生的,向特定对象传递信息、交流思想或表达关心、问候、谢意而写作的应用性文书,是信息社会一种极为重要的公关手段。社交书信是在社会交往过程中产生的各类书信的统称,具体来看,主要包括邀请函、感谢信、慰问信、贺信、求职信、推荐信、建议书、申请书等。

社交书信有如下基本特点:

(1)行文的目的性。社交书信的写作目的根据写信对象的不同而有一定的区别,如感谢信是为了表达谢意,慰问信是为了表达关心、问候,邀请函是为了诚恳地邀请公众出席社会组织或个人举办的社会活动。其目的主要是密切组织之间、个人之间的关系,增进友谊,扩大影响,树立良好的组织或个人形象。

(2)语言的礼貌性。礼貌是书信文体与生俱来的特点。只有讲礼貌,才能表达对对方的尊重和友好之情;也只有注意语言的礼貌,对方才会愉快地接受你的道贺或关心。常用的礼貌语有称谓语、问候语、敬语、谦辞、祝颂语、具名语等。运用这些礼貌语要因人因时而异,因此写作时既要分清对象、区分场合,又要审时度势、用语得体。

(3)表达的情感性。社交书信的内容多是反映社会活动,促进情感交流和沟通,故情感是社交书信的应有之义。社交书信的情感性就是通过礼貌、流畅、简洁、规范的语言让人产生一种如闻其声、如见其人、如临其境的感觉,使主体与客体之间洋溢出一种尊重、理解、团结、友爱的情感。如感谢信的重点在于感谢,因此表达感激、嘉许之情要真挚、饱满,字里行间洋溢着感激之情。慰问信表达的是哀悼、同情、愧疚之情,贺信表达的则是祝贺、赞赏之情,邀请函表达的是诚挚友好的欢迎之情和殷切期望之情。可以说,每一种社交书信都是一种情感的载体,而情感的真挚、有感染力则是衡量社交书信写作质量的重要标准之一。

(4)格式的规范性。社交书信在我国由来已久,经过写作实践的长期积淀,已经形成了一套约定俗成的格式。如信文的称谓语要顶格书写并打上冒号,以突出收信人,体现对收信人的尊重;结尾的祝颂语和具名语也有特定的格式要求,等等。作为秘书人员,无论是给个人写信,还是给单位写信,都得遵循格式规范。

第一节　邀　请　函

一、文体知识

(一)概念

邀请函,又叫邀请书,是用来邀请有关单位或个人前来参加某个会议或活动时发出的邀约性公关专用信函。

在现实生活中,邀请函应用范围非常广泛。就邀请对象而言,可以是亲朋好友,可以是社

会名流,可以是机关单位,也可以是合作伙伴、投资人、材料供应方、政府部门负责人、新闻媒体等;就举办的活动而言,既包括聚会、演出、典礼等社交活动,又包括各类研讨会、报告会等学术活动,还包括洽谈会、博览会等商务活动。

（二）主要类型

邀请函包括标题、称谓、正文、结语、署名和日期、回执或者附件等几部分。

1. 标题

标题有简式标题和复式标题两种。简式标题用"邀请函"三个字,复式标题由会议（活动）名称和邀请函组成,如"汉语国际教育语境下的句式研究与教学专题研讨会邀请函"。标题的排版应美观醒目。

2. 称谓

称谓即对邀请对象的称呼,主要依据相互之间的隶属关系、亲疏关系和长幼关系来确定。一般用"敬语加称谓"的形式组成,对某些特殊人物或境外华人,可加提称语,如"尊敬的王××总经理台鉴""尊敬的李总编明玉雅鉴"等。

3. 正文

正文是邀请函的主体。正文开篇可向受邀对象简单问候,接着写邀请的背景、缘由、目的、事项和要求,交代清楚活动的日程安排、时间、地点以及邀请对象所承担的工作,最后向邀请对象发出诚挚、得体的邀请。若有票、券之类的附件,也应同邀请函一并送给受邀对象。如有非常详细具体的说明性文字,可另纸附上,以免邀请函写得过长。

4. 结语

邀请函的结尾通常写"敬请光临""请拨冗出席"之类的惯用语,也有的邀请函结尾写"此致敬礼""顺致节日问候"等敬语或问候语。

5. 署名和日期

如果是以单位名义邀请的,则署单位名称并加盖公章,以示庄重;如果以个人名义邀请,则签个人姓名,然后在签名的正下方写上日期。

6. 回执或者附件

回执一般是主办单位为确定活动规模,便于安排活动,请对方予以回复看是否应邀参加活动及还有哪些要求等。回复的方式通常是邮件回复、传真回复或电话回复。回执一般制作成表格,便于对方直接填写。

附件是指随同主要文件一同送达的文件。有的邀请函正文没有具体安排,这种情况下,具体的日程安排就以附件形式呈现,对正文起补充说明作用。

二、写作指要

（一）写作要求

邀请函的写作要求具体如下。

（1）拟写之前要确定邀请函使用的场合和表现形式,按照相应的格式结构拟写。如某学术团体举办学术年会或专题研讨会时,要区别成员和非成员。对团体的成员,应发会议通知,而邀请非团体成员参会则应当用邀请函。

（2）内容全面具体。邀请事由、活动内容、活动主题、活动目的、活动时间、活动地点、注意事项、联系方式及有关事项的说明等要素须写得清楚、明确,必须落到实处,不能模糊,更不能遗漏。

（3）语言要简练、准确、文雅,切忌啰唆、堆砌;语气要诚恳、热情。

（4）称谓得体,格式规范。敬称、谦辞等礼节性用语切忌省略,人称不能错位,并讲究格式的完整和规范。

（二）邀请函与请柬的区别

邀请函与请柬的区别具体如下。

（1）内涵性质不同。邀请函一般是针对实际工作或任务发出的,如研讨会、报告会等。而请柬一般是针对娱乐性的、礼节性的活动发出的,如宴会、酒会、舞会等。

（2）邀请对象不同。除了少数有特定邀请对象外,大部分邀请函没有特定的邀请对象,通常用"尊敬的先生/女士"作抬头。而请柬有特定的邀请对象,抬头要写具体的姓名。

（3）信息容量不同。邀请函的内容一般包含活动名称、背景、主题、时间、地点、主办单位、承办单位、活动详细日程或议程安排、联系方式以及联系人等,甚至还附有回执单,故信息量大,内容多。而请柬的信息容量小,故文字比较少,一般只有邀请对象的姓名、活动时间和地点。

三、例文赏析

例文一

邀 请 函

尊敬的＿＿＿＿先生/女士：

您好！由中共江苏省委、江苏省人民政府联合举办的首届"江苏发展大会"将于 2019 年 5 月 2 日在南京举行,我们诚挚地邀请您出席本届大会。

举办江苏发展大会,旨在构建与海内外江苏籍和在江苏学习、工作过的各领域知名人士的联系交流平台。当前,江苏人民正聚力创新,聚焦富民,高水平建成全民小康社会,建设"强富美高"新江苏。本届大会将围绕"约在江苏·共筑梦想"主题,举办江苏发展论坛以及参观考察、探亲访友等活动,请大家回家乡看一看,感受乡音乡情,增进沟通交流,共谋发展合作。

江苏是您的故乡,江苏的今天有您的付出和汗水。江苏的明天离不开您的智慧和支持,期待在美好的五月与您相会。

中共江苏省委 江苏省人民政府

2019 年 3 月 3 日

附件：江苏发展大会日程安排表

【评析】 首先向受邀对象发出诚挚的邀请,接着阐述会议的宗旨和主题,最后以赞许的语言再次发出邀请,表达主办方的期待。全文语言凝练,语气诚恳,富有感召力,字里行间渗透着主办方的诚意。需要注意的是,该函有一个附件,用以说明大会的日程安排等具体事项,方便受邀者按时报到和参会。

例文二

中国文章学国际学术研讨会

邀请函（第一号）

尊敬的＿＿＿＿先生/女士道鉴：

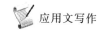

中国文章学国际学术研讨会暨中国文章学学会第 31 届年会将于 2021 年 5 月中旬在华南师范大学召开。素仰台端在文章学研究领域学殖深厚,成就卓著,特诚邀您大驾莅临,共襄盛举。兹将会议有关情况奉告如下:

一、会议目的:本次会议旨在通过研讨中国文章学新变及相关问题,拓展文章学研究及语文教育的国际视野,促进国际交流与合作,推动文章学研究与语文教育的国际化进程。

二、会议时间:2021 年 5 月 17 日—20 日

三、会议地点:华南师范大学会议中心

四、会议主题:中国古代文章学

中国现当代文章学

国际汉语教育

语文教育

文章阅读与写作

五、主办方:中国社会科学院文学所

中国文章学研究会

六、承办方:华南师范大学文学院

七、相关费用:会务费 600 元/人,与会专家往返差旅及住宿费自理,其他费用由会议组织方承担。

八、回执与论文:务请与会专家于 2021 年 2 月 25 日之前将回执发至会议专用电子邮箱:gudaisanwenmmj@126.com。论文内容包括标题、作者及单位、摘要、正文、参考文献等,篇幅在 10 000 字以内,格式按《文学遗产》要求执行。

华南师范大学文学院

2020 年 12 月 28 日

回执附后

【评析】 这是一封学术会议邀请函。首先交代背景,其次诚挚地邀请对方莅临大会,最后说明会议的相关事项,可谓目的明确、要素齐全、格式规范,特别是用语典雅,处处体现出对受邀者的尊重之情。

例文三

邀 请 函

为了弘扬民族文化,丰富大学生的业余文化生活,我校拟定于下周下午 3 点在六楼礼堂举行《文化达人》知识竞赛,要求各校领导、教师积极参加。

届时,您会了解到同学们深厚的文化底蕴,您会感受到他们在文化交流时的激情与魅力,您更能感受到新一代大学生在校园里的历练与成长。我们恭候您的光临!

此致

敬礼

××大学教务处

2021 年 10 月 15 日

【评析】 作为一篇活动邀请函,不足之处主要有三:一是邀请对象不明确。邀请对象到

底是哪些人? 邀请他们去做什么? 是做评委还是当观众? 如果是担任评委,有必要请那么多人吗? 如果校领导和教师都参加,场地能容下吗? 二是内容不全面。活动的具体时间、地点、内容安排和注意事项都没有细说,叫人摸不着头脑。三是用语不得体,格式不规范。如"要求各校领导、教师积极参加"明显不符合邀请函的用语要求,没有体现出邀请的诚意;"下周下午3 点"的表述极不准确;"文化达人"没有必要加书名号。再者,开头没有尊称,结尾的祝颂语格式也不规范。这些看似不起眼的细节,是撰拟邀请函特别需要注意的,弄不好会对组织形象产生严重的负面影响。

四、实训演练

你所在班级军训结束后将举办军训成果汇报展,打算邀请所有任课老师来观摩评价,请你以班集体的名义给各位老师写一封邀请函。

五、研究性学习

(1) 李锦云《邀请函与请柬的异同》,载《应用写作》2012 年第 8 期。

分析与评价:该文从写作功能、写作特点和写作要点三个角度分析了邀请函和请柬的相同点,然后从使用范围、是否需要回复以及写作要点等方面对二者的区别进行了细致的比较,对学生进一步学习两个文种,进而指导他们的写作实践有很大帮助,但比较的视野是否还可以进一步拓展,如从语言运用的角度进行比较,值得思考。

(2) 李娜《邀请函的雅言应用》,载《应用写作》2017 年第 9 期。

分析与评价:该文从中国传统文化的雅言中挖掘材料,以邀请函的封文和信文为例,详尽地阐释了古代雅言在现代书信往来中的具体运用,对当今的书信写作实践具有重要的指导价值。它有助于学生在写作训练中自觉地运用雅言,使邀请函的语言端庄典雅,将传统与现代相结合,从而形成有中国特色的社交礼仪文书。

第二节　感　谢　信

一、文体知识

(一)概念

感谢信是对某一社会组织或个人的关心、支持与帮助表达感激、赞许之情而写的专用书信。感谢的对象和事迹,同写信人有直接或间接的关系。

(二)作用

感谢信可以张贴在公共场合,也可以直接寄给对方,还可以通过电台、电视台、报纸等大众媒介播放、刊登。其主要目的虽是表达谢意和赞赏之情,但对宣传先进人物和事迹、弘扬互助友爱的精神、传播社会主义核心价值观起着积极的作用。

二、写作指要

(一)写作格式要素

感谢信由标题、称谓、正文、署名和日期等几部分组成。

1. 标题

感谢信的标题有两种写法：一是直接用"感谢信"三个字做标题，二是标题包含感谢对象和文种两个要素，如"致×××的感谢信"。标题字号比正文字号略大，居中排版，以示醒目和美观。

2. 称谓

标题左下方另起一行顶格写上被感谢对象的名称或姓名。写作时要注意区分个体称谓和群体称谓。如果是个人，通常姓名之前加上"尊敬的""亲爱的"等敬辞，姓名之后加上"先生""女士""同志"等恰当的称呼，以示认真和严肃；如果写给单位或群体，则直接写名称，如"××部队全体指战员"。

3. 正文

正文是感谢信的主体，一般分三个部分写作。第一部分要求作者简明扼要地介绍被感谢者的优秀事迹，交代清楚时间、地点、人物、事件、原因、结果，在此基础上，简要阐明事由产生的客观效果和现实意义，并向对方表明真诚的谢意。第二部分要求作者概括出被感谢者的精神品质，并表明向对方学习的态度和决心。第三部分即在信的末尾写上表示感激或祝愿的话。

4. 署名和日期

在正文右下方分两行署上感谢者的名称和写信日期。

（二）写作要求

感谢信的写作要求具体如下。

（1）认真梳理感谢事由的前因后果、来龙去脉，确保叙述的完整性和条理性，特别是事由部分的细节和情节经过要表述清楚，有的要写上，没有的不要虚构。

（2）表达谢意要真诚、自然而又朴实，符合双方的身份。表达谢意的行动，要符合实际，言而有信，说到做到。

（3）感谢信的表达方式讲究叙议结合，以叙为主，概述事由之后要做出恰当的评价，突出其效果和意义，切忌漫无边际地大发议论。

（4）感谢信的语言既要力求精练，又要饱含感激之情，使阅信之人倍加感动。因此，遣词造句要把握好度，不可干瘪没感情，又不可过分雕饰，否则会给人以虚伪的感觉。

三、例文赏析

例文一

感 谢 信

××部队全体指战员：

今年六月，我县遭遇了有史以来罕见的特大洪涝灾害，在十分危机的情况下，贵部队全体指战员发扬人民军队爱人民的光荣传统，出动直升机和舰艇，散发救灾食物，抢救受灾群众的财产和牲畜，使我县人民的生命财产损失降到最低程度。灾后，又帮助我县人民迅速恢复生产和重建家园。你们不怕苦累、敢于担当的奉献精神和视百姓为亲人的仁义之举是新时代人民军队光辉形象的生动反映，全县人民为之深受感动和鼓舞。在此，我们代表全县人民向你们表示衷心的感谢和诚挚的敬意！

我们一定发扬自力更生、艰苦奋斗的传统，继续努力抗洪抢险，开展生产自救，以实际行动报答你们对我们的关怀,为祖国现代化建设做出新的贡献。

××县人民政府

2021 年 6 月 19 日

【评析】 这封感谢信结构完整,思路清晰,尤为突出的是语言高度概括,没有具体的细节和过程叙述。因为要感谢的对象是一个群体,这个群体的所作所为是由一系列感人至深的事实构成的,无法从中剥离出来。如果要突出细节或典型,势必会使感谢信显得冗长。如果是感谢个体的所作所为,可以突出感人的细节。所以,写感谢信一定要分清感谢对象是群体还是个体。

例文二

感 谢 信

尊敬的王总:

您好!我叫×××,是 12 月 8 日 60 位面试者中来自××大学的大四本科生。感谢贵公司给了我一次面试的机会。这次面试,使我从各方面开阔了视野,增长了见识,给予我各方面不同的改进,相信您对我的综合能力的肯定一定会增强我的竞争优势,让我在求职的路上更加坚定自己的信心。感谢贵公司给我的关爱,感谢公司这次给我毕生难忘的经历。

无论我这次是否被公司录用,我更坚信——选择贵公司是明智之举。无论今后我在哪里工作,我都将尽心尽力做一位具有强烈责任感,与单位荣辱与共的员工,一位扎根单位,立志为社会创造最大价值的攀登者,一位积极进取、脚踏实地而又具有创新意识的新型人才。

大千世界,芸芸众生,如我者甚众,胜我者恒多,虽然现在还很平凡,但勤奋进取永不服输。如蒙不弃,惠于录用,必将竭尽才智,为公司鞠躬尽瘁。

感谢的同时,祝贵公司事业蒸蒸日上,一帆风顺!

敬颂

冬安

×××

2020 年 12 月 10 日

【评析】 这是一封面试归来后写的感谢信,一定程度上反映了一个优秀大学生所具备的文明礼仪素养。正文首先概述事由,清楚地交代了感谢的原因,表达了自己的感激之情,完全符合感谢信的一般写法。其次表达自己的理想信念,言语中透露出写信人心胸开阔、锐意进取的品性,使对方印象深刻。最后一句"如蒙不弃,惠于录用,必将竭尽才智,为公司鞠躬尽瘁",表明决心,让人难忘。感谢信的高明之处是既表达了谢意,又表明了决心,一举两得。整个感谢信布局合理,格式规范,语言朴实亲切得体,是真情实感的自然流露。

例文三

传递爱心 温暖社会

——给××职业技术学院的一封感谢信

××大学爱心社全体同学:

你们好!首先我谨代表××社会福利院对你们利用节假日来我院为老年人服务的高尚行

　　为表示最衷心的感谢,感谢你们为社会做出了榜样,为老年人提供了服务。

　　今年五一国际劳动节长假期间,你们学院爱心社的 12 名同学来到我们福利院传递爱心,让老年人度过了十分愉快的一天,你们的高尚行为鼓舞了我们的工作人员,也教育了社会上的那些不肖子孙,你们的行为为中国社会和全市人民树立了榜样。我们对你们提出表扬。

　　再次感谢你们,我们要向你们学习,争取做一名合格的市民。

　　此致

敬礼

××社会福利院

2021 年 5 月 12 日

　　【评析】　这封感谢信的正题"传递爱心,温暖社会"很有感召力,但感谢信的正文没有很好地照应正题,特别是末句"争做一名合格的市民"和正题就更不相干了。此其一。作者身份模糊,该感谢信是以××社会福利院的名义行文,而开头却出现"我谨代表××社会福利院"的表述,说明作者代言的身份紊乱。此其二。读者对象不确定,从副标题看感谢信应该是写给××职业技术学院的,而称谓又变成了"爱心社全体同学",说明读者对象前后混乱。此其三。结构不合理,开篇表示感谢,结尾又表示感谢,给人重复的印象。此其四。拔高了爱心社行为的社会意义,此其五。另外,好事表述笼统,交代不清,有些句子如"教育了社会上那些不肖子孙"表达不合适,祝颂语格式不规范,提出表扬的身份不合适等也是比较明显的问题。

四、实训演练

　　阅读下面的材料,请以资料中李阿姨女儿名义,给刘医生所在的 W 市第一人民医院写一封感谢信。

　　退休职工李阿姨曾是一名"干燥综合征"患者,多年来被口眼干燥、全身乏力、低热等病征困扰,痛苦不堪,家人为此担心不已,女儿小张更是揪心。幸运的是,李阿姨遇到了一位天使般的守护神——W 市第一人民医院皮肤科主任刘医生。刘主任担任她的主治医生不久就和她互加了微信,粗略估算,650 天的治疗时间里,两人有 5 000 多条微信互动,有问询、有指导、有安慰。李阿姨早已把刘主任当成了朋友和家人,"这两年,要是没有刘医生,我都不知道怎么过。"她红着眼睛告诉记者。

　　回忆起去年 2 月的那天,李阿姨至今仍心有余悸:深夜 11 点,她正要睡觉时突发胸痛,好像被点了穴一样无法动弹,"那一刻,我害怕极了。"疼痛劲一过,她立即抓起手机,给刘主任发微信:"刘医生,我刚才突然胸痛得厉害,疼痛从前胸一直游走到了后背,人像被冰冻了一样。大概 30 秒钟的样子,现在已经缓解了。这是怎么回事?"刘主任立即回复:"我知道了,你别慌,深呼吸,吸气——呼气——吸气,慢慢让自己平静下来。"李阿姨又问:"不会是心脏病吧?"刘主任回答:"引起胸痛最常见的心绞痛或心梗,不会在短短 30 秒的时间内就缓解,疼痛时也不会出现冰冻感,更不会在全身游走,况且前不久的检查已经排除了你的心脏病史。干燥综合征影响体内激素引起的过敏性反应的可能性更大。你再观察一下,如果继续出现疼痛,马上去就近的医院;如果没有,你明天来医院,我给你配点药。"刘主任的一席话就像一颗定心丸,李阿姨安心了。放下手机,时间早已过了零点。

　　李阿姨告诉记者:"刘医生建立的病友微信群里有 300 多人呢,我只是其中的一个。他们和我一样,在这个微信群中得到了很多指导和帮助,感受到了刘医生的医者仁心。"李阿姨说,她总想送点礼物,向刘主任表达感激之情,可刘主任从未接受,"你们健康了,就是给我的最好的礼物。"如今,李阿姨的病已经痊愈,因为生病变得性格孤僻、见人都不愿打招呼的她恢复了原先的开朗,常跟姐妹们一起去唱歌、旅游。

五、研究性学习

(1) 邱冬梅《谈感谢信中谢意的表达》,载《应用写作》2007 年第 7 期。

分析与评价:该文从谢意表达的角度谈感谢信的写作技巧,角度有新意。尤其是第二部分,从写作意图、范围选择和致谢事由三个层面论述谢意表达的语用策略,对感谢信的写作实践具有一定的指导意义。

(2) 顾春军《对一封感谢信的评改》,载《应用写作》2015 年第 3 期。

分析与评价:该文从教材中选取改错习题,分析问题存在的原因并尝试着给出答案。它告诉学生感谢信应该这样写,而不应该那样写,对学生做病文评改之类的习题具有一定的示范效果和指导作用。

第三节　慰　问　信

一、文体知识

慰问信是社会组织或个人向重要节日坚守工作岗位的有关人员或遭遇重大灾难的群众表示关心、问候和鼓励的一种专用书信。其使用范围非常广泛,可以慰问抢险救灾的解放军、公安干警;也可用来慰问和安抚由于某种原因而遭受重大损失的人民群众,并鼓励他们树立信心,重建家园;还可用来问候节日期间坚守岗位的边防战士、普通劳动者;也可在节日来临之际向有关人员表示节日的问候和祝贺。

慰问信在社会生活中可以起到安抚情绪、鼓舞斗志、树立信心、战胜困难的作用,因而在现实生活中应用广泛。

二、写作指要

(一) 写作格式要素

慰问信包括标题、称谓、正文、署名和日期等几部分。

1. 标题

一般的慰问信,直接用"慰问信"作标题。特殊的慰问信,可以加上被慰问对象的姓名,如《致邹韬奋夫人沈粹缜的慰问信》。

2. 称谓

顶格书写被慰问的单位、群体或个人姓名。

3. 正文

首先,开篇要以简练的文字交代慰问的背景、原因以及问候用语,引出下文。其次,是概括介绍对方的先进事迹、先进思想、高尚品格、宝贵精神,为党和国家做出的贡献。再次,表达慰问,并表明学习的态度。最后,表达鼓励或祝愿。

4. 署名和日期

在正文的右下方署单位名称或个人姓名,然后在其下一行署上日期,日期不能简写,要求年月日齐全。

(二)写作要求

慰问信的写作要求具体如下。

(1)注意针对性。慰问对象不同,其慰问的侧重点不同。如针对科学家的慰问,应侧重于肯定他们已取得的巨大成绩,赞颂他们攻坚克难的拼搏精神;针对劳动模范的慰问,应把劳模任劳任怨的奉献精神作为侧重点;而针对暂时遭遇困难的集体和个人,则应侧重于对他们表示关怀、支持和鼓励,以便让他们树立战胜困难的信心。

(2)语气要诚恳,文字要朴实。慰问信的写作要因人制宜,避免使用公式化、概念化的语言,要给对方传递亲切、关怀的感情,使对方有情深谊厚、温暖如春的感觉。

(3)感情要真挚自然。慰问信的感情要发自内心,字字含情,句句感人,才能真正打动人心,达到安慰、激励对方的目的。

(4)慰问信的写作要及时、适时,这样才能达到写信的目的。

三、例文赏析

例文一

致邹韬奋夫人沈粹缜的慰问信

粹缜先生:

在抗战胜利的欢呼声中,想起毕生为民族的自由解放而奋斗的邹韬奋先生已经不能和我们同享欢喜,我们不能不感到无限的痛苦。您所感到的痛苦自然是更加深切的了。我们知道,韬奋先生生前尽瘁国事不治生产,由于您的协助和鼓励,才使他能无所顾虑地为他的事业而努力。现在,他一生光辉的努力已经开始获得报偿了。在他的笔底,培育了中国人民的觉悟和团结,促成了现在中国人民的胜利。中国人民一定要继续努力,为实现韬奋先生全心向往的和平、团结、民主的新中国而奋斗不懈,韬奋先生的功业在中国人民心目中永垂不朽,他的名字将永远是引导中国人民前进的旗帜。想到这些,您,最亲切地了解韬奋先生的人,一定也会在痛苦中感到安慰吧!您的孩子——嘉骝,在延安过得很好,他的品格和勤学,都使他无负于他的父亲,这也一定是可以使您欣慰的事吧!谨向您致以衷心的问候,并祝您和您的孩子们健康!

周恩来

1945 年 9 月 12 日

(范文选自《周恩来选集》上卷)

【评析】 邹韬奋先生是近代中国著名记者和出版家,于 1944 年 11 月病逝于上海。邹韬奋病逝后,作为亲密战友,周恩来给邹韬奋先生的夫人沈粹缜写下了这封文情并茂、质朴诚挚的慰问信。此信写于 1945 年 9 月抗战胜利之际,可以说非常适时。正文开篇情字当头,既说明了致信的理由,又表达了对邹韬奋先生的缅怀之情,可谓一举两得;然后用精练的语言概括邹韬奋一生的光辉业绩,并做出了中肯的评价。由于沈粹缜先生处在深切的痛苦之中,故评价之后对她表达了亲切的问候,同时说明了嘉骝在延安的近况,这对先生无疑是最大的安慰。最后再次表达亲切的问候和良好的祝愿,让人真正体会到组织的关怀、战友的情谊。全文不足400字,但层次清晰,语言朴实,措辞准确,分寸得当,感情真挚自然,可谓纸短情长。

例文二

慰 问 信

全体员工、离退休老同志:

你们好!

一元复始,万象更新。值此新春佳节来临之际,谨向公司全体员工、离退休老同志及其家人致以节日的问候和新春的祝福!

2013年是公司各项事业发展的关键一年,也是充满机遇与挑战的一年。公司将以党的十八大精神为指导,认真学习实践科学发展观,继续解放思想,牢牢抓住难得的发展机遇,沉着应对各种挑战。今年公司的方针目标是:资本运作,积极争取首发上市;技术升级,加快医药园区建设;创新管理,持续推进市场发展;增效降耗,全面推行成本管理;转换机制,稳步实施内部改革。力争在生产经营业绩、资产质量、管理水平等方面有明显的提升,确保全面完成公司各项目标任务。

2012年是极不平凡的一年。面对国际金融危机等一系列严峻挑战,在市委、市政府、市国资委和公司领导班子的正确领导下,全体员工众志成城,攻坚克难,真抓实干,积极推动企业上市,深入推进营销创新、制度创新、文化创新,深化企业内部改革,努力提升管理水平,生产经营取得较好的业绩,各项事业蓬勃发展,公司上下呈现出自强不息、奋发有为的崭新气象。这些成绩的取得,浸透着大家的汗水,汇聚了大家的心血,包含着大家的智慧。在此,谨向全体员工、离退休老同志以及长期支持我们企业发展的商业伙伴表示衷心的感谢和崇高的敬意。

积力之举无不胜,众志之为无不成。希望公司广大员工团结一致,统一认识,坚定信心,振奋精神,将思想和行动统一到公司的发展目标上来,统一到公司的决策部署上来;希望广大员工与时俱进,积极改进工作作风,忠诚敬业,求真务实,加强学习,不断提升工作能力,努力提高工作质量,与企业共同发展。

今年,公司将迎来80周年华诞。回顾80年的成就,令人鼓舞;展望未来发展,催人奋进。××已迈上新的历史征程,面对千帆竞发、百舸争流的态势,让我们凝心聚力,携手同行,以更加饱满的精神状态、坚定的信念,同心同德,共谋发展,共同谱写××的新篇章!

最后,再祝全体员工、离退休老同志及其家属新春愉快、阖家幸福、万事如意!

中共××股份有限公司委员会

××股份有限公司董事会

2013 年 1 月 16 日

【评析】 纵观上述慰问信,有以下几个问题需要引起注意。一是语言的准确性问题,如"你们""浸透""汇聚""包含"这些词汇都值得商榷。二是结构上的问题。开篇表达问候和祝福之后,接着表达对新的一年的期待和希望,不太符合人的接受心理规律。正常的接受心理应是先得到正面的肯定,之后再提出不足、要求或期待、希望。上述慰问信没有按此规律结构全文,而是先提期待、希望,再肯定,而后再提希望和祝愿,结构有点零散、杂乱,有悖人们的接受心理。三是材料欠具体充实。阐述公司取得的业绩时稍显笼统,如果能够提供几个代表性的数

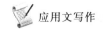

据,则能很好地支撑文中的观点,使内容更加显得真实可信,更有说服力。

四、实训演练

阅读以下材料,请以 K 县人民法院的名义,在五一国际劳动节到来之际给崔法官写一封慰问信。

"老百姓打官司不容易,不能让他们寒心。"这是崔法官经常说的一句话。崔法官是 K 县人民法院的一名老法官,20 年来,经他审结的近千余起案件,无一件错案,无一件被投诉,无一件引发信访。

"他对案子总是一丝不苟,办案严谨、细心,坚守底线。"庭长告诉记者,崔法官办案从来不怕得罪人,有一次,崔法官的一位熟人找到他软磨硬泡,希望能够为其挪用公款的亲友减轻处罚,但崔法官严词拒绝:"对他的放纵就是我的失职。"在老家,不少人知道他是法官,权力不小,常想找他走后门,但都被崔法官拒绝了。

2017 年 9 月,法院受理了一起棘手的赡养案件,杨老伯的 4 个子女拒绝履行赡养义务,庭长将这个案件交给崔法官。崔法官接案后,一夜没睡好,第二天就找来 4 个子女,对他们晓之以理、动之以情:"有一首叫《父亲》的歌说,'人说养儿能防老'。子女小的时候,父母省吃俭用,对子女无微不至地关心,时刻担心他们吃不好、穿不暖,盼望着他们快快长大,成家立业。父母老了,生活不能自理了,按法律、论民俗、讲伦理,子女都应当赡养老人。"经过多次入情入理的调解,一直互相推诿的几个子女都愿意履行赡养义务。

曾经有一桩案件,被告威胁崔法官:"要是敢这么判,就有人放你的血,让你横着出去!"面对被告纠集的黑恶势力,崔法官毫不畏惧,"我当时也没多想,就觉得这个案子必须这样判,否则对不起庄严的国徽。"他连续工作多日,成功地解决了这起案件。事后,原告诚心诚意地送去了"为民解难,尽心尽责"的锦旗,并且表示,自己会以崔法官为榜样,尽其所能去温暖身边的人。

五、研究性学习

(1) 刘耀国《慰问信的类型及其写作》,载《办公室业务》2009 年第 1 期。

分析与评价:该文将慰问信分为慰勉型、慰藉型和慰唁型三种,对学生认识慰问信的种类有较高的参考价值,同时也可以激励学生从其他角度给慰问信分类。类型不同,写作方法自然有区别,文章分别阐述了三种不同类型慰问信的适用场合和写作方法,对学生的写作无疑具有重要的指导作用。

(2) 彭知辉《慰问信的写作技巧》,载《新闻与写作》2009 年第 7 期。

分析与评价:该文从慰问对象的角度将慰问信分为三种类型,接着从外部结构入手,分析了慰问信的写作技巧,最后提出了慰问信的写作规范:明确慰问对象、以情感人、以文动人。这进一步加深了学生对慰问信的认识,完善了学生的知识结构,教会学生研究事物的方法。

(3) 沈文一《一封打动人心的慰问信》,载《应用写作》2004 年第 8 期。

分析与评价:这是一篇赏析性的文章。1944 年 11 月,邹韬奋病逝于上海。1945 年抗战胜利之际,作为邹韬奋生前的亲密战友,周恩来给邹韬奋先生的夫人沈粹缜女士写了一封慰问信。慰问信不足 400 字,却深挚感人。赏析文章以这封慰问信为范文,分析了慰问信的三个"心动基因":适时、及时的慰问,自始至终从受信人的心理进行安慰,融宏观评价和细致入微的安慰话语于一体。这既有助于指导学生的写作实践,又能培养学生的审美能力。

(4) 范增友《例谈节日慰问信的结构模式》,载《应用写作》2012年第7期。

分析与评价:掌握文章的结构既有助于写作主体更好地进行写作,又能增强写作受体对文章的理解力。该文以节日慰问信为例梳理其正文写作的结构模式,尤其是列举了一系列生动具体的实例,可以为学生写作节日慰问信提供方法论上的指导。

第四节 贺 信

一、文体知识

贺信,又叫贺函,是对交往对象所取得的重要成就或做出的突出贡献、获得重大胜利、召开重要会议、庆祝具有纪念意义的节日以及重要领导当选(就任)、重要人物的寿辰、婚嫁等喜庆之事表示庆贺、道喜、赞扬的礼节性文书。它既可用于平级和不相隶属的机关之间,也可用于上级向下属单位或部门表示祝贺,或用于下属单位向上级机关表达祝贺,还可用于个人之间互致祝贺。贺信的内容如果通过电报的形式发出,就叫贺电。

作为现代社会一种行之有效的公关方式,贺信在工作和生活中应用广泛。通过贺信的往来,彼此之间可以促进交流、加强合作、增进友谊、缓解矛盾、扩大互信,从而塑造组织机构或个人的良好形象。

二、写作指要

(一) 写作格式要素

贺信一般包括标题、称谓、正文、署名和日期等几部分。

1. 标题

贺信的标题写法灵活,因人因事而异。可直接用"贺信"做标题,也可加上祝贺者和祝贺对象的姓名,如《××致××的贺信》或《致××的贺信》,还可直接用事由做标题,如《祝贺市六届二次团代会胜利召开》。

2. 称谓

在标题左下方顶格书写祝贺对象名称或姓名,后加冒号。祝贺对象是单位,则写单位名称;如果是对会议的祝贺,只写会议名称;如果贺信是写给个人的,除了在姓名前加上敬语外,还应该在姓名之后加上其职务或体现双方关系的称呼,如"同志""贤弟""吾兄"等,以体现尊重之情。

3. 正文

先在概述事由的前提下,用简洁的语言向对方的喜庆事项表示热烈的祝贺;继而陈述目前形势和工作发展情况,说明对方取得的成绩和原因,并再次表示祝贺。如果是上级机关和领导给下级单位和个人致贺信,就要对今后的工作提出希望和要求,以体现上级对下级、长辈对晚辈的激励、关心。如果是兄弟单位之间发贺信,要简明回顾双方在真诚的合作中建立的友谊,并对增进友谊与合作提出良好的祝愿。

结尾时通常另起一行写上表示祝贺的礼节性语言,如"祝取得更大的成绩""祝大会圆满成功""祝您老福如东海、寿比南山"等。

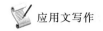

4.署名和日期

署名和日期,一般写在正文的右下方,有的贺信也写在标题的正下方。

(二)写作要求

贺信的写作要求具体如下。

(1)内容集中,紧扣所贺事由,从意义、影响、作用、功绩等方面进行实事求是、热情诚恳的评价和赞扬。对所祝贺对象所取得的成绩,不得夸大其词。过分的溢美之词,往往会适得其反。

(2)感情热烈充沛,字里行间要洋溢着喜庆、热烈的氛围,给人以激励和鼓舞。

(3)语言明快流畅、精练雅致,篇幅不宜过长。贺信可以适当运用排比、对偶、比喻等修辞手法和成语,形成比较优美、文雅的风格,但切忌堆砌华丽的辞藻。

(4)贺信的写作和发出要及时。

三、例文赏析

例文一

贺　　信

台北

中国国民党中央委员会

洪秀柱女士台鉴:

　　值此您当选中国国民党主席之际,谨致祝贺。

　　2008年以来,贵我两党和两岸双方戮力开创两岸关系和平发展良好局面,裨益两岸同胞,赢得广泛肯定。当前两岸关系面临新的形势,切望两党以民族大义和同胞福祉为念,继续坚持"九二共识",反对"台独",巩固互信基础,加强交流互动,共同维护两岸关系和平发展与台海和平稳定之成果,同心为实现中华民族伟大复兴而努力奋斗。

　　顺颂时祺

中国共产党中央委员会总书记

习近平

二〇一六年三月二十六日

(范文选自新华网《新华每日电讯》第1版)

【评析】　2016年,在习近平总书记致洪秀柱的贺信中,开篇概述事由,并表示祝贺。接下来回顾两党共同开创的两岸和平、稳定的大好局面,并从以民族大义和同胞福祉为重任,表示继续加强沟通,共同维护良好局面的愿望。全文语言凝练,庄重典雅,结构谨严,措辞准确,格式规范,祝贺之意表达得恰到好处。

例文二

贺　　信

尊敬的各位领导、各位来宾:

　　你们辛苦了!

金秋时节,硕果犹香。惊悉你县金土地生态农业开发有限责任公司和××县薯类开发协会挂牌成立,我们谨代表××协会向贵公司致以热烈的祝贺和诚挚的祝福。祝公司开张鸿发、财源广进。

俗语说得好,"一方水土养一方人"。××虽没有如画的风景,却是我们可爱的家乡,这里虽没有丰富的资源,却有勤劳朴实的人民。祖先曾在此刀耕火种,先辈曾为之艰苦创业,是改革开放的春风使这里生机益然,是不曾富有的历史激励一代代××人执着信念、宏图大展。"金土地"的挂牌,正是创业者的又一次冲锋,薯类开发这支神笔,将用财富和智慧书写××生态农业的新篇章,家乡的黄土地也将变成一望无际的金土地。我们协会将为你们提供全方位的帮助,如果有事遇到困难,由我们出面摆平。

红薯酸菜曾是××贫穷落后的写照,但红薯酸菜养育了一代又一代××子民。我们相信,有了××薯类开发协会的组织领导,有了金土地农业开发有限公司的大力支持,××的薯类开发必将给这一方的人民带来丰富的收益,我们的红薯将会变成金丝银粉,到那时我们会因红薯酸菜而大发横财,××人将会以红薯酸菜而骄傲,金土地也将会因此而蓬勃发展、蒸蒸日上、占领全国,冲出亚洲,走向世界。

最后,让我们再次祝愿金土地生态农业开发有限公司和××县薯类开发协会开张大吉、万事亨通、事业发达、财源滚滚。

××县私营企业协会

2014 年 3 月 23 日

（病文选自百度文库,略作改写）

【评析】 首先是用语不当。如开篇的问候语"你们辛苦了",如果放在慰问信里就很恰当,但在贺信里就不合适。"如果有事遇到困难,由我们出面摆平"使用场合不当,不仅与前后语境不一致,而且也不符合中国人趋吉避害的心理特点。其他如"惊悉""摆平""大发横财"都与贺信语言格格不入。其次是行文不切实际,有夸大之嫌。如"占领全国,冲出亚洲,走向世界"属于典型的过分夸大。最后是用词不准。"和"改为"暨",更为恰当。

四、实训演练

阅读下面材料,请以镇政府的名义向获得"凡人善举"荣誉称号的小赵加以祝贺。

早在几年前,Y 区高家堰镇的共产党员、退伍军人小赵和妻子去江南打工,用聪明与智慧在打工单位——上海汽车与零件制造厂学得一手汽车配件加工技术,几年下来手里有了积蓄。在村两委的帮助下,小赵夫妇回乡创业——盖起了厂房,购买了生产设备,汽车配件制造厂顺利开张。又在该镇关工委和计生站的支持下,顺利招聘本村育龄妇女和回乡知青做员工。几年来,小赵夫妇带领工人苦干实干,通过奋力拼搏,员工的腰包都鼓了起来,家家都盖起了楼房,用勤劳的双手走上了致富之路。自己富了不忘桑梓,看到本村五组庄前还是土路,每逢阴雨天,泥泞不堪,小赵便与妻子商议出资 5 万元把土路修成水泥路,又安装十几盏式样新颖的路灯。平坦的水泥路加上明亮的路灯,极大地方便了村民们的出行。

两年前,小赵担任村党支部书记,在干好本职工作同时,对关心下一代工作又倾注辛勤的汗水。他与村干部一起走村入户,了解留守儿童的情况,帮助他们解决学习与生活上的困难;定期护送留守儿童去医院接受免费体检;节假日,还组织留守儿童祭扫烈士陵园,接受爱国主义教育;组织儿童参与力所能及的公益活动,让下一代在德育、体育、智育都得到全面发展。

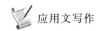

2019年年底,小赵被评为市"凡人善举"明星。他身披绶带满怀激情地说:"党委、政府对我们创业给予了极大地支持。我富了不能忘了父老乡亲,要回报社会,把'爱心接力棒'继续传递下去!"

五、研究性学习

(1)李展《贺信正文写作的三段论》,载《应用写作》2016年第8期。

分析与评价:该文以贺信为例,从三个层次来剖析贺信正文的写作模式:第一层开宗明义、热烈祝贺;第二层回顾过去、肯定成绩;第三层展望未来、真挚祝愿。这对初学写作的同学而言,可以提供方法论上的指导,具有一定的参考价值。

(2)姜英伟《例说贺信写作的三种结构模式》,载《秘书之友》2008年第2期。

分析与评价:文章围绕贺信的结构特点,充分论述了三种不同类型的贺信在写法上各有不同侧重点,在结构安排上也有各自不同的特点和规律。指出贺信的写作要理性考虑贺信的授受关系,因人因事而异,不能一概而论。随着时代的发展变化,新的贺信形式已经出现,怎样把握其结构模式,值得同学们深思。

第五节 求 职 信

一、文体知识

求职信,是求职者以书面形式,向用人单位介绍自己的情况,提出求职请求和意愿的专用书信。根据使用情况,求职信可分为自荐信和应聘信两种。自荐信是求职者在不知晓用人单位是否招聘人员的情况下写的求职书信,应聘信是求职者在已经知晓用人单位公开招聘人员的情况下写的求职文书。

随着我国人事制度改革不断走向成熟和人才市场的竞争越来越激烈,求职信已经成为人们推销自我,展示自我形象,让自己得到用人单位认可,进入理想单位的一块"敲门砖"。此外,它也是招聘单位更好地了解应聘者、最终择优选拔人才的一种渠道。

二、写作指要

(一)写作格式要素
求职信一般包括标题、称谓、正文、祝词、署名和日期、附件这几部分。

1. 标题
一般于首行居中位置醒目地标明"求职信""自荐信"或"应聘信"。

2. 称谓
求职信的称谓可以是单位名称,也可是职能部门的主管领导。如果是写给领导的求职信,领导的姓氏和职务应该具体,不能笼统,最好不要写成"尊敬的领导",这样显得含糊,不够尊重。称谓在标题左下方顶格书写,后面加上冒号,表示有话要说。

3. 正文
求职书的正文一般分为以下三个层次。

(1)开头,按照一般书信的写作规范问候致意之后,简要介绍自己的基本情况,表明自己的态度。如果是应聘信,要说明何时从何处获悉该单位的招聘信息,然后表明自己的意愿。

（2）主体，这是求职信的关键。根据招聘岗位所要求的条件客观真实地推介自己，展现自身的专业特长、相关资历、综合能力以及潜在能力等内容。总之，这方面的介绍一定要详略得当，突出优势，引起用人单位的注意。但陈述自己的求职条件时，力求实事求是，不夸大，不作假，当然也不能过于卑怯。

（3）最后，直截了当地提出供职请求，不拐弯抹角。

4. 祝词

祝词即表达祝愿的语言。写祝词时要看对象，讲规矩。如果是写给个人的，祝词可写"此致敬礼""即颂春祉""敬颂夏安"等。如果是写给公司的，祝词可写"祝贵公司事业发达、蒸蒸日上"等。祝词的书写格式务求严谨规范。

5. 署名和日期

署求职者的姓名，有时还可在姓名之后加上"敬呈""奉"之类的具名语，以表尊重。姓名下方写具体的日期，不能简省。

6. 附件

求职信落款的左下方最好提供能证明求职者实力的材料名称，如获奖证书、等级证书等。

（二）写作要求

求职信的写作要求具体如下。

（1）介绍自己要客观真实，切忌弄虚作假、华而不实、过多溢美之词。

（2）求职意向明确，有针对性。求职意向就是所求的目标岗位，主体的内容要紧紧围绕目标岗位展开。近年来，不少人事经理反映，很多大学毕业生的求职信"千人一面"，还有的求职者"天女散花"式地投递求职信，事实上命中率很低。而有明确的求职意向可以让招聘人员感受到求职者的诚意，在同等条件下，增加求职成功的概率。

（3）语言简练，自信恳切。求职信的字数控制在 1 000 字以内，要针对招聘岗位对品质、能力、性格的要求介绍自己，做到有的放矢，切忌漫无目的、不得要领。提出供职请求要自信、恳切，以充分体现你对这一职位的热情、认真和充满信心。

（4）求职信最好手写，不要打印，这样可以展示求职者的书法素养，给招聘单位留下深刻的第一印象。手写时首选碳素墨水笔。如果确因字迹难看，正文可以打印，但署名时最好手签，以体现对招聘官的尊重。

（5）求职信的末尾要提供附件名称和联系方式。附件指能够证明求职者能力的各种证书，如获奖证书、等级证书等。

三、例文赏析

例文一

求　职　信

××公司人事部王经理台鉴：

您好！今阅××月××日《××导报》，获悉贵公司征觅版面编辑人员，本人自信较为符合要求，谨书此信应征。

本人毕业于××大学新闻系，主修网络编辑、出版管理及资讯传播，已修完主干课程 15门，获 11 门 A 等、4 门 B 等的优异成绩，我还非常熟悉编稿校对、新闻实务、媒介经营等各环

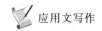
节,已具有一定的行业经验。本科前三年,我就一直利用假期在《××时报》任职栏目撰稿人与驻站记者,在实践提高的同时也为自己赚取学费;2007年2—3月,我在销售量逾10万份的《××周刊》担任编辑部主任助理,并直接参与了该刊10周年纪念专号的采写与排版工作,主要负责校对与改写长篇稿件项目,还赴外省采访了多位与《××周刊》有关的当事人与见证人。

大学期间,本人热衷于各项课外活动,曾担任学生联谊会外联干事,负责处理对外信函及会议安排,并能运用中英文办公软件进行文书处理工作。本人也积极参与志愿者服务,在过去两年间曾多次负责策划社区服务,对象包括老人、幼童以及特殊人群,并屡获团省委、学校的嘉许,且深得服务群体的喜欢。现在我正在撰写学位论文《危机中的信息传达与媒介策略》,并同时受雇于一广告杂志社从事办公室日常管理工作,但此为临时性的工作。为更好地完善自己,并减轻父母的压力,我希望在本地谋得一份稳定的工作。如今我即将毕业,四年的勤奋学习与兼职实践的磨砺,使我比较适应现代媒体环境,通过与各类人物的访谈,我亦具备了较强的沟通能力。

随信寄上我的履历表一份,敬候台览,如蒙赐见,殊为感谢!

即颂

春祺

应聘人:×××

××××年××月××日

【评析】 这是一封应届毕业生的求职信,在内容上求职者主要突出了自己的专业特色和优势,有针对性地介绍了自己的学业成绩和实践能力。信文条理清晰,结构完整,语言朴实中不失雅致,格式规范。

例文二

求 职 信

尊敬的领导:

您好!感谢您在百忙之中拜读我的自荐书,谢谢!我是××大学2017届本科毕业生,得知贵单位发展前景广阔,根据我的学习情况、社会工作能力以及对贵单位的了解,故毛遂自荐。

过硬的专业技能是我自信的基础。在大学期间,我主修机械制造工艺与设备专业。我刻苦学习了这个专业的理论知识,对这个专业有深入的了解,并能熟练运用于实际工作中。课余,我积极学习计算机和计算机网络方面的知识,并积极参加实践,具备了该方面的基本知识和较强的动手能力。

大学里,丰富多彩的社会生活和井然有序而又紧张的学习气氛,使我得到了多方面不同程度的锻炼和考验;正直和努力是我做人的原则;沉着和冷静是我遇事的态度;爱好广泛使我非常充实;强烈的事业心和责任感使我能够面对任何困难和挑战。

我热忱地期待在机械电子、计算机及其他领域得到您的垂青和接纳。如蒙贵单位录用,将不负厚望,尽最大忠诚与努力,以谦逊而自信的态度在贵单位步步实干,点滴积累,进一步充实自己,切实为贵单位做出贡献,共创辉煌未来!

如有机会与您面谈,我将十分感谢。

此致

敬礼

自荐人:×××手谕

××××年××月××日

【评析】 这封求职信的主要问题:第一是称谓太笼统,不具体;第二是所应聘的职位不明确,正因如此,导致接下来对自己的学业情况和实践能力的介绍缺乏针对性,也缺少具体的有说服力的材料,给人大而空的感觉;第三是用词不得体,如"拜读""手谕"等词汇明显失当;第四是祝颂语书写格式不规范。

四、实训演练

暑假即将到来,你打算去某企业做两个月的实践活动,请草拟一份求职信函。

五、研究性学习

朱崇娴《求职书的设计与写作技巧》,载《写作》2006年第3期。

分析与评价:作者在该文中指出求职书一定要突出三大要素,即展现自己、突出技能和赢得好感。要达到这三点,必须在字数有限的求职书中把握好每一个环节,做到有分寸、有尺度、有技巧。开篇要出奇制胜、不落俗套;正文部分要考虑用人单位之需,强调自我优势,即以我之有和以我之优备对方之需;结尾要给用人单位留下深刻印象。作者最后指出,求职书的主体格调要做到自强自信、朝气蓬勃、充满活力、奋发进取。

第六节 推 荐 信

一、文体知识

(一)概念

推荐信是向有关单位或个人介绍、推荐某人或某物,使对方了解有关人或物的情况,以决定是否接受的专用书信。

(二)作用

推荐信的用途十分广泛,当你正在求职时,老师的一封推荐信可能会让你在众多竞争者中脱颖而出;当你申请出国留学时,导师的推荐信会让你申请的学校全面客观地认识你;在商业领域,一封好的推荐信可以很快地吸引顾客的眼球,轻松地赢得客户的订单。推荐人从第三方的角度对人或物进行评判,往往更加客观,更加公正,更能体现人或物的特点。可见,推荐信有一种证据性的证明力。

二、写作指要

(一)写作格式要素

推荐信一般包括标题、称谓、正文、结语、署名和日期这几部分。

1. 标题

可以直接用文种即"推荐信"做标题,也可以写"××致×××的推荐信"。标题用较大字体写在首行居中。

2. 称谓

称谓即接受推荐的单位名称或个人姓名。个人姓名之前一般用"尊敬的"等敬语,姓名之后应加上"女士""先生"等得体的称呼。

3. 正文

正文是推荐信的主体,也是推荐成功与否的关键。从内容来看,推荐信分为荐人推荐信和荐物推荐信。荐人推荐信正文一般分三个层次:

首先,介绍推荐人的身份,包括姓名、职务或职称、与被推荐者的关系。如果是写给好友或熟人的推荐信,可以不必介绍自己的身份。

其次,重点转移到被推荐人的情况,这是推荐信的主要内容,要写清被推荐者的具体情况,如姓名、年龄、学历、职务或职称、工作经历、道德素质、业务能力及主要成果等,并进行恰如其分的评价。介绍和评价这方面内容时要把握好侧重点,要针对推荐目的做到有的放矢。如果是推荐入党(团),则要侧重介绍其思想道德素质、工作表现;如果是推荐继续深造,则要侧重介绍其学术水平、综合能力及素质。一般情况下,要列举相应的事例加以证明,以增强说服力。

最后,可以酌情写明希望对方尽早回复或能给予被推荐人机会的请求和愿望。

荐物推荐信一般实事求是地介绍物品的特点、功能,特别是介绍该物品与众不同的一面,包括副作用,便于对方作进一步的了解,便于对方从中做出选择。

4. 结语

结语一般写"此致敬礼""祝工作顺利"之类的祝颂语。也可在正文之下另起一行写"特此推荐"作结。

5. 署名和日期

正文右下方分两行写推荐者姓名和推荐信的写作日期。推荐者如果是个人,应酌情标示其身份。

(二)写作要求

推荐信的写作要求具体如下。

(1)对被推荐人的评价要客观真实。介绍和评价被推荐人的道德品质、专业素养或学术水平及其他能力时要实事求是,不得任意拔高。这就要求推荐人对被推荐人要有充分的了解,在掌握被推荐人的实情之后再决定是否行文,绝不可草率行事,以免给双方造成不良影响。

(2)推荐的内容要有针对性和侧重点。一个人的能力和素质是多方面的,推荐信介绍和评价他人的内容应与被推荐人所申请的工作或学业有一定的关联度。如推荐某人就业,通常是强调某人的道德品质和专业能力,借此表明他(她)能胜任某项工作;如果是推荐某人继续深造,一般是强调被推荐人的个人品德和学术潜能,突出其刻苦钻研的精神。

(3)语言清晰准确,宜用书面语。写推荐信是一件极为庄重严肃的事情,表现在语言运用上应该清晰准确、书面化,忌文过饰非、语言粗俗。提出请求时用语应当委婉,避免出现"必须""应该"等语气比较强硬的词汇。这无论是对接受推荐的单位或个人,还是被推荐对象来说,都是尊重他们的表现,也是对双方负责的表现。

三、例文赏析

推 荐 信

尊敬的××先生:

您好,我是××公司的总经理×××。得知我公司优秀员工×××想要出国深造,我感到非常高兴和无比欣慰。这样一个上进的年轻人应该接受良好的教育,拥有更辉煌的未来。因此,我很荣幸向贵校强烈推荐这位优秀青年。

×××曾在大四的时候来我公司实习。他利用闲暇时间大量阅读专业书籍,虚心向其他员工请教。渐渐地,他开始精通各项业务,并取得一定成绩。对此,他并没有满足,更没有骄傲自大。相反,遇到难题,他仍然虚心与同事交流讨论直到找出解决方案为止。鉴于他在实习期间的出色表现,我公司招收他为正式员工(通常我公司不考虑招收应届毕业生)。

现在,作为我公司的一名业务精英,×××工作更加认真、负责、努力,为所有同事树立了榜样。付出就有收获,他因此被评为本公司优秀员工,并享有高额奖金。

虽然从某种程度上来说,如此优秀的员工即将踏上留学之途是我公司的损失,但是考虑到他的前途,我依然毫不犹豫地支持他远赴贵校深造。真诚期望贵校能同样支持他,给他一个提升自己、实现梦想的机会。谢谢!

总经理:×××

2021 年 4 月 1 日

【评析】 首先说出自己的身份,以表明二者的关系,为推荐他人提供铺垫,使这种推荐顺理成章。其次说明推荐的理由,并表达自己的强烈愿望。介绍和评价被推荐人的学习和工作表现时,实事求是,客观公正。最后表明自己的态度:在强调自己惜才爱才的同时,也希望被推荐人有一个更加辉煌的未来。全文逻辑清晰,语言朴实,态度诚恳,堪当推荐信的范文。

四、实训演练

近日,你勤工俭学的单位急需招录一名工作人员,你打算把你的好朋友张练同学介绍进去,请拟写一份推荐信。

五、研究性学习

黄庆丰《评析一封推荐信》,载《应用写作》2017 年第 5 期。

分析与评价:该文从一封推荐信入手,通过分析其得失,指出推荐信的写作要做到有的放矢,把握好几个关键因素:一是选取合适的推荐人;二是保证结构要素的完整性;三是语言清晰、准确和书面化;四是评价内容要有针对性。文章对学生的写作训练具有方法论上的指导意义。

第七节 建 议 书

一、文体知识

(一)概念

建议书是指个人、单位或集体向有关单位或上级机关和领导,就某项工作提出某种建议时使用的一种书信体文书。

(二)作用

建议书的主要目的是向有关单位或个人提出合理化的建设性意见,希望对方采纳。如果建议被采纳,对一个单位来说,有利于该单位的民主决策和良性发展。如会计师事务所及其注

册会计师在出具审计报告的同时,向客户出具一份切实可行的财务管理建议书,这对客户完善内部的财务管理、改善经营状况、提高经济效益具有重要意义。对个人而言,它也是转变思想观念、提高个人修养、促进全面协调发展的契机。

二、写作指要

(一)写作格式要素

建议书一般包括标题、称谓、正文、祝颂语、署名和日期这几部分。

1. 标题

标题的拟定有三种形式:第一种是直接用"建议书"作标题;第二种是在文种的前面加上建议的内容,如《改善中国城市交通与环境问题的建议书》《公关建议书》《决策建议书》《项目建议书》等;第三种是公文式标题,如《中共中央关于制定国民经济和社会发展第十三个五年规划的建议》或《关于×××的建议》。

2. 称谓

称谓即接受建议的单位名称或个人姓名,通常在标题左下方顶格书写并加上冒号,以引起下文。

3. 正文

建议书的正文一般包括以下三个方面。

(1)简要介绍基本情况,包括工作任务的实际情况、现实社会中的问题,并对情况和问题进行分析。这是提出建议的原因和依据。只有把情况和问题把握准了,分析清楚了问题产生的根源,提出的建议才有针对性和合理性。

(2)建议事项。一般是提出解决问题的具体办法和措施等。内容较多的情况下,可分条列项写,以保证其条理性。同时,条款的安排要注意其逻辑性。

(3)表明建议方的愿望。表达愿望时要谦虚诚恳,如"以上建议仅供参考"或"以上建议敬请采纳"等。

4. 祝颂语

建议书的祝颂语与其他书信的祝颂语相同,有时也可省略。

5. 署名和日期

在右下角写上建议方的单位名称或个人姓名,然后另起一行签署日期。

(二)写作要求

建议书的写作要求具体如下。

(1)认真负责,实事求是,提出有针对性的意见和建议。写建议书要根据具体问题、实际需要和可能条件深入调查,充分酝酿,认真分析,得出比较科学的结论。如果凭空想象,脱离现实,这样的建议肯定无助于工作的改进。

(2)语气要谦和。一篇优秀的建议书,不但要清晰地提出自己的建议,还要用谦和的语气表达自己的建议。这样,对方才会感到不伤自尊,心平气和地接受建议。建议书不是法律条文,不是规章制度,所以提建议时必须谦虚谨慎,不用命令的口气,不提过高的要求,不用过激的言论。

(3)语言要锤炼。切忌拖泥带水、漫无边际、不得要领。

(4)建议要具体。建议的内容要写具体,使人一目了然,这样才有利于领导机关、单位和个人采纳建议时落到实处。

（三）建议书与倡议书的区别

建议书与倡议书的区别具体如下。

（1）主题内容不同。建议书的内容通常与单位内部的管理体制、经营策略等有一定联系，而倡议书一般要符合党和国家的方针政策，符合时代精神，体现时代风貌。

（2）实际作用不同。建议书一般是中肯地提出自己对工作的意见和建议，不具有号召性，它在工作中只起传递信息的作用，也是加强上下左右联系的纽带，所以建议书通常运用商量、谦和的语气。而倡议书面对的是群体，虽然也带有建议的性质，但主要是鼓动、宣传对方去做，具有号召性。

（3）具体对象不同。建议书有特定的对象，通常是某个单位或某位领导，而倡议书的对象范围是不确定的，不是某一个人或集体，它往往面向广大群众或某个部门的所有人。

（4）传播形式不同。建议书是直接送达对方手中，仅供对方参考，更不会通过媒体公开发表，而倡议书一般是公开张贴、宣读或在媒体发布，以期得到广大公众的认同和响应。

三、例文赏析

改善中国城市交通与环境问题的建议书

各直辖市、省会城市、计划单列市建委（城建、公用局）、环保局：

中国环境与发展国际合作委员会环境与交通工作组对北京、上海、重庆、广州、大连、深圳、贵阳与香港特别行政区的城市交通与环境状况进行了调查，召开了"城市交通与环境研讨会"，随后又对荷兰的阿姆斯特丹、德国的柏林、捷克的布拉格和瑞士的苏黎世等十一个欧洲城市的交通进行了考察。在上述国内外城市交通调查的基础上，经过认真分析研究，并且征求了北京、广州、武汉、沈阳、南京、太原、合肥、昆明、宁波、烟台、中山等城市的意见，提出了《改善中国城市交通与环境问题的建议书》。

一、城市交通与环境发展的目标

城市交通发展应当符合国家确定的可持续发展战略，支持城市社会经济发展，满足居民不断增长的交通需求，同时也应有利于城市环境状况的改善。城市社会经济的发展，需要安全、高效、清洁、经济的城市交通运输系统；城市居民生活质量的提高，需要安全、方便、舒适、快捷、低价的公共交通服务；城市环境的改善需要有利于环境改善的交通政策。因此，城市交通发展目标必须与城市社会的经济发展目标相协调，与城市可持续发展目标相一致。

二、问题

我国城市交通与环境问题已经相当严重。城市交通与环境问题的解决，需要中央、省级政府和城市政府采取整体的、综合的、积极的行动。

（一）空间资源的低效配置。公共交通发展不充分，导致交通结构不合理，道路、停车场等土地和空间资源低效配置。道路与交通管理设施建设滞后于车辆和交通流量的发展，停车场等静态交通设施严重不足。

（二）时间资源浪费。交通拥挤已使城市机动车行驶速度急剧下降，并直接导致公共交通服务水平下降，客流减少。不合理的交通结构产生巨大的时间成本。

（三）空气污染。一些大城市机动车排放的污染物对多项大气污染指标的"贡献率"已达到60%以上，危害人体健康。交通污染治理已成为城市大气环境治理的主要内容之一。

（四）噪声污染。城市主要道路两侧的噪声污染不断加剧，全国80%以上大城市交通干线

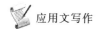

噪声超标(大于70分贝),严重影响了居民休息和教育、文化活动。

（五）资源消耗。城市交通,特别是个人机动化交通消耗了大量的能源和其他不可再生资源。

（六）交通事故。部分交通参与者法制观念淡薄,交通违章现象十分严重。城市交通事故造成了大量的人员伤亡和高额的直接和间接经济损失。

上述主要问题造成了巨额国民经济损失,阻碍了城市社会、经济与环境的健康发展。

三、战略性政策建议

城市交通发展需要中央政府和地方政府的共同努力。在中央政府制定的法规、宏观政策、产业和技术政策的指导下,城市政府应起主要作用。

（一）加强机构间的协作。在城市政府直接领导下,建立由城市规划、建设、交通管理、公用事业、环境保护等多部门组成的协调机构,以制定和实施整体的城市交通政策。

（二）加强规划工作。在城市总体规划下,编制城市公共交通的专业规划,纳入国民经济和社会发展计划并组织实施。制定、完善城市交通发展政策,确立城市公共交通在城市交通中的优先和主导地位。

（三）加强城市交通法规建设。重视和加强城市交通法律、法规的立法、执法和监督工作;尽早制定并实施城市公共交通法规。

（四）重视发挥科学技术作用。加强科学研究,为政府出台有关措施提供科学依据;为改进运输工具,推动机动车污染控制,改善燃料品质,加强城市交通管理提供技术支持。

（五）重视应用交通价格手段。城市交通价格政策应当支持交通可持续发展,交通税费收入应当用于环保的交通方式的改进,加大对公共交通的财政扶持。

（六）重视交通与环境宣传教育。增强公众的交通与环境意识,鼓励居民使用资源节约和环境友善的交通方式,并自觉遵守交通法规。

四、行动措施建议

（一）实施公共交通优先政策和相应的产业、技术、经济、投资、财税政策。在同一城市实施统一规划,统一主管部门,统一市场准入制度,统一财税、经济和技术政策,统一执法尺度,统一服务质量标准的方针。同时还应在道路使用、信号灯控制等方面,为公共交通提供优先。从优化城市路网的整体通行能力着眼,进一步加快城市道路建设的步伐,增加路网密度,提高人均占有道路面积,建设过境道路。当前,还应采用有效措施,充分运用市场机制兴建城市停车场等静态交通设施,尽快缓解"停车难"问题。

（二）重视对自行车与行人交通的保护。在鼓励自行车交通向效率高的公共交通转移的同时,完善自行车专用道,引导自行车交通合理使用,并加强自行车交通管理。

（三）发展城市轨道交通为主的电气化交通。电动轨道交通,运量大,无污染。200万人口以上的特大城市,在做好轨道交通线网规划的基础上,要做好发展轨道交通的前期准备工作,根据本地区经济发展水平,可逐步发展城市轨道交通,大城市可以修建无轨电车,对既有的无轨电车、有轨电车设施要进行更新改造,条件成熟的城市还可利用现有铁路,开行近郊列车。

（四）引导个人机动化交通方式合理使用。要提高大城市中心地区城市道路的使用效率,采取经济手段,鼓励使用公共交通;严格控制高污染机动车的拥有与使用,限制其行驶时间、区域。

（五）通过城市总体规划,使土地利用结构和土地开发合理化,尽量减少交通需求。大城市应该保持合理的区域功能,大力发展卫星城市;加强就业岗位配置与配套公共设施建设,以利于缩短客运距离,避免交通流聚集,并大力发展公共交通。

(六)加强城市交通与对外交通(城市间交通)的协调发展。城市是区域交通运输网络的枢纽和节点,必须注重城市交通系统与对外交通系统在空间布局和运行时间上的协调,以发挥多种交通方式联合运输的优势。

(七)加强对交通污染的控制。把环境影响评价作为判定城市交通政策和工程建设的先决条件之一;积极推进交通战略环境影响评价(SEA)技术。

(八)大力推行在用车的检查/维护(I/M)制度,保持车辆处于正常技术状态。国家应采取政策措施,严格控制尾气排放超标车型进入市场,鼓励在用车淘汰与更新,按国家标准报废老、旧机动车;制订在用车尾气治理计划,争取2~3年内使运行车尾气排放达到国家或地方规定的标准。控制和减轻交通噪声污染。

(九)加强城市交通管理。要不断提高城市交通管理水平,推广新技术应用;合理组织交通流;做好路口渠化,改善路口行车条件,提高既有道路网络的通行能力。

(十)进一步提高燃油质量,推广使用无铅汽油,有条件的城市一部分机动车可推行使用液化气、天然气燃料,抓好在用公共汽车、出租汽车改装为燃气汽车的工作。建议国家尽早实施燃油税,并适当提高汽油税额(特别是低质燃料),将其中一部分税费用于发展公共交通。

五、城市交通与环境改善综合试点项目

建议深圳、大连、昆明、青岛四个城市作为交通与环境综合试点城市,由建设部城建司、国家环境保护总局污控司和中国环境发展国际合作委员会环境与交通工作组与城市政府联合开展试点工作,以推广和检验本建议书提出的各项政策与措施。

住房和城乡建设部城市建设司

国家环境保护总局污染控制司

20××年××月××日

(范文选自中华人民共和国住房和城乡建设部门户网站)

【评析】　开篇交代建议产生的前提和背景,以此说明建议的提出是慎重的,是有科学依据的。尤其是文中的事实和数据,充分说明提出建议的基础性工作做得很扎实。这为对方接受建议提供了一定的可能。然后分条列项说明建议的具体内容,先总后分,先问题后措施,可以说逻辑严密,语言准确凝练,条理分明,措施具体,有鲜明的针对性,有益于解决实际问题。

四、实训演练

阅读下面材料,针对小区卫生存在的问题,请以小区业主的名义给物业管理部门写一封建议信。

今年5月,S县居民在网上"县长信箱"反映,县城金刚大道与贾柏山路交叉口西北的居民区存在大量生活垃圾和建筑垃圾,发出异味。"县长信箱"接到反映后,立即交办相关职能部门处理。经了解,该居民区是年代久远的老住宅区,没有建垃圾收集池或放置垃圾收集桶。半个月后,该居民区的垃圾已经清理干净,并放置了垃圾桶,可是整个居民区仍然能闻到一阵阵的臭味。相关部门再次前往调查,原来这些老旧住宅的排污管道基本堵塞,不能使用,生活废水直接外排。"俺们这里污水没地方流,只能排到就近的沟渠里。沟渠不堵塞,水能流通,污水不

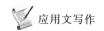

聚集味还不大。前几天下雨,水沟堵上了,所以臭味又大了。"家住这里的李大娘说。针对这种情况,以小区业主名义给物业管理部门写一封建议信。

五、研究性学习

(1)严少斌《如何写好管理建议书》,载《财务与会计》2009 年第 5 期。

分析与评价:文章从管理建议书的内涵谈起,分析了管理建议书与其他形式的报告之间的联系与区别,针对管理建议书的写作提出相应的建议:加大审计工作力度,为撰写管理建议书积累丰富的素材;排除不利因素干扰,为管理建议书的撰写人员提供宽松环境;准确描述客户存在的问题,有针对性地进行评价和提出建议;采取有效措施,防止管理建议书的简单克隆和复制套用;注册会计师既要提高审计业务技能,又要锻炼文字表达能力。

(2)周文建《怎样写项目建议书》,载《新闻与写作》2002 年第 10 期。

分析与评价:该文主要从方法上对项目建议书的写作进行指导,谈了项目建议书的总体结构和基本格式,并就写好技术引进项目建议书提出几个建议:广泛搜集材料,客观陈述事实,掌握分析方法,注意语言表达要求。该文的内容虽然专业性很强,但仍有重要的参考价值。

(3)范祖坤《略谈建议书中的谦和语气和谲谏艺术》,载《应用写作》2011 年第 11 期。

分析与评价:该文从接受美学的角度入手,谈建议书的写作主体让受体接受建议的方法。文章认为,建议书不是公文,也不是法律法规,所以建议人提出希望被采纳的建议时,应谨慎虚心,学会用谦和的语气和谲谏的艺术得体地表达,不用命令的口气和居高临下的姿态说话。

(4)郑立新《建议书与倡议书的异同比较》,载《应用写作》2012 年第 7 期。

分析与评价:该文认为建议书和倡议书的相同点,表现在三个方面:文体性质相似,写作要求基本相同,结构模式类似。不同点则是:发布形式不同,具体作用不同,使用范围不同,主题内容不同,具体对象不同。有些观点有其合理性,但有些看法也有待商榷。

第八节 申 请 书

一、文体知识

(一)概念
申请书是个人或集体向组织表达自己的愿望,提出具体请求的专用书信。

(二)作用与分类
在日常生活和工作中,申请书应用范围广泛。比如,个人申请加入党组织或其他群团组织,申请调换岗位,申请辞去领导职务,申请某种补贴,等等,都要写申请书。可见,申请书不仅是一种办理事务、表达意愿的工具,而且是沟通个人与组织、个人与领导、下级与上级的桥梁。

申请书按其形式,可以分为表格式和书信式两种。表格式申请书一般根据国家有关法律、法规、政策设计,有其专用格式。

二、写作指要

(一)写作格式要素
申请书一般包括标题、称谓、正文、结尾、署名和日期等几部分。

1. 标题

申请书可以直接用文种做标题,也可以用事由加文种做标题,如"入党申请书""辞职申请书""复学申请书"等。标题要居中排版,追求醒目美观的效果。

2. 称谓

称谓即批准请求事项的机关单位名称或负责人姓名,顶格书写在标题的左下方,后面加上冒号,引出下文。

3. 正文

正文部分通常写清三个方面的内容:首先是直截了当地说明申请的具体内容;其次是说明申请的理由,理由既要实事求是,又要充分合理、条理清晰,从而增强申请书的说服力;最后是表明申请态度和决心,让受理单位或领导充分了解申请者的意愿和决心,从而予以批准。

理由是写好申请书的关键。申请内容不同,其理由也有所区别。如果是申请入党(团),理由部分重在阐述申请的目的、意义,尤其是申请者对党(团)组织的深刻认识;如果是申请补贴,理由重在说明申请的依据和实际的困难。总之,申请理由须因事而异,不可一概而论。

4. 结尾

申请书的结尾通常写"此致敬礼"之类的祝颂语。"此致敬礼"的书写一般有两种格式,要么是在正文的末尾处写上"此致",再另起一行顶格写上"敬礼";要么是正文结束之后,另起一行空两格写"此致",再另起一行顶格写"敬礼"。

5. 署名和日期

如果申请者是单位,要加盖公章;如果申请者是个人,在姓名之前要写"申请人"并加上冒号。然后在署名之下写上完整的申请日期。

有些申请书可以将一些必要的材料作为附件,既可起补充说明的作用,又可节省申请书的篇幅。

(二)写作要求

申请书的写作要求具体如下。

(1)申请事项和理由务必写清楚,这是决定领导机关能否批准的关键。要想使领导人或领导机关对申请者所申请的事项有具体细致的了解,就得将理由部分写得充分、具体、令人信服,这样才能使领导机关或领导人考虑你的申请,并予以批准。

(2)提出请求要直截了当,切忌拐弯抹角。申请书是为寻求一定的帮助或解决现实问题而写的专用书信,所以提出请求时要开门见山,不必绕弯子、兜圈子。另外,对提出的申请,要抱着对组织或个人负责的态度,坚持实事求是的原则,不可弄虚作假。

(3)态度要诚恳,语言要准确朴实,标点要规范。

(三)申请书与请示的区别

申请书与请示的区别具体如下。

(1)性质不同。请示属于法定公文,而申请书属于日常应用文。

(2)用途不同。请示是公务往来中向上级机关请求指示和批准而使用的公文,和个人事务没有关系;而申请书既可用于处理一般性的公务,也可用于处理个人事务。

(3)格式不同。请示有固定的文件格式,包括版头、正文和版记,而申请书不用文件格式。

三、例文赏析

例文一

辞职申请书

尊敬的领导：

很遗憾自己在这个时候向公司提出辞职申请。

来到××旅行社已经两年了，我非常感谢公司，感谢各位领导和同事。在这两年时间里，得到公司领导和同事的关心和帮助。在这里，我有过欢笑，有过泪水，更有过收获。公司先进的企业文化和良好的工作氛围，让我时刻保持努力学习的动力和积极向上的态度，在这里，我能大胆地工作，开心地学习。

但由于个人原因，我不得不提出辞职。我也清楚这个时候向公司提出辞职，于公司于自己都是一个考验，公司正值用人之际，新旅游项目的启动及其后续工作在公司领导的统筹安排下正在一步步推进。也正是考虑到公司今后在这个项目运营方面的衔接性等原因，本着对公司负责的态度，为了不让公司因我而造成新项目的延迟，经过再三考虑我郑重向公司提出辞职。

我考虑此辞呈递交之后的一个月内离开公司，这样您将有时间寻找合适人选，来填补因我离职而造成的空缺，同时我也能协助您对新人进行入职培训，使他尽快熟悉工作。

我为公司效力的日子不多了，我一定会站好最后一班岗，做好工作的交接，尽力让项目平稳过渡。离开旅行社，离开曾经同甘共苦的同事，很舍不得。舍不得公司，舍不得领导，也舍不得同事之间的那份真诚与友善。

短短两年时间，我亲眼目睹了××旅行社的发展和变化，很遗憾我不能为公司辉煌的明天贡献自己的力量。衷心祝愿公司各位领导和同事工作顺利！祝愿××旅行社前途美丽而光明，祝愿公司的业绩一路飙升！

此致

敬礼

申请人：李××

2021 年 4 月 5 日

【评析】 该申请书无论格式结构、行文措辞还是礼仪表现都堪称一篇范文。从结构上看，标题、称谓、正文、祝语和落款一应俱全，在称谓上使用泛称"领导"，显得灵活，也比较得体。正文开篇就提出辞职请求，可谓开门见山、直截了当，并用"遗憾"一词表达对公司的留恋之情。紧接着第二段表达对公司的感激之情。这些情感的表达会给公司留下良好印象，也使接下来的辞职显得水到渠成，更为顺利。

陈述辞职的理由，用"由于个人的原因"，含糊带过，用语巧妙，不失为一种策略。第四、五段表明离职的态度，再次打出高明的情感牌——递交辞呈后一个月内离开，以便领导找到合适的人选并协助领导完成对新人的入职培训，来填补因我离职而造成的空缺。然后表明"站好最后一班岗"的决心，以彰显自己对公司至仁至善、对工作善始善终，实在令人动容。最后再次表达对公司、对领导和同事的不舍之情，并送上美好的祝愿，可谓情真意切，给人留下辞职实属无奈之举的印象。

例文二

开业申请书

市工商局：

我是待业青年，2020年高中毕业后一直在家自学家用电器维修知识。去年自费到技校家电维修技术培训班学习，并以优异成绩结业。现在，我已经掌握了国产和进口家电的维修技术。为减轻国家负担，给社会做点贡献，改变依靠父母养活的状况，我申请开办个体家电维修部。请考核我的技术，批准我的要求，发给营业执照。开业后，我保证遵守国家政策、法令，维护市场秩序；按章交纳税金，如实反映修理情况；服务热情周到，让顾客满意；价格公平合理，优质服务。

此致

敬礼

申请人：×××

2021年5月2日

【评析】　首先，这份申请书的标题不准确，与正文内容不一致。从正文来看，应该是请求工商局颁发营业执照，而标题的言外之意是申请人已经持有营业执照，只等开业了。开业是不需要向市工商局申请的。可见，文章的标题不可造次，务求题文照应。其次，少数语句不够得体，也不够简洁。如"批准我的请求，发给营业执照"明显带有命令的口气；保证的内容有的超出个人能力范畴，如"维护市场秩序"；有的不属于保证的范畴，如"如实反映修理情况"。再次，个别句子小题大做，不切实际，如"为减轻国家负担，给社会做点贡献"。最后，结构不太合理，保证内容最好单独成段，确保段意的相对独立性。

四、实训演练

阅读下面材料，请以个人名义向组织提交一份申请书，要求加入"红棉志愿者"服务团队。

Z市是第一批全国文明城市，该市的Y社区成立于2009年，是一个拆迁安置小区，常住人口约2万人，其中流动人口约4000人，不少人对拆迁安置小区的印象是：房前屋后堆满杂物，生活垃圾随意倾倒，绿化带里种菜……但同样是以拆迁安置居民为主的Y社区，却是另一番景象：房前屋后整洁清爽，道路平整干净，小区绿化带生机盎然。

每天早上8点，70岁的党员老孙都会和老伙伴们戴着红臂章，绕社区查一圈，看看有没有物品乱堆乱放，检查绿化、楼道等，偶尔遇到居民有不文明行为，就去劝说一下。以往困扰居民多年的楼道乱堆乱放、停车难、小区流动商贩扰民等"老大难"问题迎刃而解，小区真正实现了"旧貌变新颜"。

社区的新貌，得益于"党建＋网格治理"新模式。Y社区将党支部建在网格上，用6个网格、14支网格服务团队将40多名党员全部结入"网"中，明确责任区，打通了服务群众的"最后一公里"。在党员带领下，该社区的很多人都成为网格服务团队"红棉志愿者"的一员。以党建为引领，各方力量拧成一股绳，积极投入网格建设中来。一张图表清渐地展示了党员如何被纳入网格：社区党总支周书记担任综合网格长，2名党员担任网格管理员，他们各链接一个团队，其中，网格指导团队包括综治、公安等9名相关职能部门的党员工作人员，网格服务团队还

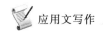

可再细分为社区党员带头成立的志愿团队、工匠团队等 14 支服务团队。周书记说："变群众上门为服务送到'家门口'，既让社区精准掌握群众需求，按需提供服务。也进一步提升了基层党组织服务群众的能力。"党员网格员小冯在入户走访中了解到，在小区的十字路口，车辆进出与居民走路时常发生矛盾。经他提议，小区随后在道路上增设了减速管，大幅减少了此类矛盾。Y 社区党建引领网格化社会治理工作启动 3 年多来，累计处置各类事件 864 件，调解矛盾纠纷 53 件，发现并排除各类安全隐患 300 余处。

走进 Y 社区党群睦邻坊，200 多平方米的房间内，设置了党员之家、居室工坊、棋乐无穷、健康驿站等党群活动室。这里不仅有网格党总支提供的各类贴心服务，也有企事业单位"服务进网格"开展的一系列活动。居民可以在这里下棋、做手工、听讲座，各得其乐。"过去这儿也是脏乱差，这几年党员带着大伙把环境搞好了，把各种活动也办起来了。我们退休了有事做，有地方玩儿，生活很充实。"在健康驿站，退休人员马阿姨笑着说。

五、研究性学习

(1) 张美娟《怎样写好申请书》，载《写作》2012 年第 2 期。

分析与评价：该文先通过一篇范文分析申请书的结构和写作方法，强调了申请书的写作要义。然后分析一篇例文的得失，提示申请书写作注意事项。文章通过正反对比论述申请书应该这么写，而不应该那么写，对学生的写作实践具有一定的示范效应。

(2) 马俊霞《如何写好辞职申请书》，载《应用写作》2015 年第 9 期。

分析与评价：在很多人重视求职书的写作时，该文一反人们的惯常思维，通过对一篇辞职申请书的分析，阐述了辞职申请书的写作规范和注意事项。文章强调，写作辞职申请书除了格式规范、结构合理、层次清晰、讲究礼仪外，正文的辞职理由一定要写得有理、有据、有情，既达到了辞职的目的，又能给人留下良好的印象。

(3) 袁援《如何掌握申请书的写作技巧》，载《新闻与写作》2009 年第 2 期。

分析与评价：该文通过对例文的分析，从申请书的"基本点"、申请书的语言行文技巧、申请书的事实选择技巧三个方面论述了申请书的写作要领，观点明确，论据充分，论证有力，角度新颖，对学生的写作实践有一定的启发作用。

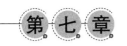 第七章

讲话发言类

讲话即说话,发言即发表意见。从字面上理解,讲话和发言都可以理解为说话或发表意见,因此讲话就是发言。与人们日常所说的讲话发言不同,本章讨论的主要是各级领导或工作人员甚至个人在各级各类的正式场合所做的讲话发言,包括演讲词、主持词、解说词、祝贺词和答谢词、欢迎词和欢送词、开幕词和闭幕词等。讲话发言类应用文一般都是事先准备好,作为讲话发言时的根据,也有临时性讲话发言后,由本人或他人整理出的。

第一节 演 讲 稿

一、文体知识

演讲稿,又叫演讲词或演说词,一般是在较为正式的场合或面对特定的公众,针对一个具体的问题,或发表个人看法,或说明道理、抒发情感,或宣传、鼓动演讲对象的文稿。

二、写作指要

(一) 写作特点

1. 特定性

演讲稿写作的特定性包含两个层面。

(1) 演讲稿写作面对的对象特定。演讲一定是面对特定的人群的,所以演讲稿的写作,必须考虑到演讲对象的群体差异和层次差别。简单地说,就是对不同的人说不同的话。这个不同,一是表现在每次演讲面对的群体都有差异,演讲稿的写作就必须针对这个差异,设计不同的演讲内容,故而演讲稿写作的选题、取材和通篇的谋划非常重要,甚至可以说直接影响演讲的成败。二是表现在每次演讲面对的不同群体的理解和接受能力有强弱,要根据这个差别,对演讲内容的选择做出一定的取舍。比如,院士在专业领域内的学术活动上发表演讲,演讲稿的写作要考虑的是学科前沿和学术深度等因素;对社会公众演讲,要考虑的则是内容的普及性和大众的接受程度。三是表现在每次演讲面对的不同群体成员之间的辨别和判断能力有高低,演讲稿的写作要根据这个高低,对演讲的导向做出相应的选择。比如学者面对大学生的演讲,演讲稿的写作要注意的是问题的两面性;对小学生演讲,要注意的则是问题的正面引导。

(2) 演讲稿写作面对的问题特定。演讲必然是针对具体的问题的,所以演讲稿的写作,要围绕演讲对象关心的、欲知、应知、未知的问题,吸引演讲对象的兴趣和注意,对问题的论辩和评价要多用和善用排比等手法,以体现雄辩的逻辑力量,让演讲对象真正接受和信服。

2. 可听性

演讲稿的写作,主要通过书面的文字来呈现,但是在演讲稿的写作过程中,要始终贯彻和体现可听性,充分利用和发挥听觉的特点和长处。通过听觉和依靠听觉来展现场景,可以增强

演讲的权威性和说服力。在演讲稿的写作中,一是必须时刻注意时间因素,也就是为了保证说服力和听清楚,语速保持在平均每分钟150字左右,及考虑演讲对象注意力集中的演讲的总时间。二是注意口语化因素,利用语言的抑扬顿挫、语气的丰富,加强语言的节奏感;少用专业和行业术语,避免使用多音或音相近的字和词,少用否定,多用短句等,做到易说好讲,让演讲者朗朗上口,令演讲对象声声入耳。

3. 情感性

好的演讲要能激发演讲对象的兴趣并调动其情绪,进而引发好感和产生共鸣。这就要求在写作演讲稿时要充满感情,并注重把握内容的深刻性和见解的独到性、引例的真实性和可信性,同时注意使用生动形象和富有感染力的语言,再就是多用和善用反问和诘问等修辞方式,进行互动,并引人深思。

4. 全局性

演讲稿的写作,除了演讲所直接使用的文稿本身的写作的注重选材立意外,还要考虑到演讲主体、演讲对象和特定的时空条件等因素,因此在演讲稿的写作中,一是注意体现演讲者声调、语速和形体语言的设计因素,并适当标注;二是根据演讲对象的特点选择合适的表达方式;三是结合演讲的时间、空间、现场等因素,综合把握演讲效果。

（二）写作格式要素

演讲稿一般包括标题、开头、主体和结尾这几部分。

1. 标题

标题也就是演讲的题目,这个标题一般没有固定格式或写法,常常是根据演讲内容提炼出来,或以情动人,或以理服人。

2. 开头

演讲稿的开头必须做到先声夺人,第一时间抓住演讲对象的注意力。如果开始没有吸引演讲对象的耳朵,后续即便再怎么精彩,也很难再次吸引演讲对象。演讲稿的开头可以采取以下几种方式。

（1）直接表明观点:演讲一开始就开门见山地说明问题,或陈述观点、主张等。

（2）用好事实或背景:将常见的文章六要素中的时间、地点、人物、起因、经过或结果等某一个要素凸现。

（3）使用问题或名言警句:简单地说就是既要出人意料之外,又要合乎情理之中。

3. 主体

演讲稿的主体可以采取以下几种方式。

（1）辐射式:紧密围绕演讲的中心,一条接一条,条条罗列,对演讲主题从多个角度和多个侧面进行论述,表现演讲的可信度与说服力。

（2）递进式:由表及里,由浅入深,一环套一环,环环递进,让演讲对象从未知到知道,从知道到信服,从信服到行动,牢牢把握其心理,吸引其注意。

（3）辐射与递进结合:将辐射式和递进式这二者有机地结合起来,更好地发挥演讲的力量,充分展现演讲的气势。

4. 结尾

演讲稿的结尾干脆、简洁、有力,依据演讲内容,或因势利导得出结论,或乘胜追击提出希望,或借势借力抒发情感。

三、例文赏析

××文化一枝花

——记原××文化站站长×××

因为她,时任中央领导的×××同志亲临××视察文化工作,她和×××的合影,成为镇情镇史展览室里××人民最珍贵的一幅照片。

因为她,原××部副部长×××亲笔题写"××文化一枝花"的赞誉。全国先进文化站的荣耀,成为××群众文化事业最璀璨的一道光环。

因为她,让党员形象扎根于芬芳迷人的群众文化百花园,她矢志不渝的文化情缘和党员风范,成为××千万群众最深切的一份感动……她就是原××文化站站长××,一个在××文化战线上呕心沥血四十年,与当地群众心贴心的共产党员。

说起×××,用《老子》中的一句话"胜人者力,自胜者强"来形容她最贴切不过了。1970年,年仅19岁的×××就当上了××文化站站长。当时的文化站啊,只有一室一桌一人,但个性倔强的她不甘沉寂在这个被人遗忘的角落,她说"文化站的地位,不是哪一个人捧出来的,而是靠自己艰苦奋斗干出来的。"没有活动经费,她就四处拉赞助;没有人手,她就一天工作12小时、16小时,甚至一连几天都不趟家;没有文化设施,她就一步步地对上争取,一点点地自己挣家当……自称有"劳碌命"的×××,在一般人无法理解和难以忍受的工作狂热和辛勤中,不断创造乡镇文化站的嬗变和惊奇。

吃得苦中苦,方能事业成。在她天道酬勤的努力中,逐步把"一穷二白"的文化站,发展成拥有镇中公园门面房、××娱乐城等上千万元资产,职工达200多人的文化产业实体。并于1990年被文化部评为全国先进文化站,她被授予全国文化系统先进工作者称号。作为全国唯一的一个乡镇文化站站长,受邀在全国农村文化工作交流会上作经验介绍。

1991年,××镇举办了第三届艺术节,组织了两千人的大型文体表演,出现了近十万群众争相观看的壮观场面。在全市乡镇中首开举办艺术节的先河。时任×××常委的×××同志,观摩大型团体艺术表演后,惊叹地说:"想不到这是一个乡镇搞的,真有点小亚运会味道!"以后她还亲自策划、指挥了两届农民运动会、四届文体科普节等大型文体活动,都得到了各级领导和广大群众的高度评价。1996年,时任×××常委、书记处书记的×××同志来到××视察文化工作,和×××进行了亲切交谈。她的辛勤付出得到了最高的褒奖。

×××为文化站这个"大家庭"奔波忙碌,自然就顾不上自己的小家。有一次,×××9岁的女儿发高烧,跌断腿的老母亲也躺在床上,而当时的她正在赶制一百多块宣传展板。根本没有时间回家照顾。女儿早上醒来问妈妈:"妈妈,别的小朋友生病都有妈妈陪着,你为什么从来都不陪我啊?今天就陪陪我吧。好吗?"看着女儿烧得通红的脸,×××转身走进厨房为高烧9天的女儿煮汤药,一想到自己对女儿的愧疚,那眼泪啊,就像断了线的珍珠一样啪嗒啪嗒地直往下流。是啊,多少个日日夜夜,女儿撒娇需要母亲怀抱的时候,她在哪里?丈夫开刀住院需要服侍的时候,她在哪里?母亲骨折要尽孝心的时候,她在哪里?在×××参加工作以来40年的生活词典里,她没有节假日,没有星期天,更没在家吃过一顿完整的年夜饭。……为了××的群众文化事业,她失去很多,也亏欠了很多。

2006年5月,×××正式退休了。但当文化站请她组织大型广场文艺晚会时,她二话没

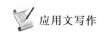

说就接受了任务,并精心策划组织排练。2007年党的十七大期间,文化站送戏下乡巡回演出,她又当起了名誉总指挥,组织155名文艺骨干,连续两周和大家一起每晚走街进村,把自编、自导、自演的12场精彩文艺节目送到群众家门口,引起了千人空巷看演出的轰动。

×××对群众文化事业的痴心,不仅表现在她的亲力亲为,还表现在对群众文化事业的慷慨资助上。退休干部×××创作了10多首弘扬时代先锋的歌词,×××出资5000元帮助他由××省音像出版社制成VCD全国发行。她还带领了一支由80名平均年龄在58岁的老同志组成的"×××合唱团",不仅常年免费提供排练场所,还聘请专业老师定期给合唱团指导、排练。合唱团在她的带领下,巡回演出20多场,还上了中央电视台。过年的时候,×××请合唱团的全体成员吃年夜饭,她举起酒杯深情地说道:"大家跟着我这个文化痴受苦了,对不住大家了。"话刚说完,现场爆发出长久热烈的掌声,感动,留给了现场的每一个人。

去年年底,×××的丈夫老陈也退休了。为了让辛苦这么多年的妻子彻底放下一往情深的群众文化工作,一起安享晚年生活,他找×××推心置腹地谈心:"我们还有多少个年头活啊,也该为自己考虑一下了吧?"老陈的话情真意切,×××却回答道:"人活着就是要有追求和价值,就让我为党的文化事业工作终身吧!"夕阳无限好,盛世歌如潮。我们相信×××这枝文化园的奇花,一定会在鲜红的夕阳中永远绽放。

我的演讲完了,谢谢大家。

【评析】 这篇演讲稿开篇就以因为她,时任中央领导的×××同志亲临××地视察文化工作并合影,抓住演讲对象的注意力,接下来将辐射和递进结合,用一件件生动、具体的事例,充分展示演讲内容的可信度与说服力,最后更是通过×××的爱人之口,突出其高尚品格,并借势以抒情结束演讲稿。

四、实训演练

(1) 请以"免费的东西,是世界上最昂贵的东西"为题,写一篇演讲稿。

(2)"一个人之所以能,是因为相信能。"你同意这个观点吗?请以此为话题写一篇演讲稿。

五、研究性学习

顾春军《对一篇开学典礼演讲稿的评改》,载《写作》2017年第9期。

分析与评价:该文作者常年从事写作类课程教学,所选的演讲稿例文也是很有代表性的学生习作。在校读书期间,大学生无论是参加学生社团,还是课程学习等,往往会遇到演讲或写演讲稿等类型的活动。要写好演讲稿或做好演讲,除了掌握相关理论,大学生在写作前最好能读一下这篇文章,一定程度上能避免一些常见的问题。

第二节 主 持 词

一、文体知识

主持词又叫串词、串联词,是由主持人将会议或活动的各部分串联起来的文稿。主持人常常指挥或引导着会议或活动的进行,主持词也就具有了举足轻重的作用。

二、写作指要

（一）写作特点

主持词的写作特点具体如下。

1. 感情浓厚

在我国举办的会议或活动中,感情因素特别是积极向上的感情因素往往占有重要地位。主持词的写作,要充分利用这个因素,充满感情、用浓厚的感情来吸引会议或活动的参与者,引导并推动会议或活动的顺利进行和完满结束。

2. 服从主题

主持词的写作,其内容必须始终围绕会议或活动的主题,服务于会议或活动的进程。基于这个前提,相应地,主持词的语言风格、表达方式也要与会议或活动过程保持一致。

3. 个性鲜明

每次会议或活动的主题都是特定的,主持词自然就相应地具有了鲜明的个性:表现在结构上,是根据会议或活动的内容和主题,对结构进行灵活的调整和精心的谋划;表现在篇幅上,则是各部分尽可能做到短小精悍,重点突出,前后紧密关联。

4. 文化内涵

主持词的写作,可以将会议或活动的内容与传统、民族、地域等因素结合,结合传统诗词、历史典故、地域优势等因素,寓教于乐,既吸引会议或活动参与者的注意与兴趣,又润物细无声地普及文化知识,提高文化素养。

（二）写作格式要素

主持词的结构往往不固定,但一般都包含如下几个要素。

1. 标题

主持词的标题一般是由会议或活动的名称加"主持词"三字构成,简明至上。

2. 称呼

选择合适的称呼可以很好地吸引会议或活动参与者的注意,引发各参与者的兴趣,并迅速拉近其与主持人之间的距离。

3. 正文

正文一般包含开场白、主体、结束语三部分。

（1）开场白。开场白要有强烈的冲击力,一开口就牢牢抓住会议或活动的参与者。开场白一般采用直接介绍会议或活动主题的方式,也可以采用简要介绍会议或活动的目的、意义或背景等一个或多个因素的形式。对于活动类的开场白,还可以适当描绘活动现场。

（2）主体。主体部分主要是会议或活动的各项议程或进程的安排,可根据会议或活动的总体内容,先总说后分说,或直接按议程或进程逐项说,并注意各项之间的关联要表述得灵活多样,避免重复。

（3）结尾。会议主持词的结尾一般是提出对今后工作内容和重点的号召,活动主持词的结尾更多的是表示对未来生活和发展的美好祝愿。

三、例文赏析

例文一

2018年上半年度工作总结会议主持词

同志们,大家上午好!

今天,我们利用周末的时间,在这里召开2018年上半年度工作总结会议,回顾总结半年来我们的工作成绩与不足,部署安排下半年的重点工作。今天的会议共有三项议程:

一是由我作半年度工作报告;

二是由相关部室及子公司负责人作表态性交流发言;

三是由党委书记、董事长×××同志作总结性讲话。

希望大家遵守会场纪律,认真听讲,有所感悟与收获。

······

下面,我们进入会议的第一项议程,由我给大家作2018年上半年度工作报告。

······

总结报告就到这里,下面进行会议的第二项议程,由子公司及部门负责人代表上台交流发言。

首先有请××××发展有限公司总经理×××同志上台发言;

下面有请××市×××发展有限公司副总经理×××同志上台发言;

接下来有请××××投资有限公司总经理××同志上台发言;

下面有请资产管理部负责人×××同志上台发言;

最后,有请财务部负责人×××同志上台发言。

······

刚才几位同志的发言,都对下半年的工作有了一个思路,希望你们攻坚克难,将这些思路实实在在落到实处,有条不紊地推进工作,干出喜人的好成绩。

下面进入会议的最后一项议程,让我们用热烈的掌声欢迎董事长作总结性讲话。

······

刚才董事长分析了当前我们面临的形势,也许不能称作内忧外患,但至少我们应该看到发展的阻力重重,如何克服困难,破茧重生,可谓继往开来,任重道远。希望在座的每一位同志把这次半年度总结大会当成一次继续深入推进发展,努力开创各项工作新局面的拉练会;希望你们把董事长的讲话当成一次鞭策,继续不忘初心,不惧困难,奋发有为,勇于担当,为实现年度工作目标尽责尽力!

本次大会议程到这里就全部结束了,散会!

【评析】 这篇会议主持词简洁明了,开篇直接说明会议任务,接下来先总说会议议程,然后逐条分说,承上启下,引导会议进程,并在结尾处提出号召。

例文二

2018年××镇迎新春群众文艺汇演主持词

男:尊敬的各位领导、各位来宾

女:亲爱的朋友们,大家下午好!

男:挥手告别2017,回首中我们激情满怀,××镇在区委、区政府的坚强领导下,经济转型提质,文化繁荣发展,环境持续优化,社会总体和谐,全镇各项事业持续健康发展。

女:昂首迎接 2018,我们将主动适应经济发展新常态,围绕"洞天××,美丽××"主题导向,努力朝着"强富美高"新××的奋斗目标坚定迈进。

男:为集中反映全镇发展成果,展示××镇上下一心、务实进取、奋发有为的精神风貌,今天,我们在这里举行"不忘初心 牢记使命——唱响新时代的××旋律"2018 年××镇迎新春群众文艺汇演。

女:本次活动由××镇党委、政府主办,××镇党政办、宣传办、组织办、文体中心承办。
下面演出正式开始。

1. 首先请欣赏锣鼓表演《威风锣鼓》

2. 配乐诗朗诵《寻艺》

女:军爱民来民拥军,军民团结一家亲。刚才大家欣赏到的是中国人民解放军×××××驻地部队带来的锣鼓表演《威风锣鼓》。

男:鼓声如雷,钹音清脆,锣鸣铿铿,威风凛凛,展现了军人昂扬的精神风貌,敲打出美好的节日祝福。听党指挥、能打胜仗、作风优良的人民军队正是守卫这片我们深爱着的热土的最坚强的力量,让我们再次把掌声送给他们!

女:××是中国工艺雕刻之乡,四大雕刻闻名遐迩。近年来,作为"苏作""苏工"的重要发源地之一的××镇,文旅融合集聚发展,全力打造"特色工艺小镇",以苏作工艺为代表的非遗精品频频走出国门,在世界顶级艺术殿堂以独特的审美与价值赢得世界的关注和尊重。

男:接下来这个节目就是以××工艺为背景创作的诗朗诵作品,在去年 12 月××区××大剧院举行的十九大主题文艺汇演中广受好评。下面请欣赏文体中心原创的配乐诗朗诵《寻艺》。

3. 歌舞《听一曲梦里×××》

女:在×湖之滨,有一座小镇,这里山水清秀、鸟语花香,这里有暗香浮动的香雪海,有惊叹世人的清奇古怪,这里是百工之乡,这里崇尚好德之风,这,就是××。

男:×湖梦里情深处,小镇如画诗赋,纵然走过千山万水,让我念念不忘的,始终是××。下面请欣赏歌舞《听一曲梦里××》。

4. 三话表演

男:熟练流利的口语、优美的舞蹈动作,演绎了采桂花时孩童的欢乐、花农的勤劳朴实,展示了多种多样的桂花美食。

女:这支三话表演节目,以××窑上首届桂花节为主题,融合了××地方文化和窑上人民的日常生活。

男:并在第九届××市"三话比赛"中荣获一等奖。下面请欣赏由×××小学带来的三话表演,掌声有请!

颁奖:

男:近年来,××镇精神文明建设可谓硕果累累,先后走出了中国好人×××,××省好人×××、××、××市好人×××、××等,××区好人更是不计其数。××人民正在用自己的勤劳和善良为自己攒福。

女:为进一步褒扬先进、倡导文明,镇党委、政府今年又组织开展了××镇第三届精神文明建设新人新事的评选活动。今天我们在这里对评选出来的新人新事进行表彰。

男:首先表彰光福镇精神文明建设十佳新人,他们分别是:

……

男：掌声有请：光福镇党委书记×××，镇党委副书记、镇政府镇长×××上台为××镇十佳新人颁奖。

男：下面表彰××镇精神文明建设十佳新事，分别是：

……

男：掌声有请：××镇人大主席×××，镇党委副书记、政协工委主任×××上台为××镇十佳新事颁奖。

……

女：再次掌声送给受表彰的集体和个人，希望大家珍惜荣誉，再接再厉，继续发挥好先进典型的示范引领作用，为建设"强富美高"新××凝聚强大的正能量。

5. 广场舞《吉祥中国年》

女：近年来，镇文体中心整合全镇范围内业余文艺团队并进行专业指导，成立×××艺术团，广泛开展各类群众文化活动，现有队员42人，平均年龄38岁，均为我们××镇的群众文艺爱好者。

男：她们用欢快的节奏、轻盈的舞步，为我们带来广场舞《吉祥中国年》，掌声有请！

6. 文明城市创建小品《大李和小李》（宣传办、文体中心）

女：我们的城市越来越美，人们的素质也是越来越高，但不文明的现象还是时有发生。文明连着你我他，创建××靠大家！

男：文明城市，共建共享！创建文明城市，争做文明市民！下面，请欣赏以××镇文明城市创建为主题，编排创作的小品《大李和小李》，掌声有请！

7. 啦啦操

男：一群年轻而有活力的同学们将为我们带来的是一场关于"青春"的盛宴，为我们昭示对于生活的热爱和执着。

女：她们用舞蹈为我们演绎着青春、演绎着振奋人心的激情和自信，每一个音符都被她们跳出了青春激昂与活力，每一个舞步都传达了努力协作和坚持。请欣赏××中心小学的同学们带来的节目啦啦操！

8. 歌舞《不忘初心》

女：优美的舞蹈，嘹亮的歌声，让我们"不忘初心 牢记使命——唱响新时代的××旋律"。

男：请欣赏××中学、××卫生院共同带来的歌舞《不忘初心》，掌声有请！

9. 大合唱《团结就是力量》《歌唱祖国》（党政办、组织办、工会）

女：社会的安定团结、和谐稳定，是新时代发展不可或缺的前提条件。"一根筷子的硬度是有限的，很容易被折断，但一捆筷子却不易被折断。我们是能吃苦、敢打硬仗，上下一条心的团结的整体"。

男：五星红旗迎风飘扬，胜利歌声多么嘹亮。嘹亮的歌声，唤起中华儿女的自豪和向往；优美的旋律，奏响中华民族伟大复兴的乐章。让我们一起回顾光辉的历程、难忘的岁月；让我们一同展望美好未来，讴歌新时代的壮丽辉煌！

女：下面请欣赏由××镇党委班子领导、党组织支部书记、妇女干部共同带来的大合唱《团结就是力量》《歌唱祖国》。

结束语：

女：亲爱的朋友们，快乐的时光总是短暂的，但美好的记忆却能永久珍藏。

男：让我们在××这片热土上，挥洒汗水、倾注热血。

女：让我们用自己的聪明才智，携手创造更加美好的明天！

男：××镇迎新春群众文艺汇演到此结束！

感谢各位大家的参与！朋友们

合：再见！

【评析】　这篇活动主持词开篇先简要介绍活动的背景、意义和目的，接下来就直接进入节目的主持部分。主持词紧紧围绕"不忘初心 牢记使命——唱响新时代的××旋律"这一主题，语言优美，铿锵有力，充分利用传统文化，展现地域优势，传播正能量。结尾处更是用对未来的美好祝愿结束演出活动。

四、实训演练

1. 会议主持词写作

××单位定于2022年×月×日召开"××单位第七届职代会"，届时××市委、市政府××、×××等领导将参加此次会议。会议主要有以下议程：①××同志致开幕词；②××同志宣读省公司贺信；③××同志作××单位工作报告；④××同志作职代会工作报告；⑤上级领导讲话。请根据这些材料，写作一篇会议主持词。

2. 活动主持词写作

××大学定于2022年×月×日晚18时举行建校50周年校庆晚会，由校长×××教授致辞。校庆晚会分两个篇章：第一篇章包括鼓类表演《××雄风》、歌曲联唱《芳华绽放》、诗朗诵《××梦》、舞蹈《××青春》等；第二篇章包括男女二重唱《绿叶对根的情意》、舞蹈《诗意××》、合唱《老师，我总是想起你》、合奏《盛世》等。请根据这些材料，写作一篇校庆晚会主持词。

五、研究性学习

徐桂成，林超《写好会议主持词，应做到"四个清"》，载《应用写作》2016年第10期。

分析与评价：会议主持词的写作，是秘书工作中常见的工作内容之一。该文作者结合从事相关实际工作的经验，从格式、流程、目标和思路四个方面分析了会议主持词的写作，并提出了"把握格式是基础、掌握流程是重点、厘清思路是保障、做好总结是关键"的结论。对于学习会议主持词的写作者而言，阅读这篇文章，大有裨益。

第三节　解　说　词

一、文体知识

解说词就是用于对事或物进行口头解释、说明的文稿。这里的事或物，一般都是有实物参照，或是配有图像、图表、视频、声音等多媒体材料。

二、写作指要

（一）写作特点

1. 解释性

解说词是针对事或物进行解说，所以在写作上，在必要的情况下，一方面对事或物进行分

析,并进一步阐明,另一方面说明事或物的含义、原因、理由等,弥补视觉或听觉的不足。

2. 次序性

解说词对于事或物的解说一般是按照一定的时间或空间顺序进行,基于此,在写作时,需适当考虑到事或物本身的复杂程度,进而进行详略取舍,再就是考虑到事或物之间的时间和空间因素,留足衔接的时间和距离。

(二)写作格式要素

1. 标题

一般是解说对象加"解说词"构成,也有根据实际需要采用双标题等形式。

2. 正文

按照事或物的时间或空间因素展开,依据时间的分段或空间的分区,保持各部分解说的相对独立,及文字表述上的段落分别。

3. 结尾

根据实际解说的事或物,可以用对事或物未来的展望结尾,也可用对解说的简单总结来结尾,或自然结束,省略结尾。

三、例文赏析

例文一

××电视台直播解说词

这里是××省××市的××山,每年这个时候,梅花吐蕊,势若雪海,故名曰"香雪海"。作为江南著名的赏梅胜地,"××探梅"已有两千多年的历史,享有"××梅花甲天下"的美誉。这里的梅花有 30 多种,站在山顶眺望,十里香雪嵌在山间,成片的白梅犹如灵动的浪花。徜徉花海间,一缕缕暗香环绕,美不胜收。

勤劳智慧的××人因地制宜,借助独特的自然环境,将赏梅与苗木盆景、传统手工艺相结合,通过举办节庆活动促进农、文、旅融合发展,全市近一万人从事工艺、苗木生产,赏花和苗木经济及文化产业带动当地年收入超过 12 亿元。

绿色是××市的底色,从 2013 年起,这里关闭了二十多家企业,在生态红线范围内,禁止任何污染源,保护好这一方水土。

【评析】 这篇解说词简明扼要,根据直播的时间顺序,依据画面推移来逐个解说各个画面内容,文字优美,解说简括,地方特点抓取准确鲜明,让人有身临其境之感。

例文二

××融媒体中心解说词

各位领导下午好,欢迎莅临××融媒体中心!

近年来,××主动适应基层宣传工作新形势、新要求,积极整合区镇资源,拓宽宣传渠道,壮大宣传阵地,并在××党委政府支持下,投入 200 万元高标准扩建融媒体中心,于今年 11 月 15 日正式启用,并成为"××市发布融合传播创新基地"和"××区新闻中心××分中心"。目前已形成电视、手机、OA、报纸、广播等传统媒体和新媒体融合传播的格局,为更好地夯实意识形态阵地打下了坚实基础。

在我左手边的是开放式的办公室,目前,××镇现有从事宣传思想工作的专职人员11人,具备了新闻采编、摄影摄像、后期制作等能力,我们还设立了"记者驿站",外媒记者可以随时来这里进行办公、指导工作。

中间是一个多功能室,包括办公会议、各类活动都在此开展。大屏幕上看到的是我们重点打造的《洛视新闻》这一栏目,兼顾节目的硬度和温度,固定在每周五晚更新,每期约10条新闻,动态展示本周党委政府重点事务,各部门、各条线的工作动态,各类民生资讯和服务信息及全镇的新面貌、新风尚。该栏目特别注重与民生关切互动,针对舆论热点开展《新闻调查》,以群众喜闻乐见的形式,精心选取话题,尽可能多地采访群众,广泛收集民意,还原到电视节目中,由此,许多在群众间流传的谣言妄语不攻自破。目前,《××新闻》已经播出139期,受到全镇各界关注。

此外,还开设"实业兴镇""城市管理在行动""幸福直通车""民生发布""新闻调查"等多个子栏目,这些栏目侧重专项优质内容的接入,从展示方式、推送时间等方面加强舆论引导,力求为相关政策的推送、重要工作的推进,塑造风清气正的舆论空间。推出图解《政府十大为民办实事项目》《寻根××》《×商论道》等专题。成为公共信息资源共享开放,增进政府和公众交流互动的重要方式,在传播权威声音、服务百姓生活、塑造政府形象等方面发挥作用。开设"我们的节日""核心价值观巡礼""为你点赞""向不文明说不""身边的感动""志愿者在行动"等专题专栏,推出系列微传播、微公益、微感言、微访谈。注重"身边人"引领,身边人讲述身边事,身边事感动身边人,收集上传"热血写大爱"志愿者×××、耄耋星级志愿者×××、"敬业奉献"好人×××、真情好人×××四个"××好人"的专题片,供电视用户点播观看。同时拍摄制作了16个道德模范、身边好人短视频,在《××新闻》推出系列报道,引起社会强烈反响。

这里是演播室,后续我们还将开设各类专栏、推出系列专题,采取演播的方式。对面这两间分别是音控室和播音室。

后续我们还将陆续建设社区广播、户外电子屏矩阵等功能平台,融汇美好,融通时代,融聚合力,为××巩固意识形态领域主阵地,弘扬主旋律、传播正能量、唱响好声音、引领新风尚,提供更为宽广、更为优质、更为精准的新时代、全能性综合媒体平台。

【评析】 这篇××融媒体中心解说词依据空间顺序,对各个部分的说明详细明了,并且很好地补充了实物本身无法直观呈现的内容,文字形象,数据准确可信,现场感强。

四、实训演练

(1)××大学将于2022年10月×日至×日举行第×届秋季运动会,请根据你的班级情况,为班级写一篇运动会开幕式的入场解说词。

(2)你的母校××中学的高三×班将到你所读的大学×专业参观,将由你任解说员。请收集专业相关情况,并写一篇解说词。

五、研究性学习

孙愈中《企业宣传片解说词写作技巧新探》,载《广电时空》2018年第1期。

分析与评价:该文从"核心要素的浓缩展示""修辞手法的恰当运用"和"声画融合的形象表述"三个方面入手,探索如何提高企业宣传片解说词的写作质量。我国目前秘书专业的实际就业以中小企业为主,阅读和学习本文,可以更好地宣传、介绍和塑造所在企业形象。

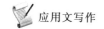

第四节　祝贺词　答谢词

一、文体知识

祝贺词,也可以看作是祝词和贺词的合称,也单作祝词、祝辞,或贺词、贺辞,一般是用在喜庆活动、会议开幕、开工开业等礼仪类的正式场合,对人或事表示祝贺的文稿。

答谢词,是在正式场合,对社会或他人的帮助,或主人的接待表示感谢的文稿。常见于主宾对主人的迎送、接待等工作表示感谢;或用在欢迎或欢送仪式上,主人致欢迎或欢送词后;有时也用在活动开始或结束时。

二、写作指要

(一) 祝贺词的写作

1. 写作特点

祝贺词的写作特点具体如下。

(1) 喜庆性。祝贺词的写作,往往伴随着浓厚的感情色彩。一是对具体的人或事的喜庆之处、喜庆场所,无论是贺已成的事实,还是祝将成的蓝图,都需要浓墨重彩地渲染;二是用语的喜庆,用大量的表示美好期望的文辞来锦上添花地铺陈。

(2) 赞同性。祝贺词的写作,一般都贯穿着肯定和赞同,也就是对人或事的已有和已成的部分进行充分肯定,对现在的工作或做法表示支持,对未来的发展和规划表示赞同。

2. 写作格式要素

祝贺词的写作格式要素具体如下。

(1) 标题。一般是由被祝贺的人或事,加"祝贺词"构成,有时也会加上与人或事相关的时间、地点等。

(2) 称呼。一般用敬辞,多数情况下还要在称呼前加表示尊敬的限定语,称呼后加表示身份的附加语。

(3) 主体。

① 开头:直接向被祝贺的人或事表示热烈的祝贺。

② 正文:对现状,也就是突出对人的荣誉经历、突出贡献、高尚精神或优秀品质等的祝贺,或对事的已有成绩、成果、成效或意义的祝贺;对未来,也就是对人的以后发展等的期望和勉励,对事的将要开展的工作和任务等的希望和要求。

③ 结尾:根据具体的祝贺的人或事,确定相应的礼节性的祝语。

(二) 答谢词的写作

1. 写作特点

答谢词的写作特点具体如下。

(1) 应答性。答谢词的写作,首先是对社会或他人的帮助、主人的接待或迎送等工作表示回应,或是对主人的欢迎词、欢送词的回应,内容上一定要注意照应,特别是主人致欢迎或欢送词在先的情况下。

(2) 感谢性。答谢词的写作,要真诚、具体、言之有物,针对具体的事项、细节等,感谢要热情、热烈。

2. 写作格式要素

答谢词的写作格式要素具体如下。

（1）标题。一般是对被答谢的人或事,加"答谢词"构成,有时也会加上与人或事相关的时间、地点等。

（2）称呼。和祝贺词一样,一般也是用敬辞,多数情况下还要在称呼前加表示尊敬的限定语,称呼后加表示身份的附加语。

（3）主体。

① 开头:直接对主人的接待或迎送等工作表示感谢,或对应主人的欢迎词、欢送词、祝贺词等表示热情感谢。

② 正文:用社会或他人的具体帮助,或主人的接待工作中的具体事项、细节或客方的收获,对主人表示感谢;如果是在欢迎或欢送仪式上,主人致欢迎或欢送词后,则还需要对应性地表示感谢;此外,一般还要表达对双方以后的合作、往来表示祝愿。

③ 结尾:一般是再次表示感谢。

三、例文赏析

例文一

在"××××××产业股权投资基金"成立仪式上的致辞

×××

（××××年××月××日）

各位领导,各位嘉宾,女士们、先生们:

大家下午好!

新年伊始,我们相聚在美丽的××,共同见证"××××××产业股权投资基金"成立仪式。在此,我谨代表中共××市委、××市人民政府向××××××的成立和论坛的举行表示热烈的祝贺,向参加活动的各位领导、各位嘉宾表示诚挚的欢迎和衷心的感谢。

××是一座底蕴深厚的历史文化名城,也是一座活力迸发的美丽宜居之城,更是一座兼容并蓄的开放创新之城,综合实力一直位居全国同类城市前列。近年来,我们在习近平同志为核心的党中央坚强领导下,认真贯彻落实××省委和××市委决策部署,大力实施创新驱动发展战略,以引进知名创投机构和管理团队,构建"创新资源＋社会资本＋股权激励"的新机制为抓手,深化投融资体制改革,打造特色平台,培育特色产业,集聚创新资源,优化创新生态,积极探索出了一条"两特两新"的精明增长之路,推动产业由中低端向中高端迈进,发展的动能由要素驱动向创新驱动转变。

××××产业园是我市股权投资基金的主阵地,近年来,××××产业园充分依托××的区域优势和产业基础,创新金融模式,提升服务水平,不断吸引金融机构的入驻、集聚。××××××产业股权投资基金是由××公司发起组建的股权投资基金,专注于大医疗、大科技、大消费领域的成长期投资,其核心团队在上述领域拥有多年的投资经验及良好的历史业绩。今天,我们非常高兴迎来××××××基金落户××××产业园,并相聚在此,与各位知名投资人共同探讨医疗、科技、文化等投资领域的发展未来,这必将成为推动私募股权投资基金发展

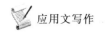

的重要盛会。

党的十九大报告指出,中国特色社会主义进入新时代,金融是现代经济的核心,必须深化金融体制改革,增强金融服务实体经济的能力,促进多层次资本市场的健康发展。我们将以党的十九大精神为指引,按照发展新兴金融,助力创新创业的理念,搭建好服务股权投资的创新平台,努力把××××产业园打造成我市股权投资核心集聚区,为推动实体企业与资本对接,加快我市产业转型升级,营造良好产业生态做出积极贡献。

最后,衷心祝愿××××××产业股权投资基金根植××、成长壮大!祝本次论坛取得圆满成功!祝各位来宾新年快乐、身体健康、万事如意!

【评析】 这篇祝贺词的开头开门见山地祝贺,接下来介绍了相关的背景,并对未来的发展做了美好的祝愿。文字简洁明了,层次清楚明白,祝贺的事项详细、具体。

例文二

新年酒会答谢词

各位女士、各位先生、各位朋友:

大家晚上好!

喜悦伴着汗水,成功伴着艰辛,遗憾激励奋斗,我们不知不觉地走进了 2021 年。今晚我们欢聚在××公司成立后的第×个年头里,我和大家的情绪一样激动。在新年来临之际,我谨代表××公司向长期关心和支持公司事业发展的各级领导和社会各界朋友致以节日的问候和诚挚的祝愿!

向我们的家人和朋友拜年!我们的点滴成绩都是在家人和朋友的帮忙关怀下取得的,祝他们在新的一年里身体健康、心想事成!向辛苦了一年的全体员工将士们拜年!感谢大家在 2020 年的汗水与付出。生产一线的许多员工心系大局,放下节假日休息,夜以继日地奋战在工作岗位上,用辛勤的汗水浇铸了××不倒的丰碑。借此机会,我向公司各条战线的员工表示亲切的慰问和由衷的感谢。

展望 2021 年,××公司已经站到了一个更高的平台上。新的一年,公司将持续遵循"市场营销立体推进,技术创新突飞猛进,企业管理科学严谨,体制改革循序渐进"的方针,并在去年的基础上继续深化,目的只有一个:全面提升公司的核心竞争潜力。

我相信 2021 年是风调雨顺、五谷丰登的一年,××公司必将会更强盛,员工的收入水平必将会更上一个台阶!雄关漫道真如铁,而今迈步从头越。让我们以自强不息的精神、团结拼搏的斗志去创造新的辉煌业绩!新的一年,我们信心百倍,激情满怀,让我们携起手来,去创造更加完美的未来!干杯!

【评析】 这篇答谢词的感谢对象全面、具体。在回顾过去,把握现在的基础上,对未来做了合理的规划和美好的祝愿。感情真挚热烈,语言简洁明确。

四、实训演练

(1) 巅峰贸易公司将于 8 月××日举行成立 6 周年庆典。短短 6 年时间,公司已发展成为员工超过 300 人,全省各地市都有分公司,年营业额超过 3 亿元的企业。请你以省贸易协会会长的名义,写一篇用于庆典活动的祝贺词。

(2) ××××年××月××日至××日,××市召开科技镇长团×周年活动,参加活动的主要是曾在××市挂职过的科技镇长团成员。请你以成员代表名义,写一篇答谢词。

五、研究性学习

辛亚宁《如何增强祝词语言的文采》,载《应用写作》2013年第7期。

分析与评价:该文作者从运用排比,增强气势;巧妙引用,增强说服力;用好对偶,增强概括力等几个方面探讨增强祝词文采的规律。祝贺词写作的学习者可以通过阅读本文,进一步理解和掌握祝词的相关写作规律。

第五节 欢迎词 欢送词

一、文体知识

欢迎词是对宾客的来访或到场表示欢迎的文稿,多用于欢迎仪式或欢迎酒宴上,或会议、集会、大型庆典、参观、访问活动等开始的时候。

欢送词是对宾客的离去或离开表示欢送的文稿,多用于欢送仪式上,或会议、集会、大型庆典、参观、访问等活动结束的时候。

二、写作指要

(一)写作特点

1. 欢庆性

欢迎词要体现出对宾客的热烈欢迎、真诚问候,欢送词要体现深厚情谊和依依不舍,二者都要体现出感情的真挚和厚重。

2. 珍重性

无论是热情的迎来,还是不舍地送往,在写作中,要突出相聚不易,珍惜、珍重这一特征。

3. 礼仪性

欢迎词或欢送词本身的礼仪性、仪式化特点明显,形式重要性甚至超过欢迎的内容本身。

(二)写作格式要素

1. 标题

直接以"欢迎词"或"欢送词"作为标题,也可根据实际需要,用致词人姓名、职务或致词场合等限定词加"欢迎词"或"欢送词"构成。

2. 称呼

事先了解出席对象,称呼要具体,并涵盖所有参加活动的来宾。

3. 主体

(1)开头。简单介绍致词背景,并由致词人说明,代表谁对参加欢迎或欢送仪式、会议、集会、大型庆典、参观、访问活动的来宾表达真诚、热情的欢迎或欢送之情。

(2)正文。简单介绍己方及所在地区情况、来宾情况、活动安排等。

(3)结尾。表达祝愿。

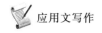

三、例文赏析

例文一

第五届××文化节欢迎词

尊敬的各位领导、各位来宾,女士们、先生们:

大家上午好!

在这百花齐放、风景秀丽的仲夏时节,欢迎大家来到××市第五届××文化节的开幕式现场。在此,我谨代表××山风景区,向莅临今天开幕式的各位领导和嘉宾表示热烈的欢迎! 向一直关心、支持××山风景区发展的社会各界朋友表示衷心的感谢!

素有"××之巅"之称的××风景区山色秀美、人杰地灵,有良好的生态环境资源和深厚的人文历史底蕴。××是苏州的生态绿肺、城市氧吧,空气中负氧离子含量是城市空间的400~500倍,PM 2.5值只有1/10,纯净的空气、良好的生态、优美的环境吸引了不少游客。近年来,××风景区以绿色资源为依托,全力打造最有特色的森林氧吧,努力营造最自然的田园风光,满足广大游客体验绿色生活、放松身心的需求,得到了社会各界的广泛赞誉。××文化节自×××年首次举办以来,到今年已是第五届,本届的主题是"××××,××××",旨在将××的"××××"理念更好地渗透给大众,充分展示全市最为优越的生态资源所在地,让广大市民和游客触摸森林,呼吸自然,品茗历史,与智慧邂逅。

绿色生态文化旅游产业是21世纪的"朝阳"产业、"黄金"产业,更是富民产业,衷心希望通过健康养生文化节这个平台,进一步挖掘更具特色的生态文化资源,不断丰富旅游产品要素,为市民和游客提供一个健康养生的首选之地。今年整个活动内容丰富,形式多样,有精彩纷呈的亲子科普一日游,有热情四射的健康达人选拔赛,还有千人登山会等,将会让您从多方位、全视角体验××山景区迷人的山水、醉人的文化、动人的风情、感人的服务。真诚欢迎各位领导、各位朋友常到××山感悟森态养生文化、体验森态养生生活、共享森态养生的乐活人生。

最后,预祝第五届××文化节取得圆满成功! 祝愿各位领导、各位来宾身体健康、家庭幸福!

谢谢大家!

【评析】 这篇欢迎词首先欢迎来宾的光临,之后对主办方和所在地区及活动安排做了简要介绍。文字优美且热情洋溢,篇幅短小精悍。

例文二

欢 送 词

尊敬的女士们、先生们:

首先,我代表××××,对你们访问的圆满成功表示热烈的祝贺。

明天,你们就要离开××了,在即将分别的时刻,我们的心情依依不舍。大家相处的时间是短暂的,但我们之间的友好情谊是长久的。我国有句古语:"来日方长,后会有期。"我们欢迎各位女士、先生在方便的时候再次来××作客,相信我们的友好合作会日益加强。

祝大家一路顺风,万事如意!

【评析】 这篇欢送词开头祝贺来宾来访的圆满成功,正文很好地展现了依依惜别之情,并对以后的合作做了一定的展望。篇幅短小但简洁明了,情真意切。

四、实训演练

(1) 某某职业技术学校骨干教师将于 12 月××日来我校参加区培项目培训,请了解项目相关事项,并为学校相关领导写一篇欢迎词。

(2) 6 月××日,学院将举行 202×届毕业生毕业典礼。请你作为在校生代表,写一篇给学长学姐们的欢送词。

五、研究性学习

韩大伟《友之·颂之·安之——浅谈"欢迎词"的表达角度与写作要领》,载《应用写作》2005 年第 11 期。

分析与评价:该文作者将欢迎词根据所欢迎的对象分为迎宾、迎归和迎新三类,分别有针对性地从友之、颂之和安之三种表达角度,并结合相应的实例进行探讨,在此基础上提出了相应的写作要领,即真诚而委婉、热烈而豪迈、亲切而温煦。

第六节 开幕词 闭幕词

一、文体知识

开幕词是在会议、展览会等开幕式上,一般由党政机关、企事业单位或社会团体的领导或负责人发表简短的指导性讲话所用的文稿。

闭幕词是在会议、展览会等闭幕式上,一般由党政机关、企事业单位或社会团体的领导或负责人发表简短的总结性讲话所用的文稿。

二、写作指要

(一)写作特点

1. 宣布性

开幕词和闭幕词都是大型会议、展览会等一个必要的程序,一般是由主持人或主要领导致词,表明会议的正式开始或结束。

2. 指导性/总结性

开幕词一般交代会议或展览会的宗旨、意义、要求、议程等,为整个会议或展览会定调,指导会议或展览会进程,保证会议或展览会顺利进行。

闭幕词与开幕词对应,对会议或展览会的宗旨、要求、议程等进行检查对照,做出评价和总结,并提出希望与号召。

3. 简短性

开幕词简短明了,清楚明白,简短地交代会议目的,简介会议议程等。

闭幕词简短概括,简明扼要,简括地肯定会议成果,概括会议内容等。

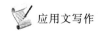

（二）写作格式要素

1. 标题

一般由会议或展览会的名称加"开幕词""闭幕词"构成。

2. 称呼

根据会议或展览会的性质和参加对象确定。

3. 主体

（1）开头。开幕词直接宣布会议或展览会开幕，并简要介绍会议背景、目的、参加人员等情况；闭幕词概括会议或展览会情况，适当评价会议或展览会的成果。

（2）正文。开幕词需说明会议的主要议题和议程，或展览会的主要内容和日程；闭幕词需说明会议完成的任务，肯定会议取得的成果，指出有待进一步探讨的问题等。

（3）结尾。开幕词的结尾用号召性、鼓舞性语言简短有力地结束，预祝大会圆满成功；闭幕词的结尾用坚定的语气提出号召和表示祝愿，宣布大会胜利闭幕。

三、例文赏析

例文一

×××科学技术协会第八次代表大会开幕词

各位领导，各位代表，同志们：

×××科学技术协会第八次代表大会在×××党委、政府的关心支持下，在×××科协的精心指导下，现在开幕了。这标志着我×科协工作在以习近平新时代中国特色社会主义思想为指导的现代化强国建设的进程中，又向前迈出了新的一步。

出席今天大会的代表共有400名，他们中有优秀科技工作者、"双创"人才，民营科技企业负责人、企业科协负责人，科普教育基地和科技教育特色学校负责人，科普惠农服务站和农村专业技术协会负责人，科技致富大户，以及科技（科协）和教育分管领导，热心科普事业教育、卫生、社区等各界人士。在此，我代表×科协向各位代表致以崇高的敬意和衷心的感谢！

这次大会的主要任务是：总结上一届科协工作，结合新形势任务要求，部署今后一段时期的工作，选优配强新一届×科协工作班子，进一步动员全×广大科技工作者，认真学习宣传贯彻党的十九大、党的群团工作会议和全国"科技三会"精神，围绕"两聚一高"目标和"创新四问"要求，充分发挥自身优势和作用，积极促进科技与经济相结合，推进我×经济社会持续健康发展，为建设"强富美高"新××而努力奋斗。

这次大会的主要议程有：听取并通过×××科学技术协会第七届委员会工作报告；听取并通过《×××科学技术协会章程》（修改草案）；选举产生×××科学技术协会第八届委员会。

各位代表、同志们，这次大会是在党的十九大胜利闭幕、全党向"两个一百年"奋斗目标进军之际召开的，我们必须认清形势，抢抓机遇，正确把握科学技术发展的态势，充分估计未来科学技术发展对人类社会的巨大意义，增强履职尽责的紧迫感和使命感。

各位代表，希望大家围绕大会的主题和各项议程，认真履行代表职责，振奋精神，齐心协力，在×党委、×科协的正确领导下，把大会开成一个团结、民主、奋进的大会。

最后，预祝大会圆满成功。

谢谢大家！

【评析】　这篇开幕词开篇先简要介绍了代表大会的意义,正文部分则简要说明了大会的参加对象和主要任务、主要议程,结尾号召大家认真参会。行文清晰流畅,文字简明准确。

例文二

闭　幕　词

各位代表：

××公司第十三届职工代表大会,经全体代表的共同努力,现已圆满完成大会的各项议程。这次大会自始至终充满了团结、民主、热烈、进取的气氛,是一次团结的大会、鼓劲的大会、胜利的大会。

本次大会经过全体代表的认真讨论,在充分听取各位代表提出宝贵意见的基础上,一致通过了《××公司财务工作报告》、职代会提案和××××年《××公司职工守则》。

本次大会回顾总结了职代会在去年全所工作中所做出的努力和取得的成绩,明确了××××年的奋斗目标和工作任务。从我公司职代会成立××年来的工作实践和经验,科学地确定了今后一段时期工会工作的指导思想和任务。为我公司进一步深化企业内部改革,加强企业管理,真实反映全体职工的愿望,提出了更新更高的要求。

在整个大会过程中,各位代表都能够站在××公司发展的高度,站在全体职工思想和利益的角度,对领导负责,对职工负责,对××公司的未来发展负责。各位代表认真思考,善于分析,勇于谏言献策,严格履行了自己作为一名代表的职责,充分发挥了自身的主动性和创造性,提出了一系列合理的、切实可行的意见。为我公司坚持"改革、稳定、发展"的道路注入了新的、巨大的活力,为全面推进我公司发展提出了科学合理的发展思路。我们坚信,在伟大祖国为构建和谐社会,全面建成小康社会宏伟目标的努力奋斗中,我们××公司的明天也将更加绚丽多彩,我们的民主管理意识也将会进一步加强,我们的民主管理体制也将会更加完善。我们的全体职工必然能够同心同德,同舟共济,用饱满的热情、聪明的才智、辛勤的汗水,撸起袖子加油干,再谱××公司的新篇章。

我期望,各位代表在十九大精神的鼓舞下,继续发扬实事求是的精神,继续发扬艰苦奋斗的工作作风。在各自的岗位上,用心宣传大会的精神,带头执行大会的决议,认真贯彻落实职代会的指导思想,团结带领全体干部职工一心一意谋发展。加快企业内部体制改革步伐,为实现××公司的崛起和再度辉煌做出新的更大的贡献。

我宣布,××公司第十三届职工代表大会胜利闭幕！

【评析】　这篇闭幕词开头对会议做了概括和评价,正文总结了会议完成的任务,对参会代表做了高度评价,肯定了会议成果,并对贯彻会议精神做了部署。结尾表态,号召大家努力奋斗,与企业同命运,共发展。整篇文章一气呵成,结构完整,内容充实,值得借鉴学习。

四、实训演练

(1) 学校定于12月×日召开今年度的学生代表大会,请在事先了解会议相关情况的基础上,写一篇会议开幕词。

(2) 学校第五届教师代表大会一次会议将于5月×日闭幕,请自行了解会议相关事项,并

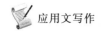

为会议写一篇闭幕词。

五、研究性学习

杨红星,王玉《例谈开幕词写作中的衬托策略》,载《应用写作》2010 年第 7 期。

分析与评价:作者从反面衬托——突显会议的迫切性和必要性,从正面衬托——强化会议的重要积极意义,从正反两个方面探讨开幕词写作中衬托的分寸把握,并结合实例进行分析和讨论。阅读这篇文章,有助于进一步地学习和掌握开幕词的写作方法。

第八章

工作调研类

第一节 工作信息

一、文体知识

工作信息是反映工作情况,为上级决策、指导工作而提供的各类与工作相关的消息,以便于让上级机关和领导及时掌握情况、进行科学决策。要想直接、准确、快速反映本单位工作进展情况,推广本单位的工作经验、分析存在的问题、提升工作质量,那就离不开工作信息。

工作信息包括以下几类。

(1)动态信息。主要反映重要工作、事件、问题和社情民意的进展落实情况,反映事物表象的最新动态变化情况。它可以及时、连续、多角度地反映各方面的新情况,以利于领导了解情况,把握特点,协调各方,指导工作,为开发综合信息提供材料。动态信息具有篇幅短小、简洁明快、时间迅速、时间性和变动性较强等特点。一般要有时间、地点、人物或单位、事件和缘由这五个要素,有的还要加上信息发生后领导机关、部门的反应。动态信息在政务信息中占很大比重。

(2)经验类信息。主要通过介绍成功经验或者有效方案,充分发挥典型的指导作用,达到启发和参考的目的,推进工作的开展。

写作结构:"成果—做法—经验"或"做法—经验—成果"。也可把"经验"和"做法"糅在一起,使主体成为成果—做法(经验)两个部分,或是把"成果"写进导语中,主体就是"经验"或"做法"介绍。在写作中一方面要根据现有的材料和已掌握的信息,交代背景和目的,取得成果;同时还要按先后次序或事物主次展开介绍具体做法。

(3)问题建议类信息。主要反映社会的热点难点问题,通过调研,找出问题症结,提出对策建议。写作结构一般采用:"问题—原因—建议(意见)",或"问题—原因",或"问题—建议(意见)"的形式。不仅说明现状,让读者对问题有一个概括性的了解,还要指出问题,分析原因,并最终提出解决问题的建议意见,供领导参考。分析问题要力求条理清楚、理由充足、切中要害,为提出建议作好铺垫,而解决问题要提出具有可操作性的建议,力戒原则笼统。

(4)领导言论性信息。指领导对某项工作的肯定性讲话和指导性言论。由于领导特殊的身份,其言论对此项工作的开展具有重要的影响,因此,成为信息的重要内容。一般首先介绍简单背景,然后列出主要纲领性指导性言论。

二、写作指要

信息就是"情报",而从事信息工作人员就是"侦察兵"。信息工作做得好不好,提供的信息是否及时、准确、全面,将直接影响上级的决策以及对全局工作的领导。

(一)写作特点

工作信息具有以下特点。

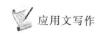

（1）高度的真实性。工作信息是出自各单位的一手资料,经过严格的部门审签、上报手续,以确保为上级决策提供准确、真实的依据。

（2）严格的时效性。工作信息无论是在采编写作还是在报送上都有严格的时限要求,它所反映的内容与公务活动在时间上保持高度同步。

（3）极强的指导性。工作信息所传递的各级领导和上级机关的指示、要求、安排,对我们及时把握领导意图,找准工作方向,都具有重要的指导意义。

（二）写作格式要素

1. 工作信息的采集

信息采集是信息的基础工作,它直接关系到信息的质量。因而,必须拓宽思路,开阔视野,全方位获取信息。信息时时刻刻都在我们周围,要做一个有心人,提高敏锐力,将信息工作与实际工作紧密结合,花精力来研究思考本级、上级和下级的需求,就一定能找到取之不尽、用之不竭的信息源泉。

获取信息的渠道是多样的,就实际工作而言,可以通过文件、会议、领导谈话、讲话稿、重大事件或活动、基层生活体验、媒体与网络等了解所需要的信息内容。所谓"巧妇难为无米之炊",只要在平时工作中多做有心人,多看领导讲话材料、部门文件,及时了解上级工作部署,就能在写作过程中有"米"可以用,就能写出有价值、质量高的工作信息。

2. 工作信息的主题

主题就是信息所表达出来的基本观点或中心思想。写任何一条信息,总有一个目的,就是通过反映什么问题,说明什么观点,提出什么建议,达到什么目的。确定主题是首要任务。主题必须满足以下四个方面的要求:一是正确。正确反映出内在规律和内在实质。二是鲜明。基本思想清楚明确,毫不含糊。三是深刻。要把情况写明、写透。四是集中。说明一个问题要突出重点,引用的材料集中到一个中心思想上来。

确定主题的关键就是主题的提炼。提炼过程是认识过程的飞跃,是从感性阶段上升到理性阶段。主题的提炼要从全部材料出发,从事物本质出发,从领导科学决策的需要出发,从实践需要出发。着重把握那些有新意的、有特色的、有借鉴的、有启发的、有探讨性的、有共性的事项和问题。

3. 工作信息的结构

工作信息一般由标题、导语和主体三个部分组成。

（1）标题。标题是信息内容的统帅、纲领、眼睛,是吸引决策者关注的关键所在,也是整个信息的中心。标题拟写得好,可以吸引读者;拟写得差,一篇好消息也会被埋没。可见标题有着向读者推荐的作用。标题一般可以有两种写法,一是直接交代信息的内容,简洁明了,如《省厅领导××来我市调研》;另一种是标题突出主题,以副标题交代内容或背景,如《以改革提士气 以创新促发展——××××年××局工作纪实》。

标题的写作要做到题文一致、简洁明快,并能够交代好背景,使用好数据。

（2）导语。信息的导语主要用来交代信息中最重要的内容和轮廓,使读者得到信息主体的总概念。导语要求做到语言简练,减少不必要的修饰词和句子,提炼主体的精华;同时也要实事求是,客观反映成效和成绩。如:"××市在打击经济犯罪方面存在着一些亟待解决的问题。""近日来,××同志的先进事迹在全校范围内引起了强烈的反响。"这些"问题""反响"是什么,自然会引起读者的阅读兴趣。

（3）主体。信息主体，是信息的展开部分，是对所反映情况的具体说明和阐述。信息主体的要素，可以理解为"两个五"。一是"五 W"，即通常说的消息"五要素"：何人（Who）、何事（What）、何地（Where）、何时（When）、何故（Why）。二是"五有"，即有观点、有情况、有分析、有措施、有结果。一篇好的信息不但要有筋骨，还要有血肉，这样才内容丰满。观点、措施、结果构成筋骨，情况和分析构成血肉。

主体部分的展开常用的结构形式大体有以下几种。

① 并列式结构。指信息的各部分内容平等，形式按条块安排材料的写作方法。并行的几个部分可以是某一工作的几个方面的情况。书面形式特点就是：一、二、三；一是、二是、三是；第一、第二、第三；首先、其次、最后等。采用并列式写法，多运用于综合信息、经验介绍类型信息，是我们最为常见的写法，也是用得最多的写法。

② 递进式结构。一则信息有若干个材料，每个材料各表达一层意思，每层意思之间有轻有重，而且能排列一定的次序，表达一个中心思想。这种方法常用于调研类工作信息的写作。

③ 金字塔式结构。指完全按照事实发展时间顺序组织材料的一种写作方法。事实发生就是信息稿件的开头部分，结束时就是结尾，事件发展的每一个阶段都有清晰、概括的描述，合起来就形成一个完整的过程。这种形式常用于我们的动态信息写作。

④ 倒金字塔式结构。指按信息重要性递减的顺序安排信息事实的写作方法。采用倒金字塔式结构就是要把最重要、最精彩、最有吸引力的事实放在文章的最前头，这就是导语。

三、例文赏析

例文一

海棠少年　快乐诵读

为了激发学生的阅读兴趣，让学生喜欢读书，在阅读中养成爱读书的习惯，积累语言，陶冶情操，丰富想象，××县××小学于近日开展了"海棠少年　快乐诵读"系列活动。

一、古诗文诵读和《传统文化》朗读活动。活动中，班主任和语文老师相互配合，充分利用晨读、午诵时间，老师向学生讲解诗文含义，让学生在理解的基础上熟背成诵。孩子们绘声绘色地表达对经典诗文的理解和感悟，声情并茂，或满含激情，或低缓婉转，在诵读中潜移默化地受到古典文化的熏陶和感染。

二、课外阅读知识竞赛。本次举行的课外知识阅读竞赛，主要面向三到六年级的学生，通过答题方式，考查学生古诗、成语等文学常识的积累情况以及名家经典、古典名著、伟人著作的主要内容等。六名同学在比赛中脱颖而出，荣获"阅读之星"称号。

三、读书手抄报评比活动。为了进一步推动读书活动，我校开展了读书手抄报绘制活动。本次活动经过精心准备。活动中，各班的老师和同学们的积极性非常高，他们利用课余时间，老师们认真指导，同学们多方收集资料，精心设计排版，制作出的手抄报图文并茂，内容丰富多彩。这一幅幅鲜活灵动、洋溢着童真童趣的小报表达着学生在读书活动中的收获。

一系列活动进一步拓宽了学生的知识视野，提升了学生的阅读能力，培养了学生"好读书、读好书"的良好习惯，在全校营造出良好的读书和学习环境。

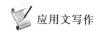

【评析】 标题明确,点明活动参与人及活动内容,言简意赅。导语部分交代活动开展的目的。主体部分以并列式结构交代活动的三个主要内容,既有活动名称的提炼,也有具体做法的介绍与说明,能够让受众从中全面把握活动的流程与方法,以便对读书活动有一个总体的把握。最后的一句总结将活动的意义点出,做到首尾呼应。

例文二

××小学助推教师联系服务学生工作常态化

为落实区教体局深化教师直接联系和服务学生的工作部署,××小学积极组织教师家访,开展联系服务学生活动,取得了些许成效。特别在促进教师转变工作作风,改进校风、教风、学风,提升办学水平方面发挥了积极效能。

活动按照"教师转作风,学生得实惠"的工作总要求,每位教干教师选择联系了涵盖优等生、特长生、贫困生、学困生、问题学生等不同层面的 5 名学生,就学生家庭生活、家庭教育、学生个人、家庭周边环境等情况,积极与学生展开谈心问话,进行摸底调查;就教育学生方法、实现家庭教育与学校教育的完美结合等问题与家长展开了沟通交流,交换了看法,准确了解了家长的所思、所忧、所盼。

为了切实保障活动取得实实在在的成效,学校按区教体局部署,对照建立的工作台账,对联系对象进行问卷回访,扎扎实实地了解了联系服务学生活动的开展情况和执行情况。将检查结果及时向全体教师公示,并记入到年底综合督导检查评估中。

随着活动的深入开展,教师家访、电话沟通、帮扶联系等优良教育动作在我校蔚然成风,并趋于常态化,家长和社会满意度得到了进一步提升。

【评析】 本文标题介绍了活动组织单位和活动的主题,符合要求。导语部分交代活动开展的目的,也符合工作信息的一般要求。但是这份工作信息存在两处瑕疵:一个是在主体部分,因为撰写过于务虚而不能准确交代清楚活动的内容,如"学生家庭生活、家庭教育、学生个人、家庭周边环境"等情况,仅仅靠"展开谈心问话,进行摸底调查"应该是不全面、不完整的,甚至是不科学的,且明显与结尾处的"教师家访、电话沟通"的工作方式不同。另一个是第三段又用了一个"为了……"与第一段重复,破坏了文种的总体结构。

四、实训演练

以下一则工作信息有明显问题,请做出修改。

公司召开会议

9 月 14 日,公司召开党建工作会议。会议要求进一步落实党建工作责任制,加强党建工作标准化、规范化、信息化建设,为公司深化改革和转型发展提供坚强的政治和组织。公司领导班子成员、直属单位党组织书记和总部机关党群工作人员参加会议。

会上,公司党建、宣传文化、纪委监察、信访维稳、工会、共青团等负责人分别对上半年工作进行了全面总结和问题分析,部署了下一步整改事项和重点工作。公司纪委书记、工会主席就党建"三基建设"、巡视巡察整改、形势宣传、职工稳定等工作作了进一步说明,提出了具体要求。

公司党委书记、总经理在会上就加强党建工作强调:

1. 越是在改革关键时期越要加强党建工作,以习近平新时代中国特色社会主义思想贯穿始终,把基层组织打造成坚强战斗堡垒,切实为公司改革转型把方向、管大局、保落实。

2. 党组织书记要担当履责,加强人才队伍建设,培育实干精神;加强形势宣传,敢于发声,善于发声;加强干部监督管理,执行个人事项报告制度;加强职工法制教育,增强职工守法意识。

3. 精心开展大调研活动,坚持实事求是,坚持问题导向,做到问题在一线发现、坚持在一线化解、困难在一线解决,切实为公司改革转型清障赋能。

4. 守牢职工稳定大底,解决历史遗留问题和员工关心关注的产业聚焦、瘦身健体、集体企业改制等重大问题,要公平公正公开,精准预判风险,确保一方稳定。

5. 提高公司员工的福利水平。

提示:

(1)标题信息不够完整。

(2)导语是一个无宾语病句,且会议"参会人员"与"会议要求"位置应该调换。

(3)"提高公司员工的福利水平"不属于党建工作范畴。

五、研究性学习

(1)李娟娟《浅谈如何做好政务信息采编工作》,载《应用写作》2018年第11期。

分析与评价:该文认为,政务信息在领导科学决策、指挥部署等方面发挥着重要作用。现在,以数字技术、互联网技术等为基础的新媒体发展迅速,各类信息可以通过电脑、手机等移动终端实现全天候、全方位的传播,其速度及广度优势对传统的政务信息采编工作发起挑战。如何做好政务信息采编工作,为领导提供准确、及时、全面的信息服务,成为新媒体环境下亟须思考和亟待解决的重要问题。作者从信息选题、采集渠道、提高撰写质量三个角度提出自己的观点,为现代工作信息撰写提供了借鉴。

(2)章健《情满笔端 力透纸背》,载《秘书工作》2017年第3期。

分析与评价:本文以八句古诗为出发点,引发对信息写作中选题、立意、定位、内容、语言等诸多方面问题的思考。文章短小精悍,实践性较强,对刚刚从事信息写作的人员来说具有一定的指导意义。

第二节 研究报告

一、文体知识

(一)概念

研究报告是根据研究的资料写出的反映客观事实的书面报告,主要通过文字、图表的形式将研究的过程、方法和结果表现出来。其主要目的是告诉读者,该研究是如何实施的,获得了哪些结果以及这些结果有何理论和实际意义等。研究报告是调查与分析、实践与理论、客观与主观相结合的实用性文体,便于阅读和理解。从某种程度上来说,它和研究论文是相通的。

(二)写作意义

研究报告是课题研究成果最集中的代表,是研究者在课题研究结束后对科研课题研究过程和研究成果进行客观、全面、实事求是的描述,课题研究所有材料中最主要的材料,科研课题

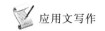

结题验收的主要依据,也是上级部门和专家为课题研究作鉴定的主要依据。写作意义主要表现为:

(1)总结科研成果。研究报告通常是一项研究的"收官"工作,是科研工作的系统总结与保存科研成果的重要载体。能总结科学研究中的新问题、新发现,并能上升到理论高度。

(2)促进学术交流。研究报告可以在实践与理论之间建立必然的逻辑联系,是研究者与实践者、研究活动与实践活动相互交流沟通的桥梁。研究报告通过期刊、网络以及学术会议进行交流,让更多的同行共享研究经验和成果,也有利于科研成果的传播、推广和应用,从而提升人们的知识水平和实践技能,促进学科的进步与发展。

(3)体现学术水平。研究报告是反映学术能力与水平的重要标志,其数量和质量不但可以反映个人学术水平的高低,也可以衡量其贡献的大小。研究报告的写作过程是对研究课题进行理性思考和理论建构的过程。通过研究报告的撰写与发表,能够提升个人的学术水平和学术影响,为个人和单位添加成果和赢得声誉。

(4)推广学术成果。研究报告不但是研究者对整个研究的全面总结,更主要的是为了将研究的结果通过各种途径,让更多的人能比较全面系统地了解,并由他们通过对研究报告的理解与验证,来评判、接受或应用这一研究成果。

二、写作指要

(一)写作要求

研究报告的写作基本要求如下。

(1)科学性。科学性是研究报告的本质特征,也是其与文学、美学等文章的显著区别所在。

(2)创新性。创新性是衡量研究报告质量高低的主要标准,是其价值的重要体现。

(3)实用性。实用性即实践性,是指研究报告的实用价值,也是其意义所在。

(4)可读性。研究报告是为了传播交流或者储存科技信息,以便他人学习和参考,因此要求有良好的可读性。

(二)主要类型

根据研究的选题、研究的对象、研究的目的以及阅读的对象等的不同,研究报告可以划分为以下几种类型。

(1)根据收集研究资料的方式和资料的性质不同,可以分为定量研究报告和定性研究报告。

(2)根据研究报告的性质和功能不同,可以分为描述性研究报告和解释性研究报告。

(3)根据研究对象范围的不同,可以分为综合性研究报告和专题性研究报告。

(4)根据研究目的和读者群体的不同,可以分为学术性研究报告和应用性研究报告。

(三)写作格式要素

研究报告一般包含标题、作者署名与单位名称、摘要、关键词、引言、正文、研究结果与结论、问题与讨论、附录共9个部分。有些应用性较强的研究报告则可以省略摘要、关键词等内容,原则上以不破坏研究报告的整体性与科学性为好,不强求完全一致。

1. 标题

标题是研究报告主要内容和中心思想的高度概括,以简明、恰当的文字反映研究报告的内容与特色。对标题的每个字都要仔细推敲:首先要做到具体明确,反映研究主题或内容;其次要简洁,标题字数一般不超过 20 个字,最多不超过 30 个字,且标题中间不用标点;再次要注意体现特色,要有自己的推敲与润饰,不能落入俗套;最后要注意标题具有可检索性,便于查询与推广。

2. 作者署名与单位名称

作者署名与单位名称的意义在于:明确研究报告责任人与责任单位;尊重作者及单位的贡献;明确著作权;文献检索的需要;便于业绩考核;便于读者与作者联系。一篇论文署名不宜过多,一般 3~6 人即可,署名应署真名、全名,不用笔名。

3. 摘要

摘要是研究报告全部内容最精练、最概括的小结。一般放置在正文之前,或放置在论文末尾。有相对独立性,能够单独应用。摘要的目的在于使读者短时间了解全文内容,再决定是否精读全文。在篇幅上,一般中文摘要为 150~300 字,要求简明扼要,重点突出研究报告目的、研究对象、资料来源、分析方法、主要成果、创新之处及研究意义等内容。

4. 关键词

关键词是用于表达研究报告内容的,一般直接从题目中选取,也可以从小标题、正文或摘要里抽取 3~5 个相关名词即可。

5. 引言

引言不是研究报告的主体部分,要简明扼要。应该包含:研究工作的起因和目的;研究工作的历史背景;国内外对研究工作的现状和研究动态;强调研究工作的重要性、必要性和研究意义;本研究与众不同之处。

6. 正文

正文主要包括:①本研究报告的主要指导思想和研究原则。②本研究报告的预定目标。③本研究报告的主要内容和重点。④本研究报告的主要方法。⑤研究的进程与研究工作的实施:扼要写出研究过程中各阶段研究工作的实施情况,着重写出各项主要研究内容的研究思路和实施情况或具体做法。

7. 研究结果与结论

研究结果与结论部分主要包括以下几个部分。

(1)研究结果分析。这是研究报告的主体部分,要求现实与材料要统一,科学性与通俗性相结合,分析讨论要实事求是,切忌主观臆断。用不同形式表达研究结果;描述统计的显著性水平差异;分析结果。

(2)研究的主要成果和所形成的理性认识。主要包括:对现状进行归因研究时的理性分析,在研究过程中所发现的规律,在研究过程中所创造的新模式,在研究过程中总结出的科学的、系统的、有效的方法(在总结方法时,要注意方法的系统性,不要局限于"我是怎样做的",而要从"应该怎样做"来进行归纳总结),进行对策研究时所提出的有效措施与对策,在研究过程中所形成的新理论、新观点、新见解、新认识、新做法,等等。

(3)结论。这是研究报告的精髓部分。文字要简练,措辞慎重、严谨,逻辑性要强。主要内容:一是研究解决了什么问题,还有哪些问题没有解决;二是研究解决说明了什么问题,是否实现了原来的假设;三是指出要进一步研究的问题。

8. 问题与讨论

讨论是结果的逻辑延伸,是对结果的阐明论证。讨论也是研究报告的精华部分,是对引言所提问题的回答。在讨论中,通过综合分析和逻辑推理,使感性认识提高到理性认识,可以使研究报告的结论更具吸引力。

可讨论的内容相当广泛:对研究过程中各种数据或现象的理论分析和解释;评估自己结果的正确性和可靠性,与他人结果比较异同,并解释其原因;研究结果的理论意义及对实践的指导作用和应用价值;对所研究对象的作用机制或变化规律的探讨;同类课题国内外研究动态及与本文的关系;对意外的发现进行分析、假定或说明;作者在研究过程中的经验和体会;对同类研究课题的展望或建议,提出今后的研究方向和设想。

9. 附录

附录包括参考文献、调查表、测量结果表、采用行动研究的有关证明文件等。

三、例文赏析

"××市中小学全面实施素质教育研究"一级子课题

"深化'三课'研究,优化课堂教学"研究报告(原文较长,稍作压缩)

一、课题的提出和课题的界定

(一)课题的提出

(二)课题的界定

"三课"是指说课、上课、评课有机结合的一种课堂教学研究形式和课堂教学管理的形式。

"三课"中的"说课"是指说课教师运用独白语言、教学语言向其他教师或管理人员述说在课堂教学中如何以教育教学理论为指导、依据教学大纲和教材、根据学生的实际情况进行教学设计的一种教研活动形式。

"上课"是按照素质教育的要求,将教学设计付诸教学实践。

"评课"就是对教师的教学实践进行评价,作为交流、研究、指导、提高的过程,是对教学实践的反思和理性升华。

二、课题研究的目的、原则、方法

(一)课题研究的目的

(略)

(二)课题研究的原则

1. 全面性原则;

2. 理论联系实际的原则;

3. 系统性原则。

(三)课题研究的方法

行动研究法、实验法、调查法、经验总结法、文献资料法等。

三、课题研究的主要内容和主要措施

(一)课题研究的主要内容

1. 构建"三课"活动整体运行机制的研究;

2. "三课"的基本要求和评价标准研究;

3. 启发式、讨论式课堂教学模式研究;

4. 运用"三课"评价教师课堂教学的研究;

5. 运用"三课"评价管理教研组的研究;

6. "三课"研究和"三课"达标考核提高教师整体素质的研究。

（二）课题研究的主要措施

1. 组建教育行政部门、督导部门、教研部门、学校四结合的课题组;

2. 开展课堂教学现状调查研究;

3. 在全区干部教师中广泛开展了素质教育理论学习活动;

4. 提出了转变观念的具体要求;

5. 每年开展一次教研月活动,推动"三课"研究深入开展;

6. 抓区校两级骨干培训,带动全区中小学教师参加"三课"研究;

7. 抓典型示范,推动"三课"研究全面展开;

8. 制订《九龙坡区中小学"三课"基本要求与评价量表》;

9. 制订一系列教学常规的管理制度;

10. 在全区所有中小学开展"三课"达标考核活动。

四、课题研究的成果

（一）"三课"研究激发了全区干部教师学习素质教育理论的积极性,促进了教育观念的转变

开展了学习素质教育理论的活动,全区共办理论讲座 890 余次,开展了读书活动,干部教师学习理论蔚然成风,课堂教学改革呈现出一派生机勃勃的景象。

（二）"三课"研究提高了干部教师的整体素质

撰写的论文有 864 篇,一些文章在报纸杂志发表,一些文章在市区获奖,课题组专门编辑出版了优秀论文集、优秀说案集等资料。

（三）"三课"研究促进了全区课堂教学的改革和课堂教学质量的提高

（四）形成了科学性、操作性都较强的"三课"活动的基本要求和评价标准

（五）强化了教学的科学管理

五、课题研究的启示与讨论

（一）"三课"研究要以学习现代教育理论为先导,以转变干部教师的教育观念为前提

（二）"三课"活动要坚持"说课、上课、评课"的一体化操作程序

（三）"三课"研究要把构建"启发式""讨论式"的教学模式作为研究的主要内容

（四）"三课"研究及达标活动要全员参与,重在集体研究

（五）"三课"研究要做到五个有机结合

1. "三课"研究与教师教学基本功训练有机结合;

2. "三课"研究与教研组建设有机结合;

3. "三课"研究与推广运用现代教育技术有机结合;

4. "三课"研究与骨干教师队伍建设有机结合;

5. "三课"研究与加强学校的教学管理有机结合。

（六）"三课"研究要正确处理好研究与达标的关系

课堂教学研究永无止境,提高课堂教学质量是教育改革的永恒主题。今后我们要牢牢抓

住课堂教学这个实施素质教育的主渠道和主阵地,坚持以"三课"研究为载体,着力提高教师实施素质教育的能力,全面推进素质教育,全面提高教育质量。

××市××区"深化'三课'研究,优化课堂教学"课题组

××××年××月××日

【评析】 该研究报告主题鲜明,条理清楚,层次的逻辑性较强,具体分类能够精准围绕主题展开,方法具体,措施得当,使得课题研究成果水到渠成。在最后的"课题研究的启示与讨论"中将理论性的问题升华到实际教学的案例中,完全符合研究报告服务现实的需求。

四、实训演练

以下研究报告存在明显不足,请指出问题所在,并提出修改意见。

逐梦青春的研究

一、问题的提出

中学生每天面对日复一日的学习生活通常会感到迷茫,面对枯燥乏味的学习生活,我们应该在保障物质生活的同时,更加注重精神信念。我们应该有目标和梦想。那我们应该怎么去了解目标与梦想呢?

梦想,即做白日梦空想;妄想;梦中怀想,指在未来想做的事。梦中怀想。汉代司马相如《长门赋》:"忽寝寐而梦想兮,魄若君之在旁。"南朝梁武帝《与何胤敕》:"本欲屈卿暂出,开导后生,既属废业,此怀未遂。延伫之劳,载盈梦想。"五代王定保《唐摭言·怨怒》:"虽限山川,常怀梦想。"明代高启《咏隐逸·卢鸿》:"开元始求治,贤哲劳梦想。"

1. 强烈排他选择性。

2. 描述未来。

3. 依赖个人经验。

4. 有的梦想还具有虚幻性,脱离现实。

二、研究的过程和方法

1. 确定有代表性的梦想具体研究对象。

2. 通过上网、查阅书籍、阅读报刊等方式搜集与梦想有关的资料。

3. 通过多种方式来搜集梦想的目标。

4. 整理与归纳我搜集的资料。

以下是我整理的研究情况:

1. 要树立适合自己的梦想。认识自我,确定自己究竟想要什么,有意识地树立起自己的梦想。因为适合于自己客观实际的渴望,才好像是设造了天空,而梦想好像是一对翅膀。只有有了广阔的空间,梦想才有可能从心底里放飞。不基于事实的梦想,只能是自欺欺人,徒劳无果。

2. 静心研析,分解梦想。树立了适合自己的梦想以后,进一步就得静下心来研究和分析梦想、分解梦想,制订出一步步实现梦想的行之有效的计划方案和实施策略,这就会使自己的梦想显得并不遥不可及。不记得是哪位名人曾说过:一个人梦想的目标越明确、细致,他实现自己梦想的概率就越大。

3. 自信＋努力，追逐梦想。只有心存一份"梦并不遥远"的自信，和敢于努力去拼搏的勇气，才会拥有"梦想成真"的一天。也许我们在试图实现自己梦想的过程中，可能会遇到各种各样的挫折和困扰，请一定要坚持住，千万不要因为感到梦不可及而失去信心或停下追逐梦想的脚步，只有持之以恒，才能铁棒磨成针。纵观人类历史，哪个叱咤风云的成功者为了实现自己的梦想而奋斗一时的，或是信手拈来？！

4. 学习榜样，破解梦想。一般说来，我们拥有什么样的梦想，就应该努力结识什么样梦想成真的榜样，了解他们的成长经历和成就梦想的历程。了解他们的习惯，选择、吸收、消化他们的成功经验，以此来铸造一把适合自己破解梦想之锁的钥匙，打开梦想成真之门。因为善于借鉴他人的成功经验，就是"站在巨人肩膀上"，使自己看得更远，行动得更快。

5. 把握机遇，实现梦想。许多人的成功多是来自偶然的灵感，许多人之所以不能实现梦想，是因为灵感到来时没有抓住机会。机会是转瞬即逝的，如果抓住了它，就能实现梦想，但它只垂青于有梦想和有准备头脑的人。

三、研究结果

我的幻想毫无价值，我的计划秒如尘埃，我的目标不可能达到。一切的一切毫无意义——除非付诸行动。

我们要努力明确自己的梦想，让梦想之花在彼岸绽放。

五、研究性学习

（1）胡峰力《对可行性研究报告主体写作定位的思考》，载《应用写作》2014年第4期。

分析与评价：可行性研究报告是专门针对某一特定项目是否合理可行，而在实施前对该项目进行调查研究及全面的分析研究，以论证其可行性的实用文体。为了体现可行性研究报告的"可行性"，作者认为在现实写作中，可以不必刻意追求可行性研究报告写作模式上的统一，而是应该力求把写作的重心放在可行性研究报告主体写作的定位上，为项目实施的可行性做好实质性的铺垫。作者从"扎实的文字功力"和"多元化的表达方式"来加以论证，体现了研究报告中文字功底与谋篇布局的重要性，对写作研究报告有一定的启发。

（2）周子房《研究报告写作教学的策略》，载《中学语文教学》2016年第12期。

分析与评价：这篇文章是从教学的角度讨论了我国中小学开展研究报告写作教学的方法与技巧，以一位中学老师的课堂教学《学写研究报告》为切入点，从研究报告的选题、内容的选择与组织以及支架的设计与运用三个角度阐发了写作的重点，针对性强，有理论也有实践，对刚刚开始学习研究报告写作的人来说具有一定的指导意义。

第三节　调查报告

一、文体知识

（一）概念

调查报告是对某项工作、某个事件、某个问题，经过深入细致的调查后，将调查中收集到的材料加以系统整理、分析研究，以书面形式向组织和领导汇报调查情况的一种文书。

（二）特点
调查报告有以下几个特点。

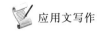

1. 写实性

调查报告是在占有大量现实和历史资料的基础上,用叙述性的语言实事求是地反映某一客观事物。充分了解实情和全面掌握真实可靠的素材是写好调查报告的基础。

2. 针对性

调查报告一般有比较明确的意向,相关的调查取证都是针对和围绕某一综合性或是专题性问题展开的,调查报告反映的问题集中而有深度。

3. 逻辑性

调查报告离不开确凿的事实,但又不是材料的机械堆砌,而是对核实无误的数据和事实进行严密的逻辑论证,探明事物发展变化的原因,预测事物发展变化的趋势,揭示本质性和规律性的东西,得出科学的结论。

（三）主要类型

调查报告主要有以下几种。

1. 情况调查报告

情况调查报告是比较系统地反映本地区、本单位基本情况的一种调查报告。这种调查报告的写作目的是弄清情况,供决策者使用。

2. 典型经验调查报告

典型经验调查报告是通过分析典型事例,总结工作中出现的新经验,从而指导和推动某方面工作的一种调查报告。

3. 问题调查报告

问题调查报告是针对某一方面的问题,进行专项调查,澄清事实真相,判明问题的原因和性质,确定造成的危害,并提出解决问题的途径和建议,为问题的最后处理提供依据,也为其他有关方面提供参考和借鉴的一种调查报告。

二、写作指要

（一）写作结构要素

调查报告一般由标题和正文两部分组成。

1. 标题

标题可以有两种写法。一种是规范化的标题格式,即"发文主题"加"文种",基本格式为"××关于××××的调查报告""关于××××的调查报告""××××调查"等。另一种是自由式标题,包括陈述式、提问式和正副题结合使用三种。陈述式如《××大学人文学院毕业生就业情况调查》;提问式如《为什么大学毕业生择业倾向沿海和京津地区》;正副标题结合式,正题陈述调查报告的主要结论或提出中心问题,副题标明调查的对象、范围、问题,这实际上类似于"发文主题"加"文种"的规范格式,如《大学生校园文化建设重在创新××××——对开展微博论坛进行主旋律宣传活动的实践思考》等。作为公文,最好用规范化的标题格式或自由式中的正副题结合式标题。

2. 正文

正文一般分前言、主体、结尾三部分。

（1）前言。

前言有以下几种写法。

① 写明调查的起因或目的、时间和地点、对象或范围、经过与方法，以及人员组成等调查本身的情况，从中引出中心问题或基本结论。

② 写明调查对象的历史背景、大致发展经过、现实状况、主要成绩、突出问题等基本情况，进而提出中心问题或主要观点。

③ 开门见山，直接概括出调查的结果，如肯定做法、指出问题、提示影响、说明中心内容等。

前言起到画龙点睛的作用，要精练概括，直切主题。

（2）主体。

主体是调查报告最主要的部分，这部分详述调查研究的基本情况、做法、经验，以及分析从调查研究所得材料中得出的各种具体认识、观点和基本结论。

（3）结尾。

结尾的写法也比较多，可以提出解决问题的方法、对策或下一步改进工作的建议；或总结全文的主要观点，进一步深化主题；或提出问题，引发人们的进一步思考；或展望前景，发出鼓舞和号召。

（二）写作注意事项

调查报告的写作要求如下。

1. 深入调查，充分占有材料

写调查报告，最根本的是一定要做好调查研究工作。调查研究是写好调查报告的基础、前提和先决条件。只有材料充分、全面，才有助于调查者正确地分析情况，做出正确的判断，也才能找出规律性的东西。

2. 分析材料，正确提炼主题

一篇调查报告质量的高低、价值的大小，其决定性因素就是能否提炼出深刻的、有价值的观点，找到带有规律性的东西，得出正确的结论。对调查得来的材料应做到以下几点。

（1）要去伪存真。这就是要舍弃事物中那些虚妄的、惑人的假象，只留下那些能反映事物本来面目的真实材料。

（2）要去粗取精。这就是要摒弃事物中那些粗糙的成分，只选取那些能反映事物内部规律的精要材料。

（3）要由此及彼。这就是把已选好的材料连贯起来思索，找出事物之间的相互联系。这种"连贯"的方法，就是从"纵""横"两个方面入手。"纵"指的是历史发展过程，即事物的前后联系，通过纵的联系研究事物本身发展变化的规律；"横"指这一事物与那一事物之间的相互联系。通过横的联系，在比较中探寻出事物的内部规律。

（4）要由表及里。就是要透过事物的表面现象去了解和认识事物的本质特征，从而抓住主流，确定主题思想。通过分析事物的主流，抓住事物的本质，揭示事物的本来面目。

3. 主次明确，恰当选用材料

调查报告写作，要求观点和材料有机地统一，就是指观点统率材料，材料说明观点、支撑观点、为观点服务。选用材料要做到繁简适度，详略相宜，即重要的、具体的、新的和人所难知的材料宜详；次要的、概括的、旧的和人所周知的材料要略。具体要做到以下几点。

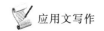

（1）要善于用事实说明观点。要求所写的内容都是真实的，把一个重要事件的全貌叙述出来，并鲜明地表明作者自己的观点。

（2）要善于从比较中说明观点。如好典型同差典型对比；正面材料同反面材料对比；历史材料同现实材料对比；"点"上的材料同"面"上的材料对比。

（3）要善于运用数字来说明观点。有的问题、观点用很多议论也难以表述清楚，而用一个数字、一个百分比，就可以使人们对事物的面貌和问题的实质一目了然。这样数字就具有很强的概括力和表现力。

4. 叙议结合，精心安排结构

调查报告以叙述、说明、议论为主要表达方式，其中，叙述是其主要的表达方式。陈述调查的经过、调查对象的基本情况和事实材料，都要用叙述，并辅之以说明等表达方式；而对实际情况和事实材料进行剖析、归纳，对经验进行总结，则要用议论。写调查报告就是要做到叙议结合、夹叙夹议。为了增强调查报告的可读性，在新闻媒体上发表或播出的调查报告可以根据需要穿插一些描写和人物的对话，以求生动、活泼、吸引人。

三、例文赏析

小组合作性学习的调查报告

××大学　×××

一、调查背景

合作学习是具有时代精神的新的教学思想和方法。今天社会的各个领域，越来越需要合作，越来越注重合作精神的培养。合作意识和合作技巧与能力，也越来越成为现代人的一种重要素质。正是在这样的背景下，中学各科教学开始关注和实践"合作学习"这一课题，"小组合作学习"在教学中开始得以重视和应用。但是实际上，由于教师对课题本身的含义或学科教学特点掌握不清，导致小组合作学习存在着不少的问题，致使很多的小组合作学习只是走过场，往往徒有虚表而效果不佳。基于以上原因，特进行本次调查，目的旨在通过调查、寻找、分析问题及原因所在，制订解决对策，使小组合作学习能真正起到改进课堂教学机制、教学方式及教学的组织形式，真正达到培养和提升学生的合作意识、合作能力与合作精神的目的。

二、调查对象

调查对象主要包括×××中学初一年级的103、105、106这三个班级的107名学生，以及在校的历史与社会老师及科学教育和人文教育的16个实习老师。

三、调查方法

主要采用的是问卷调查的方法，辅之以访谈的方法。

问卷调查方式：主要发放了103、105、106三个班级，采取无记名、现场发卷、现场填答、现场回收。总共发放问卷107份，实收问卷107份，有效问卷105份。

访谈法：主要访谈了×××中学初一年级段的历史与社会老师关于小组合作的形式、看法、实际运用效果和自己的理解；以及随机访谈了初一年级部分学生；同时也听取了在校实习的16位实习老师的关于合作学习的意见和看法。

四、调查内容

调查涉及12个方面问题。主要包括：①小组合作学习的认识和兴趣；②小组合作学习的分组形式；③小组合作学习活动的内容；④小组合作学习活动过程；⑤小组合作学习活动效果……

五、调查结果与分析

通过对回收的105份问卷逐次统计和数据分析，使我们清楚地看到当前中学生小组合作学习存在的突出问题如下。

（一）小组活动形式比较单一

前后座位四人一组，是一种较为方便的组合方式，但凝固单一的小组合作形式，逐步产生小组合作学习内部各成员之间缺少平等的沟通与交流，使小组合作学习成了少数尖子学生表演的舞台，使得个别学生成为教师的代言人，成绩差的学生往往被忽视，许多学生采取旁观的态度，缺少积极参与的意识，学生的思维能力、表达能力、质疑能力得不到锻炼，合作意识和合作能力得不到培养。

数据分析：

"在小组合作学习过程中你经常发表自己的观点吗？"选择回答经常的占51.6%，偶尔回答的占37.5%，几乎不回答的占10.9%。其中选择后两个答案的都是自认为学习成绩中等或不太好的。

（二）小组内部责任分工不够明确

合作学习前没有作提前的准备，想到哪说到哪，多数学生表达完自己的意见就算完事，而对于小组其他成员的意见常常不置可否，因而讨论无法深化。

数据分析：

从"你们班小组合作学习有明确分工吗？"这一问题的统计的结果36.6%认为没有；从"你们班小组合作学习老师提出问题后什么时间讨论？"选择老师提出问题就讨论的占49.9%，独立思考后讨论的占28.1%，两者兼有者占22.0%；从"你每次小组合作学习时知道应怎么做吗？"选择知道的仅占55.0%的结果；以及从"在小组合作学习中，如果对某个问题有争论，你会怎么做？"选择听取学习优秀同学的占44.4%，选择记录下来全班讨论的占50.2%，选择不了了之的占5.4%等情形来看，小组合作学习还没有真正合作起来。

（三）缺乏必要的评价机制和评价反馈

在实际教学中的小组合作学习往往处于有合作、无竞争，表现好坏无所谓状态，缺乏科学、积极的激励、反馈等评价机制，学生没有明确的努力方向和合作的需要，缺少持续发展的内驱力。

数据分析：

从"你班小组合作学习后对其中探讨的问题怎么处理？"选择在全班交流评价的占65.3%，偶尔交流评价的占26.5%，就此结束的占8.2%。同时"每次对学生小组合作学习表现的评价情况？"中都有的占30.2%，有时有的占48.0%，没有的占21.8%。

（四）教师片面追求小组合作学习形式和结论

从问卷调查中的大多数问题反映的情况和与教师和学生之间的谈话看，合作学习的过程往往是匆匆开始、草草收场，对学生的求异、创新思维未能引起足够的重视，讨论最后总喜欢以其认为唯一正确的答案来评定小组合作学习所得出的不同的各种结论。

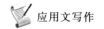

六、思考与建议

（一）思考

通过对调查问卷的分析和与部分老师学生的谈话，我认为造成小组合作学习以上的问题，主要有以下几个原因。

（1）师生对小组合作学习的认识不够明确。通过与教师的交谈发现许多教师在教学指导思想上仅仅把小组合作学习看作是一种教学研究的手段和方法，是新课程改革的需要；问卷中少数学生认为合作学习轻松好玩，而它真正的意义却在培养学生充分的合作意识、合作能力和合作精神。

（2）学生合作意识较差，合作技能较低。合作小组成员没有明确的职责分工，往往导致合作活动流于形式，对如何开展合作学习感到困惑，不知所措；对讨论过程中结论、问题等缺少记录、比较、分析，造成合作成员讨论时发表完自己的意见即草草了事，讨论很难深入，合作学习难以落到实处。

（3）小组合作之前缺少让学生独立思考的过程。49.9%的同学选择老师提出问题就讨论，在学生对问题还没有形成独立见解之前，就急于展开讨论、研究，由于学生的思维没有完全打开，容易被他人同化，造成合作时"人云亦云"的现象，同时思考问题的程度不会缜密、深刻，致使对问题的研究讨论难以深化。

（4）小组合作时未能创设营造应有的情境。合作学习前没有创设应有的条件为有效的小组合作、学习奠定基础，学生合作时又没有给予充裕的时间，急于完成教学任务，只顾预设，不问生成，造成合作时疲于应付，无从下手，往往是虎头蛇尾，学生无法从容进行实验、探索、讨论，只得草草收场。

（5）教师没有发挥好应有的作用。通过调查了解，我们清楚地看到由于过分强调学生"学"的意义，教师常常只成为事后的评论员，而不能积极参与并引领学生"学"的全过程，对一些普遍问题不能及时适当地提供变式来帮助学生解疑，以致使教学活动出现东扯西拉的思维混乱，反而降低了课堂教学的效果。

（6）缺少评价激励机制。合作学习过程中，教师掌握了一种科学合理的小组合作学习评价的方式和技巧，能促进合作学习效果的提高。从社会心理的角度来看，评价的方式可以调节群体的成员学习性质和方式，从而改善、协调群体内成员之间的人际关系。而我们的教学过程中往往泛泛说一说某某小组表现不错，某某同学表现较佳，没有针对性、有个性的评价。从问卷调查的第 10 题来看，还有 21.8%的课堂根本没有任何评价。

（二）建议

1. 合理组建学习小组，强化角色意识

开展合作学习，首先应合理地划分好学习小组。由于中学生好奇心强，学生之间能力倾向、兴趣爱好、个性特征等诸多方面存在差异，因此学习小组应该灵活组合，这更有利于学生愉快地进行合作，培养其合作学习能力。组建学习小组，应先对学生的知识基础、兴趣爱好、学习能力、心理素质、家庭情况、性别等进行综合评定，然后搭配。采用"组内合作，组外竞争"的机制开展生生、师生之间的交流学习，组内成员要有明确的分工，在一个阶段每人都应有相对侧重的一项责任，担任一个具体的合作角色。如：小组讨论的组织负责者、记录员、资料员、评分员、汇报员等，一定时间后，角色互换，从组织形式上保证了全体同学参与合作的可能性，使每个成员都有责任、有事做，都能从不同的位置上得到体验、锻炼和提高，切实提高学生参与合作的效率。

2. 注重合作意识、合作能力、合作精神的培养

针对中学生的自我表现欲强烈及浮躁而不踏实的特征,教师要让学生学会自我"反省",在充分表达自己意见和观点的基础上,养成自我反省的习惯。首先要训练和教会学生如何倾听别人的意见,如何把别人的意见归纳起来,怎样在别人意见的启发下完善和发展自己的观点,怎样清晰地表达自己的意见,怎样大胆地提出自己不同的见解,鼓励学生开展争论和辩论,尤其是表述自己新的观点和思想,并以虚心诚恳的态度接纳别人的正确意见等,在合作中让各人的智慧大放异彩。

3. 发挥教师的引领作用,教给小组合作方法,提高合作效率

学生小组合作学习不能忽视教师的引领作用,教师应重视"引",大胆"放",抓住合作契机及时引导。可以在新知探究的过程中引导;在知识的重点、难点处引导;在灵活运用自己的经验和知识积累中努力丰富文本和自我中引导;在小组合作的有效方法和形式上加以引导等。教师要指导好学生积极采取讨论、举例、引证、实验、归纳、演绎等探究形式,有效地开展小组合作学习,自始至终营造民主、和谐的合作气氛,既不失时机地点拨,又大胆放手让学生独立思考、自我完善,教师通过观察、参与(合作学习的一分子)、巡视、指导等方式积极参与调控,从而不断深化学生对知识的探索过程,形成自主自强、合作探究的学风和习惯。

4. 不图热闹,讲究实效

中学生合作学习要注重其实效性,要根据各学科的特点,在需要时、重要处、均受益的前提下,开展小组合作学习,注意避免"小组合作学习"存在的误区。例如:要留给学生独立思考的过程,避免合作交流时"人云亦云"的现象;避免造成"摆样子""走过场""赶时髦"的现象;要留给学生充足的时间,力戒合作学习"假"与"浮";合作学习的形式、内容及评价等不能死搬硬套、一成不变,既要注意预设,更要重视生成,要因时、因地、因情、因人制宜;等等。

5. 切实加强交流与评价

小组之间缺乏交流与评价,容易迷失方向、产生冲突。让学生之间把合作的学习情况进行大组充分交流并对之进行适当的评价,既可以拓展思维,营造优势互补、资源共享的环境,又能帮助学生明确努力方向、激发学习热情,培养交往合作能力。如果评价以小组为对象,必然导致学生小组或群体之间竞争性行为,群体之间的竞争又促进群体内学生之间相互合作、互相帮助,形成更强的竞争力。学生之间的合作与帮助远远比教师仅仅针对学生个体的指导性行为更有效力。为了不致使班级群体出现分化、敌对的现象,可以考虑在一定的时期内按适当比例更换小组的成员构成,对学生尽可能地采取积极、多元多维的评价方式和标准,避免挫伤学生的自尊心。

6. 用系统、整体、动态的观念看待合作学习

倡导自主、合作、探究的学习方式,这是新课程改革的重点之一,这种学习方式并不是自我独立、互不相关的,而是相辅相成、互为促进的关系。合作意识和能力是现代人所应具备的基本素质,因此在合作学习中,教师要让每一个学生都成为学习的主人,从而自觉提高自己各方面素质,积极能动地参与读书,参与各项探究学习活动,参与质疑解难,大胆发表有创见性的体会和看法;教师也应发挥其应有的引领作用,参与小组学习,及时掌握学情,及时捕捉学生在交流中出现的共性问题和疑难之处,整合各种因素,用系统、发展的观点调控合作过程,引导学生深入探究,从而真正提高课堂教学的整体效益。

【评析】　本调查报告结构完整,格式规范,主题突出,层次清晰,逻辑性强。体现了调查的全过程,有明确的调查计划,调查对象选取科学,调查目的明确,调查内容充实,并采用了合理

的调查方法,其中的问卷调查的方法可以确保调查结果的科学与公正。尤其是结尾处的思考与建议,条分缕析,切中肯綮,将小组合作性学习的现实意义与存在的问题都充分展示出来,为后续的活动开展提供了积极的借鉴。

四、实训演练

(一)判断题

(1)写调查报告有特定目的。要达到其目的,就要"解剖麻雀"——认真分析研究材料,去粗取精、去伪存真、由此及彼、由表及里地做出科学的概括性结论,找出带规律性的东西。

(　　)

(2)写作调查报告没有特定目的,从实际情况出发,调查得到了什么样的材料就写什么样的报告。

(　　)

(3)调查报告在结构上大多运用层层递进的"总分式"结构。

(　　)

(4)报告、调查报告、述职报告等所起的作用虽各有不同,但都是报告,都属于同一文种。

(　　)

(5)调查就是了解情况,写作调查报告的最根本任务就是将调查的原始材料如实地向领导汇报。

(　　)

(6)调查报告的针对性强,要针对人们普遍关心的事情或者亟待解决的问题而撰写。

(　　)

(7)调查报告要揭示规律性,即要通过对理论的分析研究,从理论上寻找其规律性。

(　　)

(8)"解剖麻雀",是指认真分析研究材料。

(　　)

(9)写作调查报告,要做到只叙不议。

(　　)

(10)写作调查报告,要先拟定提纲,再确定主题。

(　　)

(二)写作题

以你所在学校某学院(或某专业)大学生为调查对象,就当前大学生消费情况开展调查,草拟一份调查报告提纲。

要求:格式规范,要素齐全;不少于500字。

五、研究性学习

(1)郭迪珍《掌握"四字诀"写好市场调查报告》,载《应用写作》2018年第1期。

分析与评价:该文认为市场调查报告在功能上的特殊性,要求写作者在写作时应遵循一定的原则,能否在市场调查报告的写作中把握好这些原则,是写好市场调查报告的关键。在写作实践中,作者把这些原则总结为"真""准""精""全"四字诀。虽然是针对"市场调查报告"而言,但是对其他类型的调查报告依然有一定的参考价值。

(2)王翠荣《提高大学生调查报告写作能力的路径》,载《应用写作》2016年第7期。

分析与评价:该文认为,学会拟写调查报告,可以锻炼大学生观察生活、收集资料、发现问题、综合分析研究的能力,同时更好地培养大学生的社会实践和创新思维能力,提升大学生的社会适应能力及团结协作能力,增强其社会责任感,激发其学习动力,为走向未来的工作岗位奠定坚实的基础。并就此提出:①端正调查研究态度,明确写作意义;②打通课堂讲授与课外实践,避免舍本逐末;③培养学生对材料的分析能力,学会夹叙夹议;④提高学生的逻辑思维能力,保证结构严谨等四个方面来提高当代大学生调查报告的写作能力。

第四节 述职报告

一、文体知识

(一)概念

述职报告是报告人向主管领导部门、人事部门或本单位的职工群众,陈述自己在一定时期内工作实绩、问题和设想的自我述评性的报告文书。这是促进和监督中层管理者忠于职守和人事部门正确选拔任用干部的重要举措,是高层领导克服用人主观主义的有效工具。

(二)特点

述职报告具有以下特点。

(1)自述性。自述性也称个人性,就是要求报告人,自己述说自己在一定时期内履行职责的情况,因此,必须使用第一人称,采用自述的方式,向有关方面报告自己的工作实绩。这里的所谓实绩,是指报告人在一定时期内,按照岗位规范的要求,为国家做了些什么事情,完成了什么指标,取得了什么效益,有些什么成就和贡献,工作责任心如何,工作效率怎样,实实在在地反映出来。所写的内容必须真实,是实实在在已经进行了的工作和活动,事实确凿无误,切忌弄虚作假。

(2)自评性。自评性就是要求报告人,依据岗位规范和职责目标,对自己任期内的德、能、勤、绩等方面的情况,作自我评估、自我鉴定、自我定性。述职人必须持严肃、认真、慎重的态度,既要对自己负责,也要对组织负责,对群众负责。对工作的走向、前因后果,要叙述清楚、评论恰当;在写法上,以叙述说明为主。叙述不是详述,是概述,让人一目了然,并从中引出自评。切忌浮泛的空谈,切勿引经据典地论证,定性分析必须在定量证明的基础上进行。

(3)报告性。报告性是指语言要朴实。要明白自己的"身份",放下官架子接受员工评议,认真履行职责做报告。要认识到,自己是在向上级汇报工作,是严肃的、庄重的,是让高层和员工了解自己,评审自己工作的过程。因此,语言必须得体,应有礼貌、谦逊、诚恳、朴实、掌握尺度,切不可傲慢、盛气凌人,不可夸夸其谈、浮华夸饰。报告内容必须实在、准确,而且要用叙述的方式,将来龙去脉交代清楚。另外还要讲话通俗易懂。述职报告不同于一般的公文,最明显的一点是语言的口语化,内容应当是通俗易懂的,语言就要概括精练,甚至讲究专业性。最后报告要总结其规律性。述职报告是否具有理论性、规律性是衡量一篇述职报告好坏的重要标志。述职报告的目的在于总结经验教训,使未来的工作能在前期工作的基础上有所进步,有所提高,因此述职报告对以后的工作具有很强的借鉴作用。述职报告要写事实,但不是把已经发生过的事实简单地罗列在一起。它必须对搜集来的事实、数据、材料等进行认真的归类、整理、分析、研究。通过这一过程,从中找出某种带有普遍性的规律,得出公正的评价,即主题和层次以及众多小观点。如果不能把感性的事实上升到理性的规律性的高度,就不可能作为未来行动的向导。

(三)主要类型

可以从几个不同的角度对述职报告进行分类。

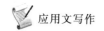

1. 从内容上划分

（1）综合性述职报告：报告内容是一个时期所做工作的全面、综合的反映。

（2）专题性述职报告：报告内容是对某一方面的工作的专题反映。

（3）单项工作述职报告：报告内容是对某项具体工作的汇报。这往往是临时性的工作，又是专项性的工作。

2. 从时间上划分

（1）任期述职报告：从任现职以来的总体工作进行报告。一般来说，时间较长，涉及面较广，要写出一届任期的情况。

（2）年度述职报告：一年一度的述职报告，写本年度的履职情况。

（3）临时性述职报告：担任某一项临时性的职务，写出其任职情况。

3. 从表达形式上划分

（1）口头述职报告：需要向上级述职，或向本单位职工群众述职的，用口语化的语言写成的述职报告。

（2）书面述职报告：向董事会或向人事部门报告的书面述职报告。

二、写作指要

（一）写作要求

述职报告的写作要求具体如下。

（1）要充分反映出自己在任期内的工作实绩和问题。述职是民主考评的重要一环，也是被考评人自觉接受组织和群众监督的一种有效形式。述职人作述职报告，是为了让组织和群众了解和掌握述职人德才状况和履行职责的情况。因此，述职报告应该充分反映出述职人任期内的工作实绩和问题，也即写出自身在岗位上为部门和群众办了什么实事，结果怎么样，有哪些贡献，还有哪些不足，包括工作效率、完成任务的指标、取得的效益等。工作实绩如何，是检验述职人称职与否的主要标志。述职人要充分认识这一点，实事求是地把自己的工作实绩和问题反映出来。

（2）要实事求是地评价自己。述职人对自己的评价要实事求是，不夸大，不缩小，要准确恰当，有分寸，不说过头话、大话、假话、套话、空话。要做到这样，应注意处理以下几个关系：

① 处理好成绩和问题的关系，就是理直气壮摆成绩，诚恳大胆讲失误。

② 处理好集体与个人的关系，不能把集体之功归于个人，也不要抹杀了个人的作用，必须分清个人实绩和集体实绩。

③ 在表述上要处理好叙和议的关系，就是以叙述为主，把自己做过的工作实绩写出来，不要大发议论、旁征博引，议论也只是对照岗位规范，根据叙述的事实，引出评价，不能拔高。

（3）要抓住重点，突出个性。述职报告的内容应抓住重点，抓住最能显示工作实绩的大事件或关键事写入述职报告。凡重点工作、经验、体会或问题等，一定要有理有据，充实具体，而对一般性、事务性工作，宜概括说明，不必面面俱到。抓住重点，突出中心，还应突出自己的特色，突出自己独有的气质、独有的风格、独有的贡献，让人能分辨出自己在具体工作中所起的作用。

（二）写作格式要素

述职报告一般由标题、称谓语、正文、落款四部分组成。

1. 标题

述职报告的标题,常见的写法有以下三种。

(1) 文种式标题,只写《述职报告》。

(2) 公文式标题,姓名＋时限＋事由＋文种名称,如《××2018 至 2019 试聘期述职报告》《2018 年至 2019 年任主管经理职务的述职报告》。

(3) 文章式标题,用正题,如《2019 年述职报告》。

2. 称谓语

(1) 书面报告的称谓语,写主送单位领导名称或单位名称,如董事长或人力资源部。

(2) 口述报告的称谓语,写对听者的称谓,如"各位同志""各位领导,同志们"。

3. 正文

述职报告的正文由开头、主体、结尾三部分组成。

(1) 开头。

开头又叫引语,一般交代任职的自然情况,包括何时任何职,变动情况及背景;岗位职责和考核期内的目标任务情况及个人认识;对自己工作尽职的整体估价,确定述职范围和基调。这部分要写得简明扼要,给听者一个大体印象。

(2) 主体。

主体是述职报告的中心内容,主要写实绩、做法、经验、体会或教训、问题。要强调写好以下几个方面:对单位部门规章制度、上级领导指示的贯彻执行情况;对上级交办事项的完成情况;对分管工作任务完成的情况;在工作中出了哪些主意,采取了哪些措施,做出哪些决策,解决了哪些实际问题,纠正了哪些偏差,做了哪些实际工作,取得了哪些业绩;个人的思想作风、职业道德、敬岗爱业和关心群众等情况;写出存在的主要问题,并分析问题产生的原因,提出今后改进的意见和措施。

这部分要写得具体、充实、有理有据、条理清楚。由于这部分内容涉及面广,量多,因此宜分条列项写清。"条""项"要注意内在逻辑关系安排好。

(3) 结尾。

结尾一般写结束语,用"以上报告,请审阅""以上报告,请审查""特此报告,请审查""以上报告,请领导、同志们批评指正"等作结。

4. 落款

述职报告的落款,写上述职人姓名和述职日期或成文日期。署名可放在标题之下,也可以放在文尾。

三、例文赏析

2020 年度个人述职报告

×××

时光飞逝,2020 年转眼间已成为过往,回首过去一年的工作,有成功时的喜悦,有与同事协同攻关的艰辛,也有遇到困难和挫折时的惆怅与茫然。为了更好地完成 2021 年度工作,真正做到扬长避短,现将本年度重要工作情况总结如下。

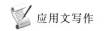

一、履行职责情况

我于 2020 年 5 月 27 日受聘担任设备部主任助理,按照部门内部职责分工,我负责锅炉专业全面管理的同时还主管设备部生产准备工作。当时正值锅炉设备计划检修高峰期,并且 2×330MW 机组的建设正如火如荼进行中,由于整个设备部人员思想上没有形成高度认识,没有积极主动地参与新机组基建。鉴于一边要确保老厂设备检修质量可靠,能安全稳定运行,另一边要抓新机组生产准备的现状,及时组织制订出台了《设备部生产准备实施细则》,明确生产准备工作目标,开始狠抓点检员培训工作,以有利于确保设备设计、选型、安装质量和方便后续投产后全面推行点检定修管理为目的,开展生产准备各项工作。

(一)狠抓设备检修质量管理,努力提高设备可靠性

要求专业点检员在设备检修管理过程中,牢固树立"隐患就是事故"的理念,狠抓检修质量管理和重复缺陷消除两项工作。在设备计划检修期间,组织部门点检人员编制下发了设备检修质量问题清单,要求在检修中严把检修工艺关,明确验收质量标准,对修后在质保期内出现检修质量问题的,严肃考核当事人。针对近两年我厂锅炉"四管"频繁泄漏的难题,在检修过程中主动出击,如今年在 3 台锅炉检修过程中搭设满炉膛脚手架对整个受热面管进行了全面检查等举措的实施,真正做到锅炉四管"封停必检"工作不走过场,很大程度上降低了锅炉四管泄漏风险。

(二)做实生产准备,助力精品工程创建

一是狠抓点检员的培训。从 12 月 1 日起,部门统一组织点检员每天下午利用 5 点至 8 点的时间段来学习 330MW 机组相关知识,通过组织专业内部讲课和编写管理标准,部门领导每天进行跟踪,要求点检员无特殊原因不得请假,切实做好培训工作。二是做好设备调研及问题清单的收集整理工作,各专业共提出问题清单 95 份。三是在设备安装验收过程中,要求点检员去现场验收,对安装关键质检点要做好记录,要留有照片等影像资料,同时做好资料收集;锅炉受热面组装过程已经安排生产准备人员全面介入。四是按照要求列出计划,阶段性编制完成点检定修四大标准并完成部分设备台账的记录工作。

一年来,我在学习上对自己提出了更加严格的要求,注重加强政治理论、业务和管理知识的学习。遇事及时向主管领导汇报,努力协助主任抓好部门管理工作;工作中敢于大胆管理,敢于承担责任,不推诿,不扯皮,尽心履职,以身作则,认真踏实做好分管的业务工作。

二、廉洁自律情况

自走上部门管理岗位以来,我深刻认识到廉洁奉公、勤政为民的重要性,认真学习关于党风廉政建设的有关规定,自觉加强党性和自身修养,以一个共产党员的标准严格要求自己。严格执行领导干部党风廉政建设各项规定,积极开展对照检查,自觉抵制不正之风,不断提高政治鉴别力和拒腐防变的能力。增强自律意识,做到自重、自警、自励,清正自守,不该拿的东西不拿,不该去的地方不去,不该做的事情不做,保持一名共产党员清正廉洁的本色,不利用职权谋取不正当利益。在生活上,积极追求健康向上的生活方式,不贪图享乐,反对铺张浪费,反对消极腐败和低级庸俗的东西。严于律己,始终保持清正廉洁的本色。

三、存在的不足和原因分析

一是学习抓得不够紧。学习缺乏系统性、整体性,学习不够主动。尤其是在政治理论学习上,只注重参加集体的学习,放松了对个人自学的要求。究其原因,总是以现场工作忙为借口,存在惰性。今后要进一步端正学习态度,不断加强政治理论和业务知识的学习,认真结合实际

工作努力做到学以致用、用以促学、学用相长。

二是全局观念还需进一步加强。平时只注重做好分管范围内的工作,对全局性工作思考得少。没有考虑到自己作为一名部门管理人员,有责任、有义务从全局的工作出发,既要做好分管范围内的事情,也要积极主动地关心全局性的工作。面对出现的新情况、新问题,没有过多地去认真思考。

三是对领导安排布置的工作有时执行不到位,责任落实不够,一些老毛病、坏习惯依然存在。

四、下一步努力的方向

2021年即将来临,随着我厂2×330MW机组的建设,不论是确保老厂设备安全稳定运行还是新机组生产准备工作方面将面临很大的挑战。在新的一年里,主要从以下几方面来努力:

(1)深刻领会理解"精品工程"创建目标要求,继续以更加奋发有为的进取精神、更加勤勉务实的工作作风,攻坚克难、锐意进取,确保完成部门生产准备工作目标。

(2)合理安排调配好部门现有专业技术人员,努力做好2×330MW机组的生产准备与确保老厂设备安全可靠运行的平衡工作,使得生产准备与安全生产工作两不误。

(3)进一步转变工作作风。围绕坚持以人为本的理念,努力改进工作作风,提高为企业履职、为职工服务的水平。在工作中敢于负责、勇于担当、真抓实干、雷厉风行。

述职人:××

××××年××月××日

【评析】 这是一份年度述职报告,格式规范,主题突出,结构完整,层次清晰。对成绩不夸张,对缺点不隐瞒,并能就不足展开具体分析,为下一步的努力方向奠定了基础,总体上是一份合格的述职报告。

四、实训演练

以下这则述职报告存在多处问题,请指出并予以改正。

卫生局个人述职报告

我于2020年7月从××医科大学毕业,同年12月分配进××县人民医院,借入县卫生局,任办公室文书一职至今。一年来,在局领导和办公室主任的领导和关心下,在同事及各位同仁的支持帮助下,紧紧围绕办公室的中心任务,服务领导工作安排,加强学习锻炼,认真履行职责,全面提高了自己的思想认识、工作能力和综合素质,较好地完成了各项工作任务。现将2020年的个人主要工作情况总结如下。

1. 以踏实的工作态度,适应办公室工作特点。办公室是单位运转的一个重要枢纽部门,是上传下达和沟通领导与群众的枢纽和桥梁。因此,办公室的工作既宏观又具体,既要沟通上下,又要协调左右,既需要具有前沿知识又需要具有实际工作能力,再加上办公室人手少,工作量大,这就决定了办公室工作繁杂的特点。一年来,我以踏实的工作态度,不仅适应了办公室繁杂的工作特点,还满意地完成了各项工作,赢得了同事的好评。

2. 加强学习,提高自身思想水平。结合工作实际,自己更加认识到学习的重要性。工作一年来,我一方面自觉学习时事政治及法律法规等相关知识,另一方面时时温习医学基础知

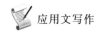

识、公文写作及计算机知识等,不断提高自己的思想素质、工作水平和认识、分析和解决问题的能力。

3. 以学习整改活动为契机,树立良好的工作作风。一是积极参加执政为民服务发展学习整改活动,多次参加义务劳动,同时,撰写心得体会,不断加强自身工作作风建设。二是学习领悟党的十九大精神,认真收看党的十九大开幕式,多次参加职工大会专题学习,并认真聆听了县上十九大精神宣讲团到卫生局的专场宣讲报告。

4. 加强文秘工作,严格文件印发、送达、收发程序。一是严格公文签发和制发程序,在具体工作中,由各有关科室负责拟稿经局领导签字后,再由办公室负责公文审核、登记,全年共制发公文(简报)450多件,做到分类明确,存档细致,无编发错误。二是加强公文收发传阅管理工作,根据自己工作需要,设有公文阅件卷和急办件卷,并按照局领导分工情况分别配置有领导阅文卷,从而大大提高了阅文速度和工作效率。在具体工作中,我认真阅读每一份文件,写好每一份拟办意见,传递好每一份文件,督促相关科室按时完成有关工作,做到条理清晰,心中有数。三是在工作中加强与同事间的配合,协助做好文稿修改、年度总结、工作汇报及领导讲话等的拟草工作。

5. 做好群众来信来访工作。信访工作不仅是办公室的重点工作,更是全局的重点工作,如果不重视此项工作,马马虎虎去应付,不仅会损害部门形象,更会影响社会和谐安定。因此,全局上下都高度重视信访工作。我严格按照《信访条例》要求,做好信访日常管理工作,按规定对群众来访做好接待工作,对群众来信进行专项登记、传阅及归档。同时,对2018年年度信访维稳工作进行了专项总结。

6. 做好了迎接市卫生局和县上考评工作。一是根据时间安排,及时向县属各单位部署迎检准备工作,积极协调各科室,做好各类资料归档立卷工作。二是按照县上考评要求,对信访稳定、帮乡扶贫、计划生育及劳务经济等10多项工作进行了专项总结,同时,我还参加了对创建国家卫生县城工作及全年卫生工作总结工作。三是按照年初市卫生局下达的2018年年度基层单位目标责任书,由我拟草了自查报告,制作了专题幻灯片,考评后,我还围绕此次考评工作撰写《加强医疗卫生建设 确保全民身心健康》发表在《××报》第91期上。

7. 做好了乡镇卫生院院长培训授课工作及全县农村卫生人员培训项目技术培训工作。一是按照安排,我很荣幸地为全县乡镇卫生院院长们作了《医院文化和医院团队建设》一讲的培训授课工作,使我获得了众多院长们的好评。二是根据县卫生局2020年年农村卫生人员培训项目实施方案,应领导要求,我于12月21日在公平镇中心卫生院为全县乡镇卫生院进行了农村卫生人员培训项目技术培训。

8. 加强档案管理,提高归档质量。一是参加了县上组织的档案业务继续教育培训,就公文处理、归档文件整理、机关文件材料归档范围和文书档案保管期限规定等内容进行了学习,并获得了结业证书。二是制定了《××县卫生局机关文件材料归档范围和文书档案保管期限规定》(××卫发〔××××年〕40号),经××县档案局认真审查后(××档函〔××××年〕12号),同意从××××年年度起开始施行,切实加强档案管理。三是将1996—××××年的文书档案共188卷进行了归档立卷并移交县档案局。

9. 勤勤恳恳,做好办公室值日工作。除做好平时的值日工作外,还多次参与法定节假日值日工作;党的十九大召开后,我在做好值日工作的同时,还认真做好了向市、县两级的维稳工作日报告工作。

总之,本人政治立场坚定,思想觉悟高。思想上,自觉加强理论学习,努力提高政治思想素质;生活上,艰苦朴素,勤俭节约,敢于吃苦耐劳,关心集体,热爱集体,具有较强的主人翁意识和集体荣誉感,服务意识强,有奉献精神;工作上,求真务实,与时俱进,工作热情高,精力充沛,能力强,能独当一面地开展工作,具有较强的人际协调能力和组织管理能力。工作一年来,本人完成了学生角色的转变,始终保持一种积极向上的心态,尽心尽责,服从领导,遵守纪律,严于律己,以踏实的工作态度,认真履行职责,努力开展工作。一年来,通过不断加强自身学习锻炼,全面提高了自己的思想认识、工作能力和综合素质,较好地完成了各项工作任务,赢得了领导及同事的好评。

五、研究性学习

(1) 李朝阳《述职报告写作中分若干误区》,载《文学教育》2016 年第 9 期。

分析与评价:我国很多单位都进行了人事制度和干部体制改革,跟国际接轨,实行岗位责任制和干部聘任制。述职报告作为民主考核干部程序的一个重要方面,在实践中发挥了越来越重要的作用。该文主要介绍了当前述职报告中存在的若干写作误区,并针对这些误区给出相应的解决对策,即:①突出重点,明确自己的价值所在;②大方巧妙摆成绩,诚恳坦然讲失误,以提高述职报告的写作质量。

(2) 张跻国《关于一篇企业党组织书记抓基层党建述职报告的评析》,载《应用写作》2018 年第 5 期。

分析与评价:该文就一篇企业党组织书记抓基层党建述职报告展开分析。作者认为在一篇篇幅较短、要求具体的报告中,将庞杂的党建工作内容提纲挈领地拢起来、说出去,给人以清晰、深刻、务实的印象,着实不易。这篇报告能够做到:①紧扣主题,结构合理;②思路清晰,重点明确;③问题找得准,思想挖得深。在结构形式、具体内容和语言表达上,对写好党建述职报告及其他类型的述职报告很有借鉴意义。

新闻类

第一节　消　息

一、文体知识

（一）概念

消息是新闻传播的主体,是以记叙为主要手段,用简洁明快的语言,对国内外新近发生的具有传播价值的事实进行迅速及时报道的新闻文体。新闻这一概念有广义与狭义之分:广义的新闻指包括消息、通讯、特写、新闻评论、调查报告等在内的全部新闻文体;狭义的新闻则专指消息。

消息是新闻文体中使用频率最高、使用数量最多的一种体裁。在现代生活中,对国内外大事的报道、工作经验的交流、各种信息的传播等,都离不开消息。随着现代传媒社会的到来,消息与人们的关系越发紧密,人们通过报纸、广播、电视、网络乃至手机上的消息,迅速及时地了解社会上发生的各种新情况、新经验、新信息、新动态。在现代社会,人们不仅要了解消息,还应该学会写消息。

（二）主要类型

依据不同的分类标准,可以把消息分为不同的类型。常用的分类方法有以下几种。

（1）从新闻事实发生的地域与范围来看,可以分为国际消息、国内消息、地方消息和单位消息等。

（2）从报道的内容来看,可以分为政治消息、财经消息、科技消息、军事消息、教育消息、体育消息、娱乐消息等。

（3）从传媒工具的类型来看,可以分为报纸新闻、广播新闻、电视新闻、手机新闻、网络新闻等。

（4）从写作学的角度来看,可以分为动态消息、综合消息、经验消息（典型性报道）、述评消息、深度报道五种类型。

① 动态消息

动态消息是对刚刚发生或者正在发生的国内外最新动态事实的简洁报道,是消息诸体裁中报道量最大、时效最快的一种体裁。动态消息也称动态新闻,它的写作要以事物的最新变动为主要着眼点,以时新性与重要性为主要价值取向,以突发性事件为主要报道内容,以客观叙事为基本特征,以开门见山、一事一报为主要写作原则。简要地说,它选题着眼于"变",报道侧重于"动",体式倾向于"简",表述讲究的是"直"。现代媒体上的新闻,大部分是动态消息。这种动态消息的特点是文字简短,内容丰富,形式活泼,见报迅速,一般只有三五百字,有的甚至只有几十个字。尽管很短,却仍然能够反映重大事件,表达重要主题,引起人们的注意。

② 综合消息

综合消息也称综合新闻,指把发生在不同地区或部门的具有类似性质的事件综合为一体的报道。它反映全局性的情况、成就、趋势、动向或问题,具有涉及面广、逻辑性强、点面结合、叙议结合、总揽全局、声势较大、舆论性强等特点。"在实践中,往往一个研究报告、一份官方统计数据、一份问卷调查,都是综合消息报道的缘起或主要对象。"

综合消息可分为两种类型,一是横截面综合式的,即把发生在同一时期的各种事件加以横向的综合,它以总揽全局为其特征;二是纵深度综合式的,即从大处着眼,小处着手,对事件的发展与不同侧面作有深度的综合分析,这种报道常常会有深入持久的影响力。在具体写作中,不管是横截面综合式的还是纵深度综合式的,都要求必须占有大量而全面的材料,通过对这些材料的分析综合,来揭示具有普遍意义的主题。

③ 经验消息

经验消息又称典型新闻或典型消息,它是对具有普遍意义的典型经验或新闻人物的报道。经验消息主要反映具体单位、部门、行业在工作、学习和生产中所取得的具有典型意义的成功经验,以起到以点带面、以个别指导一般、以局部推动全局的宣传作用。写作经验消息要注意以下几点:首先,经验消息除了用记叙写法、靠事实说话之外,要做到内容新鲜,一旦缺少了新鲜感,毫无新鲜经验,便失去了存在的理由;其次,要交代所取得的成绩,更要总结出所取得成绩的具有普遍意义的经验,要把经验写深、写透;再次,要交代具体的做法,但要注意做法的政策性与典型性,避免陷入具体的事务性与技术性之中;最后,在写法上要力求具体生动而避免泛泛而谈,要多用客观叙述的方法而少用理性分析的方法,要体现出新闻的特点而不能写成工作总结。

④ 述评消息

述评消息也称新闻述评,介于新闻和评论之间,它采用叙议结合的方式来反映国内外的重大新闻事实。述评消息既叙述事实,又评析事实,边述边评,述评结合,通过对事实的述评来提示其本质意义,指明其发展趋势,用以指导工作。常见的述评消息有时事述评、思想述评、工作述评、事件述评等。

述评消息兼有报道与评论的双重作用,能使读者晓其事而明其理,有助于人们提高对事实的认识。因此,述评消息在写作上,一方面要抓住群众普遍关心的"热点""焦点",即人们在政治生活与社会生活上普遍存在和急切需要解决的问题,一方面又要通过对事实的精辟议论来提高人们的认识,取得人们的认同。在写法上,述评消息要善于就事论事,就实论虚,一针见血,要防止有述无评或只评不述的述评脱离;述评消息还要把握好评的尺度,要做到评而不论,即只需摆出论点,把一些想法、看法、见解、意见、态度、倾向直截了当地表述出来,无须刻意地用论据来证明它,更不能把述评消息写成社会评论。

⑤ 深度报道

深度报道这一概念最早来源于西方新闻学论著。20世纪40年代,深度报道理论兴起于美国新闻界,20世纪80年代正式传入我国,对促进我国新闻业的改革发展发挥了重要作用。深度报道是指完整反映重要新闻事件和社会问题,追踪其来龙去脉,揭示其实质意义和发展趋势的一种高层次的报道方式。它不仅报道新闻事件本身,更注重追踪事件发生的原因和影响,预测今后发展的趋势,并在可能的条件下,提出解决问题的方案,故它又被称为"新闻背后的新闻"或"解释性报道"。

深度报道是新闻中的新品种,有"后起之秀"的美誉。深度报道突破了新闻"一事一报"的方式,着重说明"为何""如何"这两个问题。深度报道的"深度"体现在:首先,它具有开阔的新闻视野,不局限于一事一报,而是多角度、多侧面地报道新闻事实,更深刻地提示新闻事实的矛

盾主体;其次,它要有结论,但这个结论不能是记者的主观看法(对事实是非的对错判断),或某些抽象的道理,而只能是事件本身所陈述、所展示的客观存在,这个结论展现的过程,应如做数学题一样,体现为一个推导的过程——推导所需要的材料,是记者通过采访收集到的新闻事实,推导出的"定理"和"规律",是主流人群的思维逻辑;最后,深度报道得出的结论应具有一定的先进性,即它应该能展示当下主要的社会矛盾,而不应是显而易见的陈词滥调。有学者对深度报道做了如下的比喻:"通俗地说,如果说新闻事件本身是冰山露出水面的一角,那么深度报道就是要把埋藏在深海中的冰山下面全部挖掘出来,把握整座冰山的形与神。也有人将深度报道比作拼图游戏中最后组成的组合图像。一个个客观报道是一块块拼图小方块,而深度报道则是通过一定意义方式组合拼接而成的整个图景。"

(三)特点

1. 真实性

消息的真实性就是用事实来说话,真实性可以说是消息的生命。消息的真实性包含以下三层意思:一是消息反映的事件是真实的,即报道的人名、地名、时间、事件经过、周围环境、历史背景、引语数字、细节描写、人物心理活动以及报道中所涉及的自然科学和社会科学知识等都要准确无误,不得虚构或进行"合理想象"。二是对事实的概括是真实的。消息所概括的事实要和实际情况一致,不能以点代面,以偏概全。这在综合消息中显得更明显。三是代表事实与实际生活中同类事实的总体要相符合。消息报道中有不少事实具有代表性,对这些事实的报道,代表并概括了实际生活中的同类事物,可称为代表事实。在这种情况下,不仅每一则消息所报道的事实在实际生活中确有此事,而且这类消息的事实尽量要与现实中同类事实相一致,这种相一致也应包括与发展的真实趋势相一致。

消息是用事实来说话。消息只有具有真实性,才能具有说服力;失去了真实性,消息也就失去它的根本。

2. 新鲜性

消息要及时迅速地反映新闻事实。新鲜性是消息存在的价值,缺少新鲜性的新闻,无法满足人们了解新闻事实的需求。消息的新鲜性不仅指新近发生的事件,也包括过去发生而一直不为人知或鲜为人知的事件的最近时间的披露和发现。

消息的新鲜性要求消息报道必须讲究时效性。新闻事实是容易陈旧发霉的,所谓"今天的新闻是金子,昨天的新闻是银子,前天的新闻是垃圾。"当今社会,许多传媒为了及时迅速地报道新闻事实,不仅做到了"Today's news today report.(今天的新闻今天报道。简称 TNT)",甚至做到了"Now news now report.(现在的新闻现在报道。简称 NNN)"。在所有的消息中,动态消息的时效性是最强的,动态消息的写作往往要求争分夺秒。其他消息虽不及动态消息时效性强,但也得讲究时效性。如果消息对新闻事实报道得不够及时,新闻就会失去新鲜感,并因此而失去价值。

3. 公开性

消息的公开性有两层含义,一是指新闻事实可以公开,一是指新闻事实应该以公开的方式传播给公众。如果一个事实只能限定在少数人的范围内传播,它就只能是情报或者秘闻。公开性是消息的目的。

把公开性当作消息的特征,是顺应社会进步潮流的。强调消息的公开性,就是强调人民群众对新闻事实的知情权,把消息当作推动社会政治民主化进程的利器,同时也适应了现代社会新闻竞争的需要。各种新闻传媒要在激烈的新闻竞争中发展,就必须重视消息的公开性,只有这样才能真正满足公众对新闻的需求。当然,从社会学、管理学的角度考察消息的公开性,并非任何事情都应公开,它必须在法律和政策允许的范围内选取事实。凡是关系到政治、经济、军事等方面的机密,很多国家都做出了严格的法律与政策规定,违反则要受到惩处。新闻的公开性必须顾及社会效果,那种曝光个人隐私,恶意中伤他人的丑恶做法,与新闻的公开性是水火不容的,因为它们有违新闻传播的根本目的。

4. 简洁性

消息篇幅一般都比较简短,往往用几十字、百把字或几百字就把新闻事实说清楚了,这就是新闻的简洁性。

现代社会人们生活节奏快、时间观念强,人们希望在最短的阅读时间里获取尽量多的新闻信息,这就要求消息能够用最简洁的语言,写清事实,显示精神,文约意丰,准确生动,只有这样才能更好地满足公众了解新闻的需要。正像胡乔木同志在《人人要学会写新闻》一文中所告诫的:“你只能在两样里选择一样,或是写很长而没有人看,或是压缩压缩再压缩而人人愿意看。”胡乔木同志后来还在延安《解放日报》上撰文,发出新闻要“短些,再短些!”的呼吁。

5. 叙述性

消息表达的方式主要是叙述。因为消息是用事实说话,用事实去反映时代、社会,去体现观点,故叙述必然成为写作消息的基本表达手段。需要指出的是,消息的叙述与叙事性文学作品的叙述是有区别的。它不必详细地展开事实发生、发展的全过程,更不必细致、形象地表现人物的内心变化和行为变化,而是在交代五个“W”的基础上,只对事件发生的环境、条件、过程等作一个轮廓式的叙述。消息也应有一定的形象性,用以增强感染力,但不会像文学作品那样去作细致的描绘。消息有时也有议论,但往往只是画龙点睛式地揭示事实的意义、价值,或本质特征、规律。简洁的叙述,是写作消息最具特征的表达手段。

二、写作指要

(一)新闻的六个要素

学习消息的写作,首先要了解新闻的五个“W”和一个“H”,即五个“何”和一个“怎么样”,也被称为新闻的六个要素。

1889年3月30日,美联社记者约翰·唐宁发了一条长消息,这条消息的导语是这样写的:

> 萨莫亚·阿庇亚3月30日电 南太平洋沿岸有史以来最猛烈、破坏性最大的风暴,于3月16日、17日横扫萨莫亚群岛。结果有6条战舰和10条其他船只要么被掀到港口附近的珊瑚礁上摔得粉碎,要么被掀到阿庇亚小城的海滩上搁浅了。与此同时,美国和德国的143名海军官兵有的葬身珊瑚礁上,有的则在远离家乡万里之外的无名墓地上,为自己找到了永远安息的场所。

这则简短的消息里面,时间、地点、人物、事件、原因、结果六个要素全部齐备,成了新闻导语写作的典范。到了19世纪末,美联社总编辑、总经理维尔·E.斯通明确指出:美联社记者所发的每一条新闻里,都必须具有这六个要素。

何事(What)——发生了什么事情

何人(Who)——事件关涉的人物

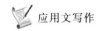

何时（When）——事件发生的时间

何地（Where）——事件发生的地点

何故（Why）——为什么会发生这个事件

怎么样（How）——结果是什么

可以说任何一则消息,不管它报道的是什么样的内容,只有具备了以上的六个要素,才能够使受众对所报道的事件有清晰的了解和认识。因此,消息的写作应该重视对这五个"W"和一个"H"的处理与安排。对新闻的六个要素重视,其实也是新闻用事实说话的原则在消息写作中的具体体现。

（二）消息的结构形式

消息的写作中有一些常见的结构形式。人们在写作消息时,可以根据新闻的具体内容与个人的写作习惯,来选择合适的消息结构形式。

（1）倒金字塔式结构。这种结构形式是在 19 世纪 60 年代美国南北战争时期形成的,其特点是:依照新闻内容的重要程度,先重后轻地去安排结构。也就是说,这种结构形式把最重要的内容放在前面,次重要的靠后,再次要的再靠后,最次要的则放在最后。因为这种结构形式头重脚轻,就好像一个倒过来的金字塔,所以以倒金字塔式结构来命名。这种结构的优点是明显的:对于受众,它能让大家在最短的时间里了解新闻的最重要内容,便于受众的选择;对于编辑,它便于编辑选取、删节与发排稿件;对于记者,它可以迫使记者首先分清材料的主次轻重,并有助于他们迅速地写出稿件。这种结构也有些缺点:变化少但意思跳跃性却较大;导语、正文、标题也容易重复。

（2）金字塔式结构。这种结构形式与倒金字塔式结构相反,它不像倒金字塔式结构那样依新闻内容的重要程度安排结构的,而是依新闻事件发生发展的自然顺序去安排结构。它的优点在于:能把事情的来龙去脉、前因后果表达得明白清楚,适合文化层次较低的人们的接受习惯和口味,作者写起来也比较自然,易于把握。这种结构形式最适于表现一些故事性强、人情味较浓的新闻事实,所以人们把一些这种结构形式写成的消息,称为新闻故事或新闻小品。这种结构形式的缺点在于:因为平铺直叙,所以容易拉长篇幅,也容易缺少新奇感。

（3）悬念式结构。这种结构形式是一种以抓住受众急于知道事情结局的心理来组织安排材料的结构形式。它往往在开头突出事情的关键以引人注意,从而将受众一步步地引向事情的高潮。悬念式结构适应那些故事性较强、以情节取胜的新闻,尤其适合写现场目击记。其优点是比较生动、吸引人;缺点是由于它的精华部分往往比较靠后,因此受众往往到最后才会了解事情的真相。

（4）逻辑式结构。这种结构形式着眼于事物内在的联系与逻辑关系,并以此来组织材料,安排层次。在这种结构中,事物之间存在着主从、因果、并列等不同的逻辑关系,消息的主题在写作中也随之有不同的变化。这种结构的优点在于,能较好地反映事物的内在规律,揭示事情的本质特点与意义,而且层次条理比较清晰,缺点是它适用的范围不是很大。

（三）标题的制作

标题就是消息的题目。"读书读皮,读报看题"。消息的标题不仅有提示新闻主旨的作用,而且还有向受众推荐新闻的作用。人们习惯于把标题比作新闻的眼睛,这是因为标题一方面能简明、准确地概括新闻事实,一方面又激发受众对所报道事实的兴趣。消息的标题写得好,自然能吸引受众；标题写得不好，再好的新闻也会被受众所忽略。随着信息社会的到来，随着生活节奏的加快，"浏览"已经成了人们主要的阅读和接受方式。在众多的信息中，消息要能够抓住人们的眼球，就更要讲究标题的制作。

从外观表征或制作样式看，消息标题可以分作以下三种类型。

1. 三行标题

三行标题由正题、引题、副题组成。正题又称主题、母题，其任务是概括与说明核心的新闻事实与思想内容；引题又称眉题、肩题，位置在正题的上方，它的职责是揭示新闻事实的思想意义或提出问题、交代背景、说明原因、渲染气氛，在必要的铺垫后引出正题；副题又称辅题、子题、次题、脚题，位置在正题的下方，它的作用是提示所报道事实的结果，或者是补充事实，对事实作出评价，等等。如《中国青年报》2016 年 1 月 1 日第 1 版的新闻标题：

国家主席习近平发表二〇一六年新年贺词

只要坚持，梦想总是可以实现的

世界那么大，问题那么多，国际社会期待听到中国声音，看到中国方案，中国不能缺席

这样的标题信息量丰富，宣传声势大，可以用来报道一些重大或特别的事件。相对来说，这种标题的使用频率还是比较低的。三行标题在写作设计时要注意，可以使用菱形或梯形结构，一般不能使用沙漏型和长方形结构。

2. 双行标题

双行标题有两种：一是引题加正题式，引题的文字要求精粹，形式也较讲究，其目的在于导入或引出正题；一是正题加副题式，副题往往是对正题的补充说明，其目标在于配合正题交代清楚事实，并帮助受众完整地理解新闻内容。如《人民日报》2016 年 2 月 5 日第 1 版和第 4 版的两则新闻标题：

为国家立心 为民族铸魂（正）

十八大以来党中央推进和深化社会主义核心价值观建设纪实（副）

广大编辑记者踊跃赴基层采访（引）

把新闻写在大地上（正）

双行标题在写作设计时要注意：可以使用梯形结构，一般不能使用长方形结构。

3. 单行标题

传统媒介报道比较单纯的新闻，一般采用单行标题，即用一行精练的文字把新闻的主要事实交代清楚，如"将党风廉政建设和反腐败工作引向深入""南京将建立学生装成长档案"等。

值得指出的是，单行标题在网络化飞速发展的今天也有变化，作为特殊载体形式的网络，

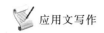

它在发消息时几乎全部采用的是单行标题。但如果稍加分析,便不难发现,网络上消息的单行标题其实好多都是由对传统双行及多行标题整合而形成的。如×××新闻2021年2月5日的两则新闻标题:

英国富豪爱上清洁工　赔上宾利又搭房却分手

朝鲜欲试射导弹引三国出招　美军斩首部队抵韩

这样的标题如果放在报纸上,也可以变成双行标题或三行标题。

标题是消息的眼睛。要写好消息首先要在标题上下功夫,语言的准确、凝练、鲜明、生动,是不能不讲究的。

(四)导语的写作

消息的开头一般为"电头",如"本报讯""新华社×月×日电"等,电文后空一格,紧接着的就是导语。

导语是消息中最重要的事实的概括,其作用是开门见山,介绍内容,提示主题,导入正文,引起读者阅读的兴趣,通常情况下是消息的第一句话或第一段文字。一般来说,导语集中并突出了新闻中最重要的新闻要素,并以最简洁、精练的文字将之概括出来,它对整个的新闻有导读或导视的作用。

美国当代著名的新闻工作者特德·怀特指出:"导语是新闻报道的精髓所在,它决定了整个报道的基调。导语必须一下子就'勾起'受众的注意力。这个'钩子'可以是一个激动人心的句子、一个巧妙的警句,可以是一个错综离奇的事件,也可以是一段发人深思的引语。"由此可见,精彩而准确的导语对消息的写作来说是至关重要的。

常见导语的写法有以下几种。

1. 概述式导语

概述式导语是运用概括叙述的手法,把消息中最新鲜、最主要的事实简明扼要地写出来,以达到真实、准确地传递信息的目的。如××网2021年2月4日新闻《××省副省长刘××涉嫌严重违纪接受组织调查》的导语:

> 人民网北京2月4日电　据中央纪委监察部网站消息,××省副省长刘××涉嫌严重违纪,目前正接受组织调查。

2. 描写式导语

描写式导语即对消息的主体事实及某一有意味的侧面作简笔勾勒和描绘,以达到生动传神、吸引读者的目的。这种导语往往会给人以身临其境之感,有较强的吸引力。如《××晚报》2021年2月5日第5版新闻《微信骗局:"策划组"写剧本,"取钱组"配面具 巧抓嫌疑人:南京警员卧底广西送"快递"》的导语:

> 通讯员 ××× ××　 ××晚报全媒体记者 ××　 公司老板突然加了女会计的微信,女会计毫不犹豫地通过之后,就按照"老板"的指示,汇出去68万多元。南京秦淮警方接到报警后,立即展开侦查,通过一个月的艰辛工作,南下广西,终于捣毁了一

个以微信为诈骗工具的诈骗团伙,现场缴获涉案银行卡近千张,冻结资金50余万元。目前,6名犯罪嫌疑人已经被警方刑事拘留,案件正在进一步处理中。

3. 评论式导语

评论式导语即运用议论的方法,将新闻所包含的理念、思想、本质等理性信息连同事实本身,通过直接提问或直接提示主旨的形式告诉读者,以期引起关注和思考。如《××报》2021年2月1日第4版新闻《"e租宝"非法集资案真相调查》的导语:

> 一年半内非法吸收资金500多亿元,受害投资人遍布全国31个省市区……1月14日,备受关注的"e租宝"平台的21名涉案人员被北京检察机关批准逮捕。其中,"e租宝"平台实际控制人、钰诚集团董事会执行局主席丁宁,涉嫌集资诈骗、非法吸收公众存款、非法持有枪支罪及其他犯罪。此外,与此案相关的一批犯罪嫌疑人也被各地检察机关批准逮捕。
>
> 这个曾风靡全国的网络平台真相究竟如何?钰诚集团一众高管头顶种种"光环"之下隐藏着怎样的黑幕?"新华视点"记者日前经有关部门批准,对办案民警、主要犯罪嫌疑人和受害企业进行了深入采访,还原了钰诚集团及其关联公司利用"e租宝"非法集资的犯罪轨迹。

4. 引用式导语

引用式导语即直接引用新闻当事人、新闻发言人的言论,或引用与新闻相关的典故、传说及文献资料等,来交代事实的来源,表达新闻的意义,并激发受众的兴趣。如《××晚报》2021年2月5日第6版《小学语文老师李欣:希望每个学生都能写一手好字》的导语:

> "我新年最大的愿望就是希望每个学生都能写一手好字。"徐州市青年路小学的语文老师李欣在看到《××晚报》与支付宝红包联手征集新年心愿的网帖后,留言写下了自己的新年愿望。

5. 设问式导语

设问式导语即以设问开头,把消息里的主要事实或所要解决的问题提到受众面前,以引起人们的强烈关注,并增强报道的辩论色彩。如××网2021年2月5日新闻《××日报副总编辑陆先高:媒体需要"融合"而不是"迎合"》的导语:

> 近年来,随着新媒体的异军突起,"老大哥"传统媒体面临着巨大的冲击。"转型""裁减""离职"等成了2020年传统媒体人最贴身的感受。传统媒体该如何突破发展?如何顺应90后对媒体的新需求?如下为××日报副总编辑陆先高在"来自90后的疑问"论坛环节的对话摘要。

6. 对比式导语

对比式导语即运用对比、衬托的方法,把消息的主要事实和问题凸现出来。它的特点是着眼于当前,讲过去也是为了衬托现在,通过对比使前后所蕴含的新闻价值相映成趣。如××网2020年2月5日新闻《姚晨十几年前曾在速食店打工:门口带小朋友跳过舞》的导语:

> 中新网2月5日电　今日,姚晨在微博晒出在老家某速食店门口的自拍,称自己十几年前曾在这里打工。同时,她还留言称:"这里的每一片地砖、每一块玻璃窗我

都认真擦过。还在门口带许多小朋友跳过舞、唱过歌。现如今,店里的小伙伴们早已各奔东西,但青春的记忆永不褪色。"照片中,她在店门口一会儿低头好像在回忆往昔,一会儿比剪刀手开心起跳。

7. 个案式导语

个案式导语即在导语中选择一个典型场景或典型人物故事为切入点,引出要报道的现象、人物或问题。记者在报道社会现象、社会问题以及某类人群、族群的相关消息时,常常会使用这种个案式导语,容易形成由点及面的直观感与认同感。如××在线 2021 年 2 月 1 日新闻《寒假来了妈犯愁 潮奶奶用电视 iPad 搞定 5 岁娃》的导语:

> 南京的幼儿园放寒假有段时间了,本来是件开心事,可天天妈想想就心烦。她和天天的爸爸平时要上班,孩子就丢给老人照顾,没想到,才 5 岁的孩子,奶奶整天用 iPad、电视机哄着他。虽然孩子坐在电视前是乖乖的,但老人用这种方式带娃,天天妈总觉得不妥,且不说把眼睛看坏不值得,孩子心理会不会变得孤僻呀?

以上几种导语的分类虽然泾渭分明,但是为增强表达效果,在实际写作中可以相互叠加、组合使用。如《××都市报》2020 年 2 月 5 日第 16 版新闻《田坛兴奋剂丑闻扯出新话题 白胡子世界纪录是否该作废?》的导语采用了概述式和设问式两种导语形式:

> 近日,《马家军调查》作者赵瑜将当年书中删减的关于马家军服用兴奋剂的内容公布于众,一时间,马家军、兴奋剂成为热搜关键词。这只是中国田径的丑闻吗?实际上整个田坛自去年都深陷兴奋剂丑闻中。在反兴奋剂的大浪里,一个新的话题出来了……

(五)主体的安排

消息的主体,就是导语之后、全篇至末尾的那一部分,也叫"正文"或"展开部分"。主体是消息的躯干,所占文字最多,是消息写作中不可忽视的重要部分。作者一方面要呕心沥血地锤炼导语,同时也要精益求精地写作主体,要让主体沿着导语设定的方向做文章。消息的主体主要担负着两大任务:一是解释和深化导语,即对导语所涉及的内容作进一步的说明与解释,提供必要的细节和有关的背景材料,以便受众对新闻事实有更清楚、更具体的了解;二是补充导语所没有涉及的新事实,即补充导语尚未涉及而又应当涉及的内容,使受众对消息的主题和事件有更全面深刻的理解。

主体的写作要注意以下三个方面。

(1)要围绕主题选材。消息主体的写作不能事无巨细,眉毛胡子一把抓,而应该依据消息主题的表现需要,把新闻事件中最能表现主题的部分选取出来作为主体的内容。这最能表现主题的部分其实也就是最有新闻价值的部分。

(2)要有些波澜,尽可能生动。"文喜看山不喜平"。新闻要想吸引住读者,主体部分就必须尽可能把内容安排得生动些,节奏处理得起伏些,这样才可能避免平铺直叙给主体带来的单调与枯燥。

(3)要层次清楚,段落分明,连接自然。只有这样主体才能让受众在接受新闻时感到清晰、明确,并能产生兴趣,从而更好地了解新闻的内容和价值,而逻辑不明、章法混乱的主体,只会让受众如坠云雾之中,难有所获。

（六）背景的处理

任何事情的发生都不会是孤立的,总是会与其他方面有着这样或那样的联系,总会有着这样或那样的原因。新闻背景就是对与所报道事实相关的一些情况所做的必要的介绍,就如一位西方新闻学者所说:"新闻背景就是用来解释新事实的旧事实。"对背景材料恰当地进行介绍,有助于充实新闻的内容、增加新闻的趣味,有助于受众更全面、更深刻地了解和理解新闻本身。正像胡乔木所说:"你得在你的新闻里,每一次供给他详细的注释,纵断面和横断面的背景,色、香、声、味,呼之欲出,人证物证一应俱全。这样你的新闻就叫做'立体化'了,就叫让人明了了。"

常见的背景材料有以下三类。

（1）说明性背景材料。用来说明和解释新闻事实产生的原因、条件、环境、政治背景、历史演变,以及新闻人物出身、经历、身份、特点的材料。要说明和解释新闻事实产生的背景,不能凭空泛的议论,而必须要用具体的材料,这就是说明性背景材料。其作用在于使新闻内容易于为读者所理解、接受,使得新闻的意义显得更为清楚、突出。

（2）注释性背景材料。用来帮助人们看懂新闻内容,增长知识和见闻的背景材料,它包括有关文史知识、风俗人情、科学技术、物品性能、名词术语、形状特点等方面的材料。和说明性材料一样,注释性材料在于为读者着想,它或者让读者对新闻事实的了解不仅知其然而且知其所以然,同时扩大读者的知识面,让读者对新闻事件中一些陌生内容容易理解接受。

（3）对比性背景材料。对比性背景材料是指那些能与新闻事实形成某种对比的材料。通常,这些对比可以从内外、前后、正反、彼此等方面进行。作者通过两类(甚至多类)性质不同的材料(新闻事实与新闻背景)相对比,将是非曲直、真假黑白、先进落后,清清楚楚地呈现在读者面前,作者的思想倾向不言自明。

占有背景材料是写好新闻的基本条件,对写出独家新闻起着很大的作用。运用背景材料时要以体现消息主题的需要与受众的接受需要为原则。背景在消息中并无固定的位置,它一般被依据消息写作的实际需要,灵活地穿插于消息之中。

（七）消息的结尾

消息结尾,是指消息主体叙述完了以后,记者为了深化新闻主旨、强化新闻价值或增加消息的信息量,以总结、评论、呼吁、建议或增添与主体有关的信息的方式精心设计的相对独立的收结部分,主要用来与导语、主体一起完成表现主题的任务。好的结尾,对表现事情的完整性和逻辑的严密性、对突出和深化主题,都会起到重要作用。消息的结尾要画龙点睛而忌画蛇添足,要力求精练实在而忌空洞重复,要自然而忌生硬。

并非所有消息都必须具备独立的结尾部分。为配合消息的简洁明快、干脆利索、用事实说话的基本特征,有的消息可以是表述完新闻事实便就此收住,不需要再有结尾。另外,由于有些新闻事实意义很清楚,表述很完整,无须再点明旨意或作其他的补充,可以省略结尾。

消息常见的结尾方式有小结式、展望式、补充式、含蓄蕴藉式、卒章见义式等。

三、例文赏析

例文一

各地开展"110 宣传日"活动

1 月 10 日是全国"110 宣传日",各地公安机关开展了丰富多彩的宣传活动。

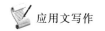

江西　邀请媒体记者体验110

1月10日,江西省公安厅和南昌市公安局、南昌铁路公安局联合开展以"群众的110,你我的30年"为主题的集中宣传活动。

连日来,江西省各级公安机关持续开展110宣传活动。1月7日,省公安厅召开新闻发布会,通报20××年全省110工作成效,并邀请媒体记者赴基层接处警单位了解110、体验110,大力宣传110打击犯罪、守护平安、服务群众的重要作用。全省各地公安机关积极举行警营开放日、警民座谈会等形式多样的宣传活动。

据统计,20××年,江西省公安110报警服务台共受理群众报警999万余起,出动警力601万人次,处置违法案件34万余起,抓获犯罪嫌疑人2.5万余名。

河南　警民自编自演节目宣传110

1月10日上午,河南省公安厅在郑州市紫荆山广场举行20××年"110暨反虚假信息诈骗宣传月"活动启动仪式。

……

海南　发放各类宣传资料18万余份

1月10日,海南省各级公安机关紧紧围绕"110向人民报告"暨"群众的110,你我的30年"宣传活动主题,集中开展了110宣传活动。

……

四川　民警走上街头开展宣传活动

1月10日,四川省公安厅和成都市公安局联合在环球中心广场举行110宣传日活动。

……

北京　主会场设置反恐主题展示区

1月10日,北京市公安局集中开展"群众的110,携手筑平安"主题宣传活动。副市长、公安局局长×××出席活动。

……

黑龙江　邀请群众感受110接处警工作

1月10日,黑龙江省各级公安机关紧紧围绕"110向人民报告"暨"群众的110,你我的30年"宣传活动主题,集中开展了110宣传活动。副省长、公安厅厅长×××到哈尔滨市公安局110主题宣传日活动总站参加与群众互动活动。

当天,黑龙江省各级公安机关主要负责人带领民警,在大型商场、社区活动室等场所,与群众零距离接触、面对面互动;积极邀请社会各界人士参观110,让群众"零距离"感受110接处警工作,认真倾听群众对110工作的意见建议。同时,以出台的便民利民措施为重点,以展示110亲民爱民为民的良好形象为重点,大力宣传电话报警、短信报警、微信报警、3G视频报警、110信箱、96345预防电信诈骗热线等6种报警方式,强化了110报警常识的宣传,着力提高群众自防自护自救能力。

据悉,20××年,全省110共接警266万余起,现场抓获违法犯罪人员6 144名,抓获在逃犯罪嫌疑人415名。

……

【评析】　这是一篇横截面综合消息,围绕"110宣传日"活动这个中心,把不同地区开展的同类情况综合起来加以报道,面广势大,能对实际工作和读者产生较大影响。

例文二

救灾部队：浑水泡面不属实 勿轻信伤害前方士气

环球时报记者马俊 在这次救灾中，有关"震中食品匮乏，救灾官兵用浑水泡面充饥"的一组图片格外令人揪心。环球时报记者5日就此向前方救灾部队求证时得知这是一则假新闻。一名前方救灾部队的负责人向《环球时报》记者确认，经查证，没有发现救灾过程中出现相关情况。

该负责人还说，网传图片中用如此浑浊的水泡方便面明显不符合常理，"不管谁煮开水也会选尽量澄清的水源"。他表示，前方救灾部队携带有净水设备，不会胡乱饮用不卫生的水。他呼吁，前方部队正在忘己地全力救灾，请后方不要误信这种别有用心的图片，以免伤害救灾部队的士气。

【评析】 这是2014年度最具戏剧性的一起"假新闻事件"，这条"打假"新闻操作中的瑕疵可谓一目了然。事件的起因是2014年8月4日下午，正在云南昭通地震灾区的中央人民广播电台"中国之声"记者发回一条报道称：震中龙头山镇的龙全中学目前食品匮乏，只能吃外面运送进来的泡面，地下水和自来水因为地震水质现在比较浑浊，目前救援人员只能用浑水泡面做饭。第二天就有了以上这条所谓的打假新闻。在这篇"打假"报道刊发后，一时间，舆论反转，网友纷纷指责之前发布"浑水泡面"的媒体。但最先发布新闻的"中国之声"强调，事件系"央广记者李腾飞亲眼看见，部队要求只吃面不喝汤，他和同事都吃了"。"中国之声"还批评"打假"记者并不在灾区现场，却下了"假新闻"的结论，违背了新闻原则，指对方没有调查就没有发言权。

8月6日上午9点许，《环球时报》要闻部副主任郝珺石发布道歉声明，承认"浑水泡面"事件确有发生：看了视频，部队确实吃了浑水泡面，后勤是当地组织的，不是部队做的饭，浑水是自来水，放了消毒药片。

另据中央人民广播电台中国之声记者"@王小米粒儿"的微博称，第一天就赶到灾区的央广李腾飞：是真的，亲眼看到亲耳听到，第一天群众缺水部队缺水，浑水是这里的自来水，部队里要求只吃面不喝汤，我和同事都吃了，也有人是用冷矿泉水拌了一下吃。什么都运不进来更何况补给了。真的在排队，每次水烧开很快就被打光了。

例文三

他，要钱不要命！

利用制造假车祸来骗取医药费，是现如今一些所谓的职业"碰瓷"人士的欺骗招数。这类骗术在韩国也存在。

日前，一名韩国"碰瓷哥"竟不惜用头连撞汽车挡风玻璃4次，直至把玻璃撞裂来骗取赔偿。车主的行车记录仪拍下了这段令其目瞪口呆的场面。

视频显示，车主正开着车，突然一名男子冲出来，于是车主赶忙将车停下，此时汽车距离男子约有两步的距离。没想到，这名男子突然腾空跃起，整个人撞上挡风玻璃，吓得车主惊叫连连。而男子见玻璃未破，接连再撞3次，直至将玻璃撞裂。而这一番"铁头功"也令男子出现晕眩，从引擎盖慢慢滑到了地上。

这段视频自从被传至网络后，引发网友热议。不少网友感慨男子的做法，讽刺他为"最敬

业车祸哥"。

【评析】 该条消息以"要钱不要命"为题,设置疑团、布下悬念,引起读者无尽的想象:为什么"要钱不要命"?怎么样"要钱不要命"?然后依据客观现实的实际发展,释消疑团与悬念。运用这种结构形式,特别要注意不能使悬念的布下与释消两部分形成"两张皮",而应当在布局谋篇时瞻前顾后,呼应相照,使之融为一体,形成悬念结构的完整与统一。

四、实训演练

(1)什么叫"倒金字塔式结构"?

(2)以下是消息的各种不同的导语,试分析它们所属的种类,并说明其特点。

① 法制晚报讯　今天是春节假期最后一天,京城迎来返程高峰。法晚记者从交通部门了解到,全市交通量逐步回升,机场、车站等车流集中,周边交通压力大。同时高速公路免费通行时间截至今天24时,以车辆驶离出口收费站的时间为准。今天21:00将恢复发卡。

② 当地时间2月12日,外交部部长××在德国慕尼黑出席叙利亚国际支持小组第四次外长会后接受路透社专访,就叙利亚局势、朝鲜半岛核问题、中美关系等回答了提问。

③ 外媒称,12日,亚洲股市连续第六个交易日下跌。随着投资者涌向传统的避险资产,日元、黄金和部分国家政府债券大涨。瑞穗资产管理公司首席策略师×××说:"市场显然开始考虑世界经济的急剧减缓、甚至美国的衰退。我认为不会出现像雷曼兄弟公司那样的崩溃或重大金融危机,但市场情绪的改善需要一段时间。"

④ 春节期间,A股休市9天。经历了一整年的跌宕起伏和1月份的急跌,广大股民终于可以暂时把市值增减放一边,安心过个好年。但与此同时,国外资本市场却不过春节,相关衍生品种仍在交易。因此,长假期间,美元汇率、原油价格、黄金价格的变化,将直接影响猴年A股开年后的表现。本周,在中国股市春节休市情况下,全球其他主要市场迎来了新一轮大跌。

⑤ 26日中午,长春市民葛女士开车到长春高新北区办事,当行驶到明斯克路一小区门前时,轿车意外掉进了一口无盖井内,所幸她和车都没有造成较重的伤害。

⑥ "一些地方领导干部以为实现'普九'就大功告成了,却不知道不少农村初中毕业生、高中毕业生,无技傍身,只能靠体力挣钱,回乡几年后便成为扶贫对象。"日前召开的云南省两会上,不少政协委员为职业教育没有在扶贫攻坚中发挥"最后一公里"作用而痛惜。

⑦ 网传一名生于1988年的上海女子陪江西籍男友回农村过年,因无法忍受男友家中一顿晚餐而分手并连夜返沪。此事在网上持续发酵,引发热议。澎湃新闻搜索发现,该事起源于网络社区篱笆网一篇题为"有点想分手了……"的帖子。发帖人称,她不顾父母阻力来到江西农村男友家过年,看到了男友家的第一顿晚饭,决定分手回家。

⑧ 你是否见过这样一种本子,外皮精美,"内涵"丰厚。打开来,内页功能之强大让人目瞪口呆:有详尽到每月、每周、每日甚至每小时的日程表;有记账本、通讯簿;有发票夹和生日提醒,甚至旅行记录和美食菜谱都在其中占有一席之地。别怀疑,你看到的,就是传说中笔记本里的"超极本"——手账。

(3)分析下列两则消息的结构形式。

西藏那曲双湖发生5.8级地震 暂无人员伤亡及财产损失报告

中新社拉萨2021年11月30日电(记者　赵延)　根据中国地震台网正式测定,11月30日21时53分在西藏那曲市双湖县(北纬31.76度,东经87.94度)发生5.8级地震,震源深度10

千米。经双湖县政府工作人员排查,截至记者发稿,暂未收到人员伤亡及财产损失报告。

双湖县委宣传部部长李钰介绍,此次地震震中位于双湖县与申扎县交界处,县城无震感。经各乡镇工作人员排查发现,震点无聚居点,属于零散放牧点,附近有两户牧民在那里驻扎帐篷,"据牧民描述,当时震感强烈。暂未收到人员伤亡及财产损失报告,相关情况,仍在进一步核实中。"

平均海拔 5000 多米的西藏那曲市双湖县,是全中国海拔最高县,被称为"人类生理极限试验场",其空气含氧量只有平原的 40%,每年 8 级以上大风天数达 200 天以上。2018 年 6 月,为保护生态环境、改善民众生产生活条件,西藏开始实施极高海拔生态搬迁项目。2019 年底,来自那曲市安多县色务乡、双湖县嘎措乡、雅曲乡、措折强玛乡的 957 户、4058 名牧民搬迁至位于雅鲁藏布江边的山南市森布日极高海拔地区生态搬迁安置点。从此,藏北极高海拔的牧民迎来了新的生活。

陈晓旭去世 12 周年 欧阳奋强发文悼念

2019 年 5 月 13 日,87 版《红楼梦》中贾宝玉的扮演者欧阳奋强在微博悼念"林黛玉"陈晓旭,配文"5 月 13 日",并附上了专访陈晓旭家人的文章截图。从图中可见,这篇文章是由欧阳奋强本人采访并发布在了他的个人公众号中。据悉,5 月 13 日正是陈晓旭去世 12 周年忌日。

文章中,欧阳奋强采访了陈晓旭的妹夫于宁,于宁回忆了不少陈晓旭生前琐事。于宁在采访中表示陈晓旭一生的三件大事分别是:演绎黛玉、拼搏商场、修行礼佛。据他透露,陈晓旭具有诗性和哲学的气质,特别顾家,是家人心中接近完美的人。

陈晓旭因出演 87 版《红楼梦》中的林黛玉一角而在全国闻名。2007 年 2 月,陈晓旭在百国兴隆寺举行剃度仪式,落发出家,法号妙真。同年 5 月 13 日,因患乳腺癌在深圳去世,享年 41 岁。

五、研究性学习

崔正升、何忠泉《消息写作的"方向标"和"路线图"》,载《应用写作》2018 年第 6 期。

分析与评价:该文认为,消息应用比较广泛,通常指新鲜而有价值的事,是对新近发生的具有传播价值的事实的简短报道。作为最基本的新闻文体,消息自产生以来,一直是报纸、网络、广播最常用、最主要的新闻体裁,也是目前世界上发表量最大,拥有读者最多的一种文体。在这个信息爆炸的时代,我们不仅要通过消息这种新闻样式接收海量的信息,还要学会用消息文体迅速传播新近发生的有价值的事实。该文从"方向标"和"路线图"两个角度探讨了消息写作的方法与技巧,具有一定的指导意义。

第二节 通 讯

一、文体知识

(一)概念

通讯,是运用叙述、描写、抒情、议论等多种手法,具体形象地报道有新闻意义的人物、事件和情况的一种文体。在国外,与通讯相近似的文体被称为"新闻专稿",即"比消息更详尽的新闻"。

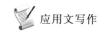

通讯产生于电信事业之前。当时的记者、通讯员向报社传递外埠新闻，一般采用书信的方式，因此，这一类报道最初被称为"某地通信"或"某国通信"。有了电讯之后，由于当时电报费昂贵，记者写电讯稿只能字斟句酌，力求言简意赅。于是，驻外埠的记者在发完电报后，有时还另外著文，详述事件始末，通过邮政寄往报社，报社一般冠以"通信"之名发表。这类文章报道新闻事实虽不及电讯快捷，但比电讯详细，也受读者欢迎，因而逐渐发展成一种与消息相互补充的独立文体。随着电讯事业的飞速发展，后来"通信"的传递不限于邮政投递了，逐渐改为电报播发，到20世纪20年代，"通信"正名为"通讯"，并沿用至今。

通讯和消息一样，必须遵循材料真实、报道及时的新闻原则。从内容上看，消息是对新闻事实的概括的报道，通讯则是对新闻事实具体而详细的报道，因而它的篇幅比消息长。从某种意义上讲，通讯是对消息的展开与加深；从形式上看，消息写作程式性较强，要遵守一定的格式，而通讯则比较灵活，不太拘泥于固定格式；从表达方法上看，消息一般只是采用概括叙述的方法介绍所要报道的内容，通讯则可采用多种方法（描写、抒情、议论等）以及适当的修辞手法（比喻、夸张、拟人、象征等），并有一定的文采；从时效性看，通讯也不像消息那样要求严格。

（二）主要类型

通讯按内容可以分为人物通讯、事件通讯、工作通讯、概貌通讯（又叫风貌通讯）等。其中尤以人物通讯和事件通讯最为常见。按表现形式可以分为一般记事通讯、专访、特写、小故事、速写、侧记等。

20世纪90年代，通讯的新发展呈现出深度报道走俏的趋势。深度报道是指完整反映重要新闻事件和社会问题，追踪其来龙去脉，揭示其实质意义的一种高层次的报道方式。深度报道具有题材的重要性、材料的详尽性、内涵的深刻性、体裁的综合性等特点。

1. 人物通讯

人物通讯就是写人物的通讯，它是报刊、广播、电视中常见的，影响广泛而深刻的一种新闻体裁。

人物通讯所写的人，都是社会上具有特殊意义的人，他们的精神、观念、业绩，对群众有着特殊的教育作用；即使是反面人物，其经历、言行也对社会有特殊的认识作用。前者如《吕向阳：中国高铁司机"好教头"》，该文叙写了高铁司机吕向阳的先进事迹：从一名普通的火车司机成长为一名优秀的动车司机，再到成为一名高铁司机"好教头"。吕向阳的形象展现了中国高铁人敢立潮头、攻坚克难、爱岗敬业的动人风采。后者如《不做大佬十二年——赖昌星的加拿大最后岁月》，该文以大量第一手资料，生动地刻画了厦门远华特大走私案主犯赖昌星从出逃加拿大到被遣返的过程，发人深省。

2. 事件通讯

事件通讯，就是报道新闻事件的通讯。

事件通讯与人物通讯的主要区别在于前者侧重写事，后者侧重写人。人物通讯也写事，但写事的目的在于表现人，并不要求完整地写出事件的过程。而事件通讯则要求相对完整地再现新闻事件发生、发展、高潮的过程，显示事件的意义。同时，事件通讯也写人，但多写的是群像，每个形象都是简笔勾勒，宛如速写画，而人物通讯相对来说则要求比较细腻地刻画一两个人物形象，有时也写群像，但比较少见。

事件通讯也是新闻报道的重要体裁，那些关系国计民生的重大事件，那些反映改革开放和社会主义建设突出成就的新闻事件,那些反映为国争光、为国拼搏和高扬主旋律的新鲜事件,一经报道出来,就会起到教育、激励、鼓舞群众的作用。像《为了一名护航战士的生命———一场跨越万里的接力抢救》(《中国青年报》2016年2月18日第1版)、《大巴上开始的跨国姻缘》等,就属于此类。当然,事件通讯也允许报道阴暗面,报道反面事件,只要立场正确,报道得当,这类通讯同样可以发挥教育、警戒作用。如《老骗局又蒙了老太太》(《江苏法制报》2016年2月3日 A08版),该文详细报道了某地诈骗团伙以行医为名骗取钱财的事实,提醒民众要提高防范意识,起到了警戒作用。

3. 工作通讯

工作通讯就是报道工作中的新鲜经验、探讨工作中的新鲜问题的通讯。

工作通讯是社会主义国家新闻报道的特有体裁,它直接干预生活,指导工作,有很强的政策性、针对性,因此,有人称它为政策性通讯。但是,它不同于政策性文件,不具有指令性。它是通过总结经验,探讨问题,从思想认识上给人以启发诱导的。如《让民族团结之花美丽绽放》(《中国青年报》2016年2月14日第1版)一文,以"手拉手 结对子""情系情 见真情""心连心一家亲"为标题,点面结合地介绍了由团中央牵头组织的一系列旨在促进民族团结的活动开展情况,具有较强的政策性。

4. 概貌通讯

概貌通讯又叫风貌通讯,以报道一方一地的社会面貌、风土人情,特别是新成就、新变化为基本内容。

概貌通讯的取材范围很广,政治、经济、文化诸方面的新成就,道德、精神、观念诸方面的新变化,以及名胜古迹、自然风光、乡俗、民情、名优特产等,都可以入篇。

概貌通讯记事也记人,以记事为主。但它记事,不同于事件通讯,一般不交代事件的来龙去脉,不写出事件的过程,也不是围绕一个中心事件写,多是围绕一个主题,选择某地区、某系统、某单位的新鲜事,采用新旧对比、点面结合的形式,反映一方一地、一个系统、一个单位的新面貌。它写人,也不像人物通讯那样集中笔墨刻画人物,旨在展示人物内在精神,以形象感染人,而是极简略地勾勒人物,旨在通过人物言谈、举止、表情、衣着等,展示一方一地的乡俗民情、精神风貌。如《"明星小站"春运静悄悄》(《中国青年报》2016年2月17日第3版)、《最美的画面》(《中国青年报》2016年2月15日第3版)等,既不是专写一件事、一个人,也不是单就某一方面的工作进行报道,而是以某一单位的新变化、某一地区的新面貌为叙述、描写的内容,是比较典型的概貌通讯。

(三)特点

通讯作为报刊、电台等媒体最主要的体裁之一,新闻性显然是基本的特征。而新闻性中,真实、时效、思想性及典型意义构成了它的不同层面。就报道对象而言,或是人物、事件,或是经验、成果、工作情况、社会风貌等,都必须是真实的,不允许虚构或"合理想象",而且报道对象应该具有必需的思想性和典型意义。就报道时效言,通讯虽不及消息这般快速敏捷,有时为将人物、事件报道细致完整需时较长,但也必须及时,仍须有很强的时效概念。除去真实、时效的新闻性特征,通讯的主要特点如下。

1. 生动性

通讯尤其是人物通讯具有一定的文学色彩。消息在表达上主要是平面的叙述,语言追求简洁、明快、准确。通讯则较多借用文学手段,可以描写、抒情、对话,可以用比喻、象征、拟人等

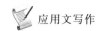

修辞。因此通讯在语言和表达方法上具有一定的文学性,它在报道真实的人和事的过程中,善于再现情景,平添许多生动的形象,给人以立体感、现场感。如《老骗局又蒙了老太太》一文里有如下文字:

> 庄老太一听立即往家里赶,将拎回家的红色袋子供了起来。当天下午 3 时,庄老太打开袋子一探究竟,明明自己放进袋子里的钱财,竟被"调包"成卫生纸等物。庄老太意识到上当受骗了,当场瘫坐在地。

上述文字将老太太上当受骗的过程生动地展现了出来。

此外,通讯虽然一般以第三人称叙述为主,但在"见闻""采访记"一类的通讯中,也采用第一人称。不过其中的"我"主要起见证人或采访线索的作用。在效果上第一人称的使用也增加了一些亲切感。

2. 完整性

通讯须相对完整、具体地报道人物或事物的过程。消息侧重写事,叙述简明扼要,一般不展开情节。通讯可写人物也可写事件,其材料比消息丰富、全面,其容量比消息厚实、充足。它要求详尽、具体地报告事件的经过、演绎人物的命运,充分展开情节,甚至描写细节和场面。这些既是生动性的表现,同时也是内容完整性、具体化的要求。例如《中国青年报》2016 年 2 月15 日第 3 版《留得馨香在人间——记石河子市豫剧团原党支部书记、副团长×××》一文,从戏里到戏外,全方位地报道了主人公的先进事迹,讴歌其爱岗敬业、为艺术献身的崇高精神。

3. 评论性

通讯须运用夹叙夹议的方法对人或事做出直接的评论。消息是以事实说话,除述评消息一般不允许作者直接发表议论。通讯则要求在报道人物或事件的同时,表露记者的感情与倾向。然而通讯的评论不同于议论性文体的论证,它须时时紧扣人物或事件,依傍事实作适时的、恰到好处的评价点拨。因此这是一种通过描写、叙述、抒情等表达手段进行的议论,它的特点是以情感人,理在情中。例如《吕向阳:中国高铁司机"好教头"》一文的开头两个自然段,运用的表达方式是描写和叙述,并没有议论性的文字,但在叙述和描写的字里行间,我们可以清楚地感受到记者的感情与倾向。

二、写作指要

材料选用、主题提炼、语言运用、结构安排等,是各类通讯写作中都必须面对的。"写人"与"叙事"虽然也是所有通讯写作时要正确处理的内容,但根据不同的通讯类型,或写人或叙事,两者间会有所侧重。

(一)精选材料,凸显主题

写作者在采访中会占有大量材料,但真正用到新闻中的只是一部分。这就要求所选的材料不仅要真实,而且要有意义,具有典型性、指导性,同时还要有意味,具有具体、完整、感人的生动性、情节性。选材的过程实际上就是立意的过程,要善于沙里淘金,选取贴近读者、凸显主题的视角,把新闻做细、做足。只有这样通讯才可能既生动、引人,又能反映群众关注的热点、焦点,体现社会风尚与时代精神,从而以正确的舆论引导人,以先进的人物激励人,以真实的事件震撼人。

例如《千年奔月梦 今日起征程——"嫦娥一号"发射侧记》一文,该文可供选择的材料很多,因为嫦娥一号的成功发射是数以千计的科技工作者共同努力的结果。但是,作者没有具体写西昌卫星发射场工作人员如何紧张地忙碌,也没有具体写西昌市内的指挥中心和北京飞控中心在发射前后的工作情形。作者以时间为序,精选了能反映火箭成功发射完整过程的典型材料:火箭发射前的静若处子、点火前的空气凝固、升空后的实时监控、成功入轨后的喜庆场面。在此基础上,作者提炼出了如下主题:这是一次不同寻常的发射! 中华儿女几千年奔月的宏伟梦想将由此开始变为现实,古老的东方文明大国将填补深空探测的空白。

(二)写出个性,写出精神

人都既有个性又有共性。通讯写人应该力求写出人物的个性,只有这样才能给读者留下深刻的印象,公式化、概念化是无法真正感染说服人的,只有写出了人物的个性,才能更好地表现出共性。

中国古代画论重视"以形写神"。写形不易,写神就更难,而形神兼备才是上品。通讯写人也是一样,不仅要写出人物的形象、行动,而且还应该揭示出人物的精神世界。因为人物的行为总是受着思想情感支配的,所以通讯写人的目的应落在人物的思想情感或精神境界上。这就要求通讯写人时,要深入地探索人物的内心世界,写出真正的活的人。如写先进的人物,先进的人物一般都有着相似的思想品格,但通讯写人不能仅仅满足于这些一般化的东西,而应该更多地关注先进人物的独特生活背景、独特的个性,这样写出来的人物才会有感染力。

通讯写人还应该写出人物的丰富性。每个人物不仅有主导思想或主体意识,而且还会有其他一些方面。通讯写人不但要写出人物的主体意识,而且也应该写出人物精神境界的丰富性。人是生活在社会之中,生活在具体矛盾之中,先进人物之所以先进,往往在于他们善于正确处理这些矛盾,从而成为生活的强者。这也就是说,写先进人物既要写出其不同一般的特色,还要写出其与一般人的相同或相通之处,写出其丰富的内心世界。这样写出的人物才不致有"拔高"或简单化之嫌,才能让人感到真实可信。

言为心声,语言是人的精神世界的展现。通讯中人物的语言有时会对人物起到画龙点睛的作用,获得"立片言以居要"的效果。因此,通讯中人物的语言要有时代感,要真实,还要个性化,这样才能感染人。人物语言力避"学生腔""新闻腔",力求"闻声见人"。这就要求在写人物通讯时,能够深入实际,注意所写人物的说话用语、语气、姿态等。力避人物语言的失真与苍白无力,力避把那些所谓的豪言壮语胡乱地套用。

行动从广义的概念上讲,也可以说是人物语言,一种无声的语言。一般说来,人物通讯更应侧重于写人物的行动,行动或许更能体现一个人的特点。我们知道,人物的行动是受内在的精神支配的,描写人物的行动要注意力求通过人物的行动来揭示人物内在的精神,这样的行动才能给读者留下印象。

通讯写人物还可以适当时画龙点睛。大多数的人物通讯,并不是写"全人全貌",往往只是选取一两个或更多点的事例或情节,来表现人物的某个特点或方面。画龙点睛就是说,在需要的情况下,不放过深化主题的机会,或借某个细节,或借某些人物语言,或发些精粹的议论,更深刻深入地揭示人物的精神境界或文章主题。

(三)展现事件,彰显意义

通讯几乎都要写事,或概括写或具体写。事件通讯的写作与其他一般叙事还有所不同,即称"事件",其范围、场面、参与人员、事情的复杂性与社会影响等,都应该有一定的要求。

要写好新闻事件,从内容上看,首先要把握事件的本质意义,提炼出一个鲜明又深刻的主

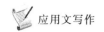

题,这样才能对大致写什么与怎么写心中有数;从表达上讲,要确立发展的观点与联系的观点。新闻事件的发生总有其前因后果与来龙去脉,而且在事件发展中还会牵涉许多的人与事,有的甚至错综复杂。作者应把这过程交代清楚,要能按照事物的本来面貌,给读者以完整的、立体的、动态的印象。

通讯在表达方面,有两点应该特别加以注意:首先是主线与细节的问题。强调主线就是强调文章的整体性。通讯作者不能做事件的奴隶,被复杂的事件牵着走,以致没有轻重主次,平均着力,而应根据主题的需要去努力地驾驭事件,合理地调配材料,以保证文章主线的清晰,枝干硬朗。写事的通讯光有主干也还不够,有主干还得有繁茂的绿叶,才能显出大树的生机,使作品丰满,从而富有现场感。这就要求作者要善于选择细节,要注意细节的典型性,能做到以一当十,与此同时,也要防止细节的肥大症。其次是时间与空间的问题。空间与时间是事件发生的最基本条件,通讯写事要注意从主题的需要出发,处理好事件关涉的时空关系。把时空关系处理好有助于事件被写清晰、完整、富有立体感。比较复杂的通讯还可采取时间连贯式、空间分列式、时空组合式的结构形式,将事件表现得更为清晰、完整、生动。

(四)结构多样,手法灵活

1. 通讯的结构

通讯的结构是多种多样的,主要有以下三种。

(1)纵式结构。纵式结构是按单纯的时间发展顺序、事物发展的顺序(包括递进、因果等)、作者对所报道事物认识发展的顺序、采访过程的先后顺序等来安排层次。

(2)横式结构。横式结构是按空间变换或事物性质的不同方面来安排层次。常见的有以下几种。

① 空间并列式。如《北京日报》2016 年 2 月 11 日第 13 版的《猴年新春 海外劲吹中国风》,该文分别写了美国、巴拿马、俄罗斯和哈萨克斯坦等国庆祝 2016 猴年新春的情况,在结构方式上采用的就是空间并列式。

② 性质并列式。性质并列式是按新闻事实各个侧面之间的关系来安排材料。如《经济日报》2016 年 2 月 9 日第 4 版《太行山上的"科技财神"——记河北农业大学林学院教授、博士生导师李保国》一文,结构就属于性质并列式。这篇通讯的 3 个小标题分别是:"心怀一个梦,誓让太行披绿装""胸有一腔情,愿育弟子成栋梁";"身带一团火,促富农民千万家"。这样的安排显示了新闻事实各个侧面之间的关系。

③ 群相并列式。群相并列式是按不同人物及其事迹组织材料。

④ 对比并列式。对比并列式是将正、反的人物或事件并列,从对比中见主题。

(3)纵横结合式结构。纵横结合式结构是将纵式和横式结合起来。此结构多用于事件复杂而时间跨度大、空间跨度广的通讯。

2. 通讯的表达方式

通讯虽是以叙述和描写为主要表达方式的,但为了追求具体生动的效果,它还可以灵活运用多种表达方式和方法。具体要注意以下几点。

(1)叙述的具体性和直接性。通讯因其要较详细而深入报道人物和事件,故而事实的叙述宜具体、形象、生动。

(2)描写的直观性。通讯是新闻体裁,描写不能凭空虚拟、想当然,而应深入现场、耳闻目睹,从而描写出事物或人物的本来面貌,表现出强烈的现场感。

(3)议论抒情的实在性。通讯中抒情、议论的运用可以深化主题,但运用得要适当。通常是开头处作诱导、关节处作渲染、衔接处作黏合、结尾处作点睛。其旨或在揭示本质、升华主题;或在使事实、形象生辉;或在阐明事物之内部联系;或在激发启示读者。

三、例文赏析

例文一

吕向阳:中国高铁司机"好教头"

邢　婷

列车缓缓前行,在不断提升的速度中,弯道、隧道等路况接连出现,面对一排繁复的操作屏幕和按钮,吕向阳镇定自若,两名年轻的列车司机站在一旁,全神贯注。

这是济南铁路局济南机务段动车车间的吕向阳在模拟操作室中日常授课的一幕。2009年至今,昔日的动车司机吕向阳为济南、兰州铁路局和青藏铁路公司带出了500余名高铁司机,被亲切地称为中国高铁司机的"好教头"。

事实上,上述评价远不能浓缩这位45岁教官的经历。从1992年正式成为火车司机起,他先后驾驶过内燃机车、电力机车、动车组,见证了中国铁路事业的快速发展,也同样全程参与了中国高铁的十年。

对吕向阳而言,2005年是具有特殊意义的一年。这一年,通过铁道部开展的理论知识、实际操作能力以及应急答辩三关选拔后,吕向阳被选送到西南交通大学、意大利阿尔斯通公司参加动车组培训学习,成为中国第一代动车司机。意大利的学习经历给吕向阳留下极为深刻的印象:"他们不仅非常敬业,而且在操作中严格按照流程和标准进行。"

一年后,即2006年5月22日,中国进入高铁时代的序幕由济南铁路局拉开。此后,作为优秀的动车司机,吕向阳参与中国高铁的众多标志性试验任务:胶济铁路牵引试验任务、京沪高铁首趟开行任务、青荣城际首趟开行任务……正是在吕向阳和同伴们一次次的试验与磨合中,中国高铁的原始数据和流程标准开始逐步积累。

其间,不乏数次有惊无险的经历,在尚无前车可鉴的情形下,吕向阳和他的团队凭借过硬技术和多年娴熟的驾驶经验一一化解。2006年参与胶济铁路试验时,吕向阳驾驶的动车突然在行进过程中失去动力停车,就在车上的外籍专家一筹莫展之际,吕向阳经检查认为极有可能是保护电路出了故障。他尝试按复位键后,动车恢复正常,外籍专家对此连竖大拇指。

更为紧张的一幕发生在2007年4月18日胶济客专开通首日。一列动车组驶入北京后,在距离车站三四百米时突然因故障停车,这里作为全国性站点枢纽,接发车密度极大,稍有耽搁,将影响成千上万人的行程安排。紧急状况下,吕向阳尝试重启系统,3分钟内将故障顺利排除,该特殊操作最终被写入高铁司机的教科书。

作为高铁司机,吕向阳已完全掌握中国铁路动车组全部18种上线运行车型操纵技能,并参与中国自主研发动车组CRH380CL上线运行40万公里的验收评审。

2009年,吕向阳从台前走向幕后,开始了培育高铁司机的教官生涯。

"每个学员的实训期是3个月,但绝非花3个月培养一个高铁司机。"吕向阳说,"在接受实训之前,每个司机需有从学员、副司机、司机的成长经历,具备至少两年的内燃机或电力机车驾驶经验,然后才有报名高铁司机资格,取得报名资格后需先去西南交大接受理论培训,实训是最后阶段。总体来说,每个高铁司机的培养周期是3~5年。"

谁不达标,他的课就会追到线上、开进家里、跟到外点公寓里。不少司机学员深有感触:

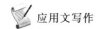

"碰到这种'拗'师傅,谁不好好学习,甭想下课。"针对每名学员的行车信息、运行数据,他还开展风险研判,建立了技术档案和安全问题库,运用"互联网+"的新媒体技术,建立微信群,并通过自学制作30多个培训课件、案例课件。

在授课中,吕向阳最常叮嘱大家的话是:"一定要有精气神儿!"在很多人眼中的高铁运行全程自动化,在他那里仍有不同的解读:"每趟行程,高铁司机需确认上百个注意事项才能保证行车绝对安全,譬如开车前需确认信号、仪表盘、区段号、车门等,行驶中需确认分相区、仪表等。"

"设备再先进,如果没有责任人全身心地投入,是远远不够的。人的因素永远是最关键的。"吕向阳常对学员说:"我们一举一动代表的是中国高铁的整体形象。"

2014年,吕向阳成立了自己的创新工作室。他编写的CRH2型动车组培训教材已正式出版,成为全路高铁司机的教科书,被誉为高铁司机的行车"宝典"。

【评析】 这是一篇优秀的人物通讯。文章以时间为序叙写了吕向阳从一名普通的火车司机成长为优秀的高铁司机,再到成为一名高铁司机"好教头"的经历,展现了中国高铁人敢立潮头、攻坚克难、爱岗敬业的动人风采。

作为通讯,该文突出体现了通讯生动性的特点。开头一段场面描写,把读者一下子带入了高铁司机的工作环境,引起了读者对高铁司机这一职业的强烈好奇。第六、七自然段同样因为语言的生动而引人入胜。例如:"其间不乏数次有惊无险的经历""一筹莫展""连竖大拇指""更为紧张的一幕""突然因故障停车""稍有耽搁""紧急状况下",这样的语言平添了许多生动的形象,给人以现场感。其他如该文中多次出现的人物语言描写,也增强了这篇通讯的生动性。

例文二

大巴上开始的跨国姻缘

陶遵臣

2016年春节前夕,在卡德韦尔夫妇的邀请下,殷浩然和劳拉·殷踏上了赴美省亲之路。在美国丹佛国际机场,卡德韦尔夫妇对怀孕的女儿劳拉说:"我们一家现在最大的期待,就是你能够顺利生下宝宝。相信这桩跨国姻缘生下的孩子会非常漂亮。"

一次邂逅,成就了一段中美姻缘。2013年4月的一天,殷浩然在马耳他留学时认识的两个朋友要来中国游玩,他专程从山东威海去北京接待他们。在前往北京的大巴上,殷浩然遇到了在威海一所学校担任外教的美国姑娘劳拉·卡德韦尔。由于语言不通,劳拉与司机沟通十分困难。在欧洲留学多年的殷浩然伸出了援手,两人就此相识。到达北京后,殷浩然为劳拉安排好食宿,并互留了联系方式。第二天游览长城时,他们再次偶遇,两颗年轻的心开始靠近。返回威海后,殷浩然和劳拉每天通过网络联系,感情进一步升温。

2013年9月,劳拉从美国探亲归来,殷浩然手捧鲜花到机场迎接。劳拉十分感动,两人从此确立恋爱关系。2014年12月24日,殷浩然和劳拉在威海登记结婚。

2015年5月16日,27岁的殷浩然与26岁的美国姑娘劳拉·卡德韦尔举行了婚礼。新娘的父母及弟弟专程从美国来到威海,见证劳拉一生中最重要的时刻。

当天8时许,载着新娘的婚车车队早早来到山东荣成市人和镇山西头村。喜庆的鞭炮响起,拜公婆父母、入洞房、喝交杯酒,"洋媳妇"劳拉认真地完成着每个步骤。12时许,车队来到酒店。新娘劳拉在父亲卡德韦尔的带领下走入现场,他将女儿的手交到新郎殷浩然手中,婚礼正式开始,整个婚礼完全按照荣成习俗举行。当天婚礼的热闹场面,令卡德韦尔一家十分惊喜。"太棒了!"卡德韦尔先生兴奋地说。

按照美国的传统,婚后的劳拉·卡德韦尔已改随夫姓——劳拉·殷。劳拉逐步适应了"殷夫人"的角色。她说自己已经爱上了威海这个美丽的城市,"在威海我有理想的工作,也有很好的朋友,今后我们还将生活在这里"。

劳拉说,中国的发展速度很快,很看好中国的未来,相信留在中国是更好的选择。卡德韦尔夫妇也十分支持劳拉的决定。他们说:"10年前我到过中国,这10年间中国的变化令人惊讶。我相信女儿在这里会生活得幸福、愉快。"

【评析】 作为事件通讯,该文完整地报道了新闻当事人中国小伙儿殷浩然与美国姑娘劳拉从相识、相知到走进婚姻殿堂的故事全过程。文章采用以小见大的手法,表达了对中国未来的信心。

与消息完全以事实说话不同,通讯的特点之一是评论性,它要求在报道人物或事件的同时,表露记者的感情与倾向。本文在报道主人公的跨国姻缘时就体现了通讯的评论性特点。当然,这种评论性不同于议论性文体的论证,它是紧扣人物或事件展现的。具体到这篇通讯,记者的感情和倾向主要是通过人物的语言来表现的。例如:"劳拉说,中国的发展速度很快,很看好中国的未来,相信留在中国是更好的选择。"

例文三

绿潮涌动武清

——天津市武清区"环境立区"纪实
陈建强

乘坐京津城际列车从北京南站出发,20分钟后浓浓的绿色扑面而来。"没想到,武清的绿化这么好!"初来武清的游客禁不住发出这样的感叹。

"环境立区"是武清区的发展理念。20××年打造"美丽天津"的"一号工程"启动之后,该区大刀阔斧地开展清新空气、清水河道、清洁村庄、清洁社区、绿化美化"四清一绿"行动,依法铁腕治理环境违法行为,生态效益、经济效益、社会效益同步提升,"生态武清"的城市品牌叫响了。

"绿"是发展方向

从去年冬天开始,武清区的重点工作之一,就是要让城乡都"绿起来"。武清区累计投入20亿元,造林7.3万亩,植树440万株,新增城市绿地110万平方米,治理改造11条总长90公里的河渠系统。

"真金白银"投进去,绿化效果并不能立竿见影。值不值?武清人的回答是"绿色发展是方向,早起步早受益"。精明的武清人算的是大账、长远账、整体账、综合账。

着眼于绿色发展,武清一边优化生态环境,一边强力推进节能减排。20××年,全区关停整治污染企业568家,整治工业渗坑、排污口门、规模化养殖场等污染源474处,治理堆场料场、建筑工地、私搭乱建等脏乱点位700多处,万元生产总值能耗和PM 2.5年均值实现双下降。

近年来,武清对所有的入区企业进行严格筛选。高耗能、高污染企业一律不允许进入的

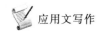应用文写作

"一票否决"制,成为武清招商引资不可触碰的一条红线。把生态建设融入发展全过程,不仅没有使武清的各项经济发展指标降下来,反而吸引了众多大项目、好项目在这里落户,加快了产业转型升级的进程。

在来此兴业的客商眼里,正是这方净土为武清增添了"绿色资本"。武清全年引资到位资金 540 亿元,新引进超亿元大项目 80 余个、首都高端产业项目 1 057 个,新增市场主体 1.5 万家。发展的高速度、高效益、高质量是对武清生态环境建设成效的最好奖赏。

"绿"是民心所向

近日,天津市首条自行车健康绿道在武清投入运营,长 22 公里、宽 2.6 米的绿道上,每天都能看到众多自行车爱好者的矫健身影。22 个驻车站点能为骑行者提供自行车租还服务,市民出行、旅游、休闲、健身更加便利。

"宁可发展慢一点,也要发展好一点。"武清怀着深厚的民生情怀和强烈的责任担当,将生态建设作为地区发展的头等大事。而百姓眼中的"好"更在于民居周边环境的明显改善。初春时节,记者来到大孟庄镇寺各庄村,只见街道里巷处处洁净、家家庭院难见垃圾。温暖的阳光下,男女老少在休闲广场上,聊天、健身、游戏……笑声不绝于耳,一派田园牧歌般的景致。

有绿化领域"奥林匹克"盛会之称的第三届中国绿化博览会被武清的宜人风光所吸引,将于今年 8 月在这里举行。按照"一轴、三环、九区、十八景"布局精心打造的绿博园正在抓紧建设,在中西合璧、时代新风、民俗风情、江南秀色、古韵雄风、写意山水等六大主题展区内,全国各地的绿化成果将在这里集中展示。

如今,生态环境已成为武清最大的优势、最大的财富和最大的潜力。武清正在用生态的底色,描绘奋发有为的绿色空间,营造跨越式发展的绿色天地,奏响着一曲宜居宜业的绿色发展乐章。

【评析】 这是一篇优秀的工作通讯。该文报道了天津市武清区"环境立区"工作的开展情况与取得的成效。作为工作通讯,该文没有写某一个具体的人,也没有报道某一件具体的事,而是集中笔墨叙写了该区在"环境立区"理念指导下所开展的一系列工作:植树造林、节能减排、对入区企业进行严格筛选,等等。文章通过报道武清走"环境立区"获得成功的事实,宣传了党的政策,从思想上给人以启发。

四、实训演练

(1)从报刊上找几篇典型的通讯,分析其结构形式。
(2)通讯和消息有哪些区别和联系?
(3)对身边有典型意义的人物进行调查,采写一篇人物通讯。
(4)对发生在校园里的新闻事件进行了解,撰写一篇事件通讯。
(5)下面两篇文章,一篇是消息,一篇是通讯。请在阅读后比较其异同。

"嫦娥一号"发射成功

本报西昌 10 月 24 日电(记者赵永新)24 日 18 时 05 分,我国在西昌卫星发射中心用长征三号甲运载火箭将嫦娥一号卫星成功送入太空。"嫦娥一号"是我国自主研制的第一颗月球探测卫星,它的发射成功,标志着我国实施绕月探测工程迈出重要一步。

火箭飞行 24 分钟后,北京航天飞行控制中心传来的数据表明,星箭成功分离,卫星进入近地点 205 公里,远地点 50 930 公里的地球同步转移轨道。

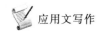

今后一段时间,"嫦娥一号"在地球轨道上将进行4次变轨,让卫星不断加速,进入地月转移轨道。到达月球引力范围后,将通过3次近月制动,建立起距月球200公里的绕月球两极飞行的圆轨道,进行绕月探测飞行。

千年奔月梦 今日起征程

——"嫦娥一号"发射侧记

赵永新

10月24日18时,世界的目光再次对准了位于大凉山腹地的西昌卫星发射场。再过5分钟,中国首颗绕月卫星嫦娥一号将在此升空,国际探月舞台上将增添一名新成员。

不远处,安装在3号发射塔架上的长征三号甲运载火箭巍然耸立,乳白色的箭体上印着四个鲜红的大字——"中国航天";连接在火箭上方的嫦娥一号卫星静若处子,整流罩上由"半轮明月,一双足迹"图形组成的中国探月工程标志格外醒目。

白云低回,青山静穆。此时此刻,在发射场四周守候的人们,心情既激动又焦急。因为,这是一次不同寻常的发射!中华儿女几千年奔月的宏伟梦想将由此开始变为现实,古老的东方文明大国将填补深空探测的空白。同时,人们也深知,此次奔月之旅充满挑战:这次长三甲火箭将把卫星送到38万公里之遥的月球附近,而此前我国发射的卫星距离地球最远不超过8万公里……

时间在一分一秒地过去,人们在此起彼伏的口令中等待着"零发射窗口"的到来。所谓发射窗口,是指允许发射航天器的时间范围,又称发射时机。考虑到月球运行到与地球相对距离最短以及卫星与月球交汇入轨的较佳时机,发射"嫦娥一号"的发射窗口1年只有两次,一次在4月,一次在10月。

为提高"嫦娥一号"入轨成功率,此次发射提出了"零发射窗口"的目标,即在预先计算好的发射时间段内,分秒不差地将火箭点火升空。经专家严密测算,"嫦娥一号"的"零发射窗口"为18时05分。

时针指向18时04分,发射塔上橘黄色的电缆摆杆迅速打开,准备为火箭点火、发射。

"40秒!"沉着冷静的01号指挥员李本琪发出口令:

"30秒,牵动!"

"10秒!"

大凉山屏住了呼吸,人们的心提到了嗓子眼。

"……5、4、3、2、1!""点火!"

随着李本琪一声令下,有"金手指"之称的操作手皮水兵果断地按下红色"点火"按钮。数秒钟之后,烈焰四起,声震山谷,长三甲火箭如一条白色的巨龙拔地而起,直冲云霄。起飞约10秒后,火箭按程序转弯,向东南方向飞去,很快钻入云层;隆隆巨响在天地间回荡。

"发现目标""跟踪正常"……与此同时,位于西昌市内的指挥控制中心大厅内灯火通明,回荡着来自各个测量站点和"远望号"测量船的报告声。显示屏上,上百个显示装置闪现着火箭的飞行轨迹,高度、速度、位置,火箭各系统工作状态尽收眼底。侧边的一个屏幕上,正显示着火箭飞行的实时动画。

18时24分,卫星成功入轨的消息从北京飞控中心传来,指挥控制大厅内顿时爆发出热烈的掌声,为发射辛苦工作两个多月的参试人员脸上露出胜利的微笑,有的流下了喜悦的泪水。

千年奔月梦,今日起征程。"嫦娥一号"发射成功只是此次探月的起点。按照预定方案,它

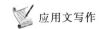

还要在地球轨道上经历 3 次调相轨道变轨,预计于 10 月 31 日进入地月转移轨道,开始奔向月球;11 月 5 日,卫星进入月球轨道,经历 3 次近月刹车制动,进入 127 分钟工作轨道。直到 11 月下旬卫星将传回第一张月球图像,才标志着"嫦娥奔月"圆满成功……

不知不觉中,夜色降临,一轮近圆的明月深情地遥望着大地。凝聚着中华儿女无数情愫和梦想的明月啊,祝福你早日"看"到来自当代中国的友好使者——"嫦娥一号"!

五、研究性学习

(1) 吕生杰《通讯写作创新初探》,载《新闻知识》2018 年第 6 期。

分析与评价:通讯写作的创新是一个老话题。作者通过一篇优秀作品阐释写好通讯的基本技巧,叙事生动,说理透彻,对年轻新闻工作者有一定启发、借鉴作用。

(2) 邵明亮《党报典型人物通讯写作问题探讨》,载《新闻世界》2015 年第 4 期。

分析与评价:该文认为,党政报刊上的典型人物通讯是我国新闻报道的一种特殊体裁,作为一种宣教色彩强烈的新闻作品类型,现在似乎正遭受到学者和受众的质疑、排斥。为什么会出现这种"信任危机"? 本文对几家中央和省级党报的两个典型人物通讯的系列报道进行分析,重点针对写作文本中暴露的突出问题进行归纳,探求新闻写作与典型人物报道影响力之间的关系,并提出对该类通讯写作和报道的一些见解。

第三节　新闻评论

一、文体知识

(一) 概念

新闻评论是一种政治性的新闻体裁。它是针对新近发生的、具有普遍意义的新闻事件和迫切需要解决的问题,发议论,讲道理,直接发表意见的文章。它包括社论、评论员文章、短评、编者按语、专栏评论、述评、杂文、广播评论、电视评论等体裁,是报刊、通讯社、广播电台、电视台等新闻媒介的评论文章和节目的总称。如果说新闻报道是新闻宣传的主体和基础,那么新闻评论就是新闻宣传的旗帜和灵魂。

(二) 特点

1. 新闻性

(1) 现实的针对性。它的内容是有迫切的现实意义的,针对当前重要的新闻事件和现实生活中的问题包括人民群众中的某些热点、难点问题发表意见。新闻评论可以针对一件新闻事实、一种倾向、一个问题发言,但这些都应当是当前最值得评论的,最需要通过评论来发表意见的,也就是具有评论价值的。

(2) 强烈的时效性。要紧密结合当前的形势,及时提出问题,不失时机地对某些重要事件和问题做出反应或表明态度。新闻评论的时效性,并不是单纯地求快,而是要根据形势和评论内容的需要及时发表意见。发表见解要适时,要选择恰当的时机,以求取得最佳的社会效果。

2. 政治性

(1) 鲜明的政治立场和态度。新闻宣传总是代表一定的阶级、政党或政治集团的利益,总是要反映一定的观点和倾向。新闻评论的政治性,主要表现在它针对具有政治意义的问题发言,围绕重要的政治事件以及在贯彻党的方针政策过程中出现的各种问题,进行实事求是的分析,阐明党的立场和主张。

（2）从思想、政治、理论高度分析问题。有些新闻评论并不是直接论述政治事件或问题。比如,有些实际工作中的问题、具体的业务技术问题、学术问题等,从业务技术的角度去分析,就不是新闻评论的任务。如果这类问题涉及思想、政治或政策方面的问题,那就应当进行分析评价或者表明态度。有些业务问题如文学艺术问题、体育问题,如果是需要进行评论的,也要从思想、政策、理论的高度,探索其普遍的政治意义,而不能就事论事。

3. 群众性

（1）面向广大受众。新闻评论的内容,应当是广大群众最关心和最感兴趣的。它提出的问题应当是同人民群众的切身利益密切相关的,又是能反映人民群众的要求和呼声的。即使是专业性的新闻媒介,在宣传上也要尽可能面向更大范围的受众,以求更充分地发挥作用。

（2）吸引群众参与评论工作。要求新闻媒介尽量吸引和鼓励广大群众关心和参与评论工作,包括参加评论的写作。这样可以使新闻评论拥有更广泛的作者,使评论的内容更加贴近生活,贴近群众,更经常地反映群众的要求和呼声,也更能符合群众的特点和需要。

（三）作用

新闻评论具有如下作用。

（1）引导的作用。作为新闻媒介的重要宣传手段,新闻评论运用马克思主义的立场、观点、方法,对现实生活中的新闻事实和重要问题做出分析,可以旗帜鲜明地表彰先进,针砭时弊,帮助群众明辨是非,区分先进和落后、正确和错误;可以就群众中某些疑惑不解、莫衷一是的问题,为他们释疑解惑;还可以使人们正确认识当前的形势,为他们指明方向。

（2）监督的作用。我们的新闻宣传要以正面宣传为主,坚持正确的舆论导向。但正面宣传也应该包括舆论监督的内容,这两者的目的是一致的,都是为了取得积极的社会效果。鞭挞假恶丑正是为了弘扬真善美。因此,新闻评论在弘扬先进思想和精神的同时,还要不断揭露和抨击各种腐败现象和不正之风,对这些不良现象和风气形成强大的舆论压力。这也正是为了促进改革开放的顺利进行。

（3）表态的作用。作为一种直截了当的发言方式,新闻评论可以代表新闻媒介对当前的重要事件和问题表明态度。这是符合广大受众的需要的。在某些情况下,特别是面临某些重大事件的时候,人们总是希望知道新闻媒体的看法,听到它们的声音,了解事件的真相、发生的原因、造成的后果以及问题的实质,从而决定自己的态度和行动。在这种情况下,新闻评论的作用尤为重要。对于国内外的重大事件,全国性的新闻媒介有时还可以通过发表评论的方式,表明党和政府以及广大人民群众的态度。

（4）深化的作用。新闻评论的政治性决定了它要尽可能从思想、政策、理论高度提出问题、分析问题和解决问题,而不应局限于就事论事。我们说新闻评论要善于务虚,就是要用马克思主义的立场、观点、方法对客观事物进行分析,把理论和实践结合起来,把摆事实和讲道理结合起来,说明事物的实质和意义。这样的评论就有理论色彩。评论所面对的新闻事实往往是具体的、零散的、微观的,这就需要通过分析、综合和提炼,衡量它是否符合党的政策,是否代表了客观事物的发展方向,从而做出判断。受众看到或听到的是具体的事实,而评论则是要通过分析,进行提炼和升华,使他们从思想上、政治上领悟到某种道理,理解客观事物所包含的社会意义。

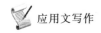

二、写作要素

（一）新闻评论的选题和立论

选题和立论是新闻评论写作过程中构思酝酿阶段的两个主要环节,关系着评论的整体。两者是相互渗透的,不能截然分开。人们在确定论题时,往往就同时考虑立论了。在一般情况下,选题在先,立论在后。

选题和立论也存在不一致的时候,在实践中,甚至常常出现选题相同,而立论各异的实际情况。所谓立论各异,即论述同一论题,不同时期,不同的读者和不同性质的报刊,其中心思想和侧重点并不都是一致的,也不可能和不应该强求一致。实际上,立论各异情况的出现,正是由于立论的角度、针对性和侧重点因时间、地点、条件的不同所决定的。

在选题立论上,我们必须警惕和避免两种不良倾向:一是不动脑筋,照搬照抄文件,孤立地从文件中找题目,而不联系实际,不作具体分析,不解决任何问题;或者反过来,不了解全国工作大局,自以为是,标"新"立异,以致使选题立论有意无意地跟中央精神"唱反调"。二是赶浪头"凑热闹",人云亦云;或者反过来,拖拖拉拉,松松垮垮,不讲究时效,缺乏预见性。总之,选题、立论务必遵循科学的思想路线,一切从实际出发,实事求是,理论结合实际。

（二）新闻评论的结构

新闻评论的文体结构与其他新闻文体相比基本是一致的,它包括标题、导语、主体、结尾四个部分,而在具体写作新闻评论时,各个构成部分又有其独特的写法。

1. 标题

新闻评论的标题既可以标明论题的对象和范围,也可以直接提出评论的观点和主旨。总的要求是生动活泼、言简意赅,使标题成为引人耳目的招牌。引人注意的标题常常更能够吸引读者的眼球。

2. 导语

新闻评论的导语,即开头部分、引论部分。导语的设计应始终以受众为着眼点,总的要求是:要把最能吸引受众兴趣、最能引起受众关注的事实、观点或问题放在前面。

3. 主体

新闻评论的主体就是本论部分,它担负着承上启下、组织论据证明论点的任务。主体写作要求做到既要结构严谨,又要曲折生动。

（1）论点。作者对所论述的论题的见解、主张和所持的立场和态度。

（2）论据。用来阐明论点的材料,就是说明论点的证据,就是判断和推理的基础。它的作用在于形成论点、引发议论和证实论点。作为新闻评论,其思想、观点、论断的提出,唯有当它被有力而充分的论据证明了的时候,才能使人信服。

（3）论证。运用论据证明或说明论点的过程和方式方法,旨在将论据和论点有机地统一起来。论证的过程,实质上正是概念、判断和推理的过程,也即积极思维的过程、调查研究的过程。论证包括证实和证伪两个方面。证实,即用论据证明或说明自己的论点;证伪则与之相反,是用论据反驳并否定对立面的谬误论点。两个方面常常交叉运用共存于同一的论述过程之中。

4. 结尾

新闻评论的结尾是对全文的自然收束,要简明精辟、自然流畅。新闻评论写作既不能虎头蛇尾,也不能画蛇添足。选择什么样的结尾方式,必须根据评论的思想内容和论证的需要而定。

三、例文赏析

例文一

空白罚单,人性执法效果不会空白

近日,一张安徽桐城交警开出的"空白罚单"在网络上热传。收到此张罚单的是一名外地车主,起因是违章停车。这张罚单上并没有填写扣分与罚款,而是交警手写的警告:"前面有停车场,下次注意。"此张罚单获得网友的热议,很多人为交警的"人性化执法"点赞,甚至有人将其称为"最美罚单"。外地车首次轻微违法只有警告没有罚款。新规源于此前作家网上质疑乱罚款。(7月27日《北京青年报》)

外地车首次轻微交通违法,在桐城被开出"空白罚单"。有人称之为"最美罚单",有人称之为纵容违法。当人性化和执法交织在一起时,到底是人性化居主导还是执法居主导,牵扯着执法的目的,也事关执法的效果。更重要的则是效果如何,当执法效果深入人心的时候,罚单是什么形式,可能并不重要。

桐城开出"空白罚单",是事出有因的。最开始是源于桐城的一位作家网上发文对桐城交警的一次深情告诫。交警不该成为开罚单的工具,开罚单不是目的,而是应该引导人们认识守交规、优化交通秩序。倾听民意,有错就改,使执法效果更具长远性,就是"空白罚单"开出的初衷。

在桐城开出"空白罚单"之前,有的城市的交警也有温情罚单的情况。如四川遂宁一位交警对短暂违停接病人的司机只是口头警告未开出罚单。山西太原交警任建刚也曾因"温情罚单"而为司机们所熟知和点赞。温情罚单,本质仍然是罚单,这既是执法的一部分,也是替当事人考虑的一部分。两者并不矛盾。这样,作为受处罚者认识到违法行为,执法效果也达到了,也照顾了当事人的特殊情况,收到的社会效果,往往比单纯开出一张罚单效果要好得多。

"空白罚单",是人性化执法的载体,并不同于任性执法,更不是对交通违法行为的纵容。空白罚单,只是针对外地车辆的轻微违法,其社会危害性不大,且只针对外地车辆的首次违法行为。当温情执法提醒作用能够收到效果时,开罚单这种生硬的形式,就可以退居次位。

当然,"空白罚单"不是为交通违法行为背书。当外地车辆再次交通违法,桐城方面就会依法进行相应的处罚。这样就会让受处罚者无话可说,其教训可能会更深刻。

交警开罚单,是交警执法的一部分,但不是全部。执法是为了首先让交通违法者受到教育,根本上则是保证所有交通秩序中的"人",这既包括违停者,也包括其他违停之外,任何一个不特定的人。故此,空白罚单,是掌握了执法为民这个中心,最终的目的是捍卫良好的交通秩序,保证所有人依法平安出行。交警执法当有法必依、违法必究、执法必严。空白罚单,作为处罚的一种形式,始终没有偏离法律要求这个中心。法律并不是没有温情的工具,执法更需要以人性化为参照。当做到执法力度与违法行为相匹配时,温情的空白罚单,反而会在轻微交通违法者心中引起反省,在社会上引起反思的共鸣,空白罚单的执法效果不是空白也就成了可能。

【评析】 该新闻评论有的放矢,观点鲜明,结构合理,论述充分。注重理论联系实际,把人民群众关心的问题分析得细致到位,既有法理,又见温情。

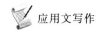

例文二

遵守规则是最好的自我保护

近日,发生在北京八达岭野生动物园的老虎袭人事件引爆舆论。据媒体报道,7月23日,一家四口在八达岭野生动物园内自驾游,其中两名女子突然先后从车上走下,被躲藏在附近的老虎袭击,造成1死1伤。

随着监控视频的公布,舆论场也一步步走向撕裂。有人指责年轻女子在猛兽区下车属于"作死""不值得任何同情"。但也有网友指出,在死伤面前动物园也要担责,管理漏洞的存在不应在"口水战"中被忘却。不管网友选择如何站队,到底谁该负责无疑是争论的焦点。

监控视频显示,园区门口和园区中均设置有风险提示的警示牌,当事游客在入园前也签订了安全协议,其中明确规定自驾入园要锁好门窗、严禁下车。就在女子下车时,园区管理车也发出了广播警告,并在女子被老虎叼走后几秒钟火速赶到救援。也正是基于以上这几点,不少网友认为动物园已经尽到了安保责任。虽然动物园是否有责还有待证实,但考虑到野生动物园的特殊性,呼吁再多改进一些安全保卫工作、再多增设一条安全防线恐怕都不为过。

面对一条生命的逝去和一个家庭的悲剧,老虎"同情说"还是动物园"连累说"都显得太过轻浮和冷血,但这并不意味着要对当事人漠视规则的行为视而不见。虽然下车原因至今不明,但当事者在猛兽区罔顾"珍爱生命、禁止下车"的警示擅自下车的事实是明确的。老虎吃人是常识,当事人不可能不明白,与其说她是无知无畏,倒不如说是我行我素,在她打开车门的那一刻起,就注定要为自己的行为负责。

在现代生活中,我们每天都会遇到很多规则。比如过马路要走斑马线,红灯停、绿灯行,进入建筑工地要戴安全帽,比如考试不能作弊、看病要排队、竞争要公平透明等。信守和遵循规则,让个体在社会系统运行中极大地减少不确定性,降低不可预料的风险,从而得到保护,同时也让社会秩序得以保障。但总有一些人觉得守规则是"迂腐""刻板""不懂变通",甚至将超越规则视为"走捷径""头脑灵活",并以此沾沾自喜、洋洋得意。可是,结果呢?

或许无视规则确实能在某些场合提高个人"效率",但伤害的却是公共秩序。过马路绿灯行红灯也行,可以让你行进得更快,但造成的结果就是路口经常堵成一团,甚至出现交通事故。作为规则系统中的一分子,一个人对规则的无视甚至践踏常常意味着对旁人的冒犯和对别人权益的侵犯,你没觉察到并不代表它就不存在。尤其是对一些技术规则来说,背后多是一些客观规律的支撑,违背规则就不免将自己置于对抗规律的危险之中。有的人总是抱有侥幸心理,觉得就算不遵守规则也不会有什么恶果,或者觉得惩罚不一定会降临到自己头上,但当灾难真的降临,也许一次就足以摧毁你的一切。

规则被无视必将导致社会失序,失序之下"安有完卵"?在规则被漠视和践踏的系统里,个人可能是加害者,但总有一天也会成为受害者。对规则的遵守就是最好的自我保护,也是最大的规则。生命的代价太过沉重,在喧嚣的舆论中,应该激起关于树立规则意识的波澜。

【评析】 该评论既注重新闻性,又注重群众性,从选题到立论都能够紧紧扣住时代新近发生及人民关注的要点。特点鲜明、结构齐全、论据充分、论证严谨,值得学习与借鉴。

四、实训演练

在下列选项中选择正确的选项。

(1) 在新闻体裁中,新闻评论是一种( )的新闻体裁。

    A. 理论性   B. 政论性   C. 艺术性   D. 实践性

(2) 新闻评论的特点,包括新闻性、政治性和( )。

    A. 文学性   B. 社会性   C. 群众性   D. 理论性

(3) 新闻评论学是一门( )很强的学科。

    A. 政治性   B. 群众性   C. 形象性   D. 实践性   E. 理论性

(4) 毛泽东在 1942 年延安整风时曾大声疾呼,"应当禁绝一切( )"。

    A. 套话   B. 大话   C. 空话   D. 废话

(5) 立论的新颖理应以( )为前提。

    A. 生动   B. 鲜明   C. 准确   D. 真实

(6) 一篇成功的新闻评论作品的基求要求是( )。

    A. 针对性   B. 新颖性   C. 准确性   D. 前瞻性   E. 指导性

五、研究性学习

(1) 张国平《新闻评论写作中的问题及对策》,载《新闻世界》2012 年第 11 期。

分析与评价：新闻评论是媒体的旗帜和灵魂,它代表着媒体的态度和立场,因此,新闻评论写作水平的高低直接影响着媒体的品位和形象。目前在新闻评论写作过程中还存在着一些问题,如引用材料失实,缺乏时效性,论证逻辑失范,评论立场错位等。就此,作者提出要想写好新闻评论,首先要遵循新闻价值规律,论题要新鲜,材料要真实,同时还要论证严密,立场公正客观,文风通俗活泼,为老百姓所喜闻乐见。

(2) 岳琳《新媒体环境下的时事新闻评论写作特色》,载《陕西理工学院学报》(社科版) 2016 年第 8 期。

分析与评价：作者认为,随着新媒体时代的到来,信息资源的碎片化和海量共享、传授的平等互馈、媒介把关的弱化、信息接收方式的移动化等特点日趋显著,这些都对新闻评论产生了重要的影响,因此新闻时评无论是从评论平台、评论方式还是从评论者本身、评论内容及语言上也出现了新的变化！这些变化使得对新媒体环境下新闻时评的选题内容、评论逻辑、评论方式、语言特点等时评写作新特色的讨论有了更多的意义！

党政机关公文处理工作条例

第一章　总　　则

第一条　为了适应中国共产党机关和国家行政机关（以下简称党政机关）工作需要，推进党政机关公文处理工作科学化、制度化、规范化，制定本条例。

第二条　本条例适用于各级党政机关公文处理工作。

第三条　党政机关公文是党政机关实施领导、履行职能、处理公务的具有特定效力和规范体式的文书，是传达贯彻党和国家方针政策，公布法规和规章，指导、布置和商洽工作，请示和答复问题，报告、通报和交流情况等的重要工具。

第四条　公文处理工作是指公文拟制、办理、管理等一系列相互关联、衔接有序的工作。

第五条　公文处理工作应当坚持实事求是、准确规范、精简高效、安全保密的原则。

第六条　各级党政机关应当高度重视公文处理工作，加强组织领导，强化队伍建设，设立文秘部门或者由专人负责公文处理工作。

第七条　各级党政机关办公厅（室）主管本机关的公文处理工作，并对下级机关的公文处理工作进行业务指导和督促检查。

第二章　公文种类

第八条　公文种类主要有：

（一）决议。适用于会议讨论通过的重大决策事项。

（二）决定。适用于对重要事项做出决策和部署、奖惩有关单位和人员、变更或者撤销下级机关不适当的决定事项。

（三）命令（令）。适用于公布行政法规和规章、宣布施行重大强制性措施、批准授予和晋升衔级、嘉奖有关单位和人员。

（四）公报。适用于公布重要决定或者重大事项。

（五）公告。适用于向国内外宣布重要事项或者法定事项。

（六）通告。适用于在一定范围内公布应当遵守或者周知的事项。

（七）意见。适用于对重要问题提出见解和处理办法。

（八）通知。适用于发布、传达要求下级机关执行和有关单位周知或者执行的事项，批转、转发公文。

（九）通报。适用于表彰先进、批评错误、传达重要精神和告知重要情况。

（十）报告。适用于向上级机关汇报工作，反映情况，回复上级机关的询问。

（十一）请示。适用于向上级机关请求指示、批准。

（十二）批复。适用于答复下级机关请示事项。

（十三）议案。适用于各级人民政府按照法律程序向同级人民代表大会或者人民代表大会常务委员会提请审议事项。

（十四）函。适用于不相隶属机关之间商洽工作、询问和答复问题、请求批准和答复审批事项。

（十五）纪要。适用于记载会议主要情况和议定事项。

第三章　公文格式

第九条　公文一般由份号、密级和保密期限、紧急程度、发文机关标志、发文字号、签发人、标题、主送机关、正文、附件说明、发文机关署名、成文日期、印章、附注、附件、抄送机关、印发机关和印发日期、页码等组成。

（一）份号。公文印制份数的顺序号。涉密公文应当标注份号。

（二）密级和保密期限。公文的秘密等级和保密的期限。

涉密公文应当根据涉密程度分别标注"绝密""机密""秘密"和保密期限。

（三）紧急程度。公文送达和办理的时限要求。根据紧急程度，紧急公文应当分别标注"特急""加急"，电报应当分别标注"特提""特急""加急""平急"。

（四）发文机关标志。由发文机关全称或者规范化简称加"文件"二字组成，也可以使用发文机关全称或者规范化简称。联合行文时，发文机关标志可以并用联合发文机关名称，也可以单独用主办机关名称。

（五）发文字号。由发文机关代字、年份、发文顺序号组成。联合行文时，使用主办机关的发文字号。

（六）签发人。上行文应当标注签发人姓名。

（七）标题。由发文机关名称、事由和文种组成。

（八）主送机关。公文的主要受理机关，应当使用机关全称、规范化简称或者同类型机关统称。

（九）正文。公文的主体，用来表述公文的内容。

（十）附件说明。公文附件的顺序号和名称。

（十一）发文机关署名。署发文机关全称或者规范化简称。

（十二）成文日期。署会议通过或者发文机关负责人签发的日期。联合行文时，署最后签发机关负责人签发的日期。

（十三）印章。公文中有发文机关署名的，应当加盖发文机关印章，并与署名机关相符。有特定发文机关标志的普发性公文和电报可以不加盖印章。

（十四）附注。公文印发传达范围等需要说明的事项。

（十五）附件。公文正文的说明、补充或者参考资料。

（十六）抄送机关。除主送机关外需要执行或者知晓公文内容的其他机关，应当使用机关全称、规范化简称或者同类型机关统称。

（十七）印发机关和印发日期。公文的送印机关和送印日期。

（十八）页码。公文页数顺序号。

第十条　公文的版式按照《党政机关公文格式》国家标准执行。

第十一条　公文使用的汉字、数字、外文字符、计量单位和标点符号等，按照有关国家标准和规定执行。民族自治地方的公文，可以并用汉字和当地通用的少数民族文字。

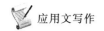

第十二条　公文用纸幅面采用国际标准 A4 型。特殊形式的公文用纸幅面,根据实际需要确定。

第四章　行 文 规 则

第十三条　行文应当确有必要,讲求实效,注重针对性和可操作性。

第十四条　行文关系根据隶属关系和职权范围确定。一般不得越级行文,特殊情况需要越级行文的,应当同时抄送被越过的机关。

第十五条　向上级机关行文,应当遵循以下规则:

(一)原则上主送一个上级机关,根据需要同时抄送相关上级机关和同级机关,不抄送下级机关。

(二)党委、政府的部门向上级主管部门请示、报告重大事项,应当经本级党委、政府同意或者授权;属于部门职权范围内的事项应当直接报送上级主管部门。

(三)下级机关的请示事项,如需以本机关名义向上级机关请示,应当提出倾向性意见后上报,不得原文转报上级机关。

(四)请示应当一文一事。不得在报告等非请示性公文中夹带请示事项。

(五)除上级机关负责人直接交办事项外,不得以本机关名义向上级机关负责人报送公文,不得以本机关负责人名义向上级机关报送公文。

(六)受双重领导的机关向一个上级机关行文,必要时抄送另一个上级机关。

第十六条　向下级机关行文,应当遵循以下规则:

(一)主送受理机关,根据需要抄送相关机关。重要行文应当同时抄送发文机关的直接上级机关。

(二)党委、政府的办公厅(室)根据本级党委、政府授权,可以向下级党委、政府行文,其他部门和单位不得向下级党委、政府发布指令性公文或者在公文中向下级党委、政府提出指令性要求。需经政府审批的具体事项,经政府同意后可以由政府职能部门行文,文中须注明已经政府同意。

(三)党委、政府的部门在各自职权范围内可以向下级党委、政府的相关部门行文。

(四)涉及多个部门职权范围内的事务,部门之间未协商一致的,不得向下行文;擅自行文的,上级机关应当责令其纠正或者撤销。

(五)上级机关向受双重领导的下级机关行文,必要时抄送该下级机关的另一个上级机关。

第十七条　同级党政机关、党政机关与其他同级机关必要时可以联合行文。属于党委、政府各自职权范围内的工作,不得联合行文。

党委、政府的部门依据职权可以相互行文。部门内设机构除办公厅(室)外不得对外正式行文。

第五章　公 文 拟 制

第十八条　公文拟制包括公文的起草、审核、签发等程序。

第十九条　公文起草应当做到:

（一）符合国家法律法规和党的路线方针政策，完整准确体现发文机关意图，并同现行有关公文相衔接。

（二）一切从实际出发，分析问题实事求是，所提政策措施和办法切实可行。

（三）内容简洁，主题突出，观点鲜明，结构严谨，表述准确，文字精练。

（四）文种正确，格式规范。

（五）深入调查研究，充分进行论证，广泛听取意见。

（六）公文涉及其他地区或者部门职权范围内的事项，起草单位必须征求相关地区或者部门意见，力求达成一致。

（七）机关负责人应当主持、指导重要公文起草工作。

第二十条　公文文稿签发前，应当由发文机关办公厅（室）进行审核。审核的重点是：

（一）行文理由是否充分，行文依据是否准确。

（二）内容是否符合国家法律法规和党的路线方针政策；是否完整准确体现发文机关意图；是否同现行有关公文相衔接；所提政策措施和办法是否切实可行。

（三）涉及有关地区或者部门职权范围内的事项是否经过充分协商并达成一致意见。

（四）文种是否正确，格式是否规范；人名、地名、时间、数字、段落顺序、引文等是否准确；文字、数字、计量单位和标点符号等用法是否规范。

（五）其他内容是否符合公文起草的有关要求。

需要发文机关审议的重要公文文稿，审议前由发文机关办公厅（室）进行初核。

第二十一条　经审核不宜发文的公文文稿，应当退回起草单位并说明理由；符合发文条件但内容需作进一步研究和修改的，由起草单位修改后重新报送。

第二十二条　公文应当经本机关负责人审批签发。重要公文和上行文由机关主要负责人签发。党委、政府的办公厅（室）根据党委、政府授权制发的公文，由受权机关主要负责人签发或者按照有关规定签发。签发人签发公文，应当签署意见、姓名和完整日期；圈阅或者签名的，视为同意。联合发文由所有联署机关的负责人会签。

第六章　公　文　办　理

第二十三条　公文办理包括收文办理、发文办理和整理归档。

第二十四条　收文办理主要程序是：

（一）签收。对收到的公文应当逐件清点，核对无误后签字或者盖章，并注明签收时间。

（二）登记。对公文的主要信息和办理情况应当详细记载。

（三）初审。对收到的公文应当进行初审。初审的重点是：是否应当由本机关办理，是否符合行文规则，文种、格式是否符合要求，涉及其他地区或者部门职权范围内的事项是否已经协商、会签，是否符合公文起草的其他要求。经初审不符合规定的公文，应当及时退回来文单位并说明理由。

（四）承办。阅知性公文应当根据公文内容、要求和工作需要确定范围后分送。批办性公文应当提出拟办意见报本机关负责人批示或者转有关部门办理；需要两个以上部门办理的，应当明确主办部门。紧急公文应当明确办理时限。承办部门对交办的公文应当及时办理，有明确办理时限要求的应当在规定时限内办理完毕。

（五）传阅。根据领导批示和工作需要将公文及时送传阅对象阅知或者批示。办理公文

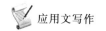

传阅应当随时掌握公文去向,不得漏传、误传、延误。

(六)催办。及时了解掌握公文的办理进展情况,督促承办部门按期办结。紧急公文或者重要公文应当由专人负责催办。

(七)答复。公文的办理结果应当及时答复来文单位,并根据需要告知相关单位。

第二十五条 发文办理主要程序是:

(一)复核。已经发文机关负责人签批的公文,印发前应当对公文的审批手续、内容、文种、格式等进行复核;需作实质性修改的,应当报原签批人复审。

(二)登记。对复核后的公文,应当确定发文字号、分送范围和印制份数并详细记载。

(三)印制。公文印制必须确保质量和时效。涉密公文应当在符合保密要求的场所印制。

(四)核发。公文印制完毕,应当对公文的文字、格式和印刷质量进行检查后分发。

第二十六条 涉密公文应当通过机要交通、邮政机要通信、城市机要文件交换站或者收发件机关机要收发人员进行传递,通过密码电报或者符合国家保密规定的计算机信息系统进行传输。

第二十七条 需要归档的公文及有关材料,应当根据有关档案法律法规以及机关档案管理规定,及时收集齐全、整理归档。两个以上机关联合办理的公文,原件由主办机关归档,相关机关保存复制件。机关负责人兼任其他机关职务的,在履行所兼职务过程中形成的公文,由其兼职机关归档。

第七章 公 文 管 理

第二十八条 各级党政机关应当建立健全本机关公文管理制度,确保管理严格规范,充分发挥公文效用。

第二十九条 党政机关公文由文秘部门或者专人统一管理。设立党委(党组)的县级以上单位应当建立机要保密室和机要阅文室,并按照有关保密规定配备工作人员和必要的安全保密设施设备。

第三十条 公文确定密级前,应当按照拟定的密级先行采取保密措施。确定密级后,应当按照所定密级严格管理。绝密级公文应当由专人管理。

公文的密级需要变更或者解除的,由原确定密级的机关或者其上级机关决定。

第三十一条 公文的印发传达范围应当按照发文机关的要求执行;需要变更的,应当经发文机关批准。

涉密公文公开发布前应当履行解密程序。公开发布的时间、形式和渠道,由发文机关确定。

经批准公开发布的公文,同发文机关正式印发的公文具有同等效力。

第三十二条 复制、汇编机密级、秘密级公文,应当符合有关规定并经本机关负责人批准。绝密级公文一般不得复制、汇编,确有工作需要的,应当经发文机关或者其上级机关批准。

复制、汇编的公文视同原件管理。复制件应当加盖复制机关戳记。翻印件应当注明翻印的机关名称、日期。汇编本的密级按照编入公文的最高密级标注。

第三十三条 公文的撤销和废止,由发文机关、上级机关或者权力机关根据职权范围和有关法律法规决定。公文被撤销的,视为自始无效;公文被废止的,视为自废止之日起失效。

第三十四条 涉密公文应当按照发文机关的要求和有关规定进行清退或者销毁。

第三十五条　不具备归档和保存价值的公文,经批准后可以销毁。销毁涉密公文必须严格按照有关规定履行审批登记手续,确保不丢失、不漏销。个人不得私自销毁、留存涉密公文。

第三十六条　机关合并时,全部公文应当随之合并管理;机关撤销时,需要归档的公文经整理后按照有关规定移交档案管理部门。

工作人员离岗离职时,所在机关应当督促其将暂存、借用的公文按照有关规定移交、清退。

第三十七条　新设立的机关应当向本级党委、政府的办公厅(室)提出发文立户申请。经审查符合条件的,列为发文单位,机关合并或者撤销时,相应进行调整。

第八章　附　　则

第三十八条　党政机关公文含电子公文。电子公文处理工作的具体办法另行制定。

第三十九条　法规、规章方面的公文,依照有关规定处理。外事方面的公文,依照外事主管部门的有关规定处理。

第四十条　其他机关和单位的公文处理工作,可以参照本条例执行。

第四十一条　本条例由中共中央办公厅、国务院办公厅负责解释。

第四十二条　本条例自 2012 年 7 月 1 日起施行。1996 年 5 月 3 日中共中央办公厅发布的《中国共产党机关公文处理条例》和 2000 年 8 月 24 日国务院发布的《国家行政机关公文处理办法》停止执行。

参 考 文 献

[1] 谭靖仪. 应用文写作[M]. 北京：北京理工大学出版社,2019.

[2] 朱淑萍,邹旗辉. 应用文写作[M]. 北京：北京理工大学出版社,2019.

[3] 郭志宏,李全才,黄思明. 应用文写作[M]. 长春：吉林人民出版社,2018.0

[4] 王斌,刘焕丰,成卓华. 应用文写作[M]. 长春：吉林人民出版社,2018.

[5] 陈建生. 应用文写作[M]. 西安：电子科技大学出版社,2019.

[6] 任仲田,刘腊梅. 应用文写作[M]. 昆明：云南大学出版社,2016.

[7] 李芳. 应用文写作[M]. 北京：北京理工大学出版社,2016.

[8] 沈邦兵,宋婷,王静. 应用文写作[M]. 西安：电子科技大学出版社,2015.

[9] 袁媛. 应用文写作[M]. 北京：机械工业出版社,2014.

[10] 聂春梅,郑宪春. 应用文写作[M]. 长沙：湖南大学出版社,2014.

[11] 贾勇. 应用文写作[M]. 北京：北京理工大学出版社,2012.

[12] 徐永源,杨静,王达萌. 应用文写作[M]. 天津：天津科学技术出版社,2011.

[13] 陈景云. 应用写作[M]. 广州：广东人民出版社,2018.

[14] 张瑾,相金妮. 应用写作[M]. 西安：西安交通大学出版社,2010.

[15] 余歆峰,万海燕. 应用写作[M]. 南昌：江西高校出版社,2014.

[16] 徐明友. 应用写作[M]. 大连：大连出版社,2011.

[17] 何静,陈芸. 应用写作[M]. 北京：语文出版社,2007.

[18] 梁沛,郭征帆,宦书亮. 秘书写作[M]. 北京：世界图书出版公司,2018.

[19] 李晓荣,李娟,何瑞珍. 秘书写作[M]. 西安：西北农林科技大学出版社,2007.

[20] 李依晴. 新编应用文写作[M]. 天津：天津科学技术出版社,2019.

[21] 贾勇,朱宏伟,王增智. 新编应用文写作[M]. 北京：北京理工大学出版社,2014.

[22] 晏波. 新编应用文写作[M]. 北京：北京邮电大学出版社,2010.

[23] 杨莉,王春艳. 新编应用文写作[M]. 哈尔滨：哈尔滨工程大学出版社,2018.

[24] 白文勇. 新编应用文写作[M]. 上海：上海交通大学出版社,2015.

[25] 徐普平. 新编应用文写作教程[M]. 西安：电子科技大学出版社,2016.

[26] 许曼,刘宇. 新编应用文写作[M]. 哈尔滨：哈尔滨工程大学出版社,2013.

[27] 王玉琴,袁凤琴,洪婧. 新编应用文写作教程[M]. 合肥：安徽大学出版社,2014.

[28] 杨欣,刘恋. 新编应用文写作教程[M]. 西安：西安电子科技大学出版社,2014.

[29] 任钢建. 新编应用文写作教程[M]. 北京：国家行政学院出版社,2013.

[30] 陈忠纯,朱蓓蕾. 应用写作新编[M]. 北京：中国戏剧出版社,2013.

[31] 李宝龙,刘铁军,刘稚. 农村实用文书写作[M]. 北京：金盾出版社,2020.

[32] 李莉. 新编法律文书教程[M]. 杭州：浙江大学出版社,2018.

[33] 王纪,高云海,张向凤. 财经文书写作教程[M]. 北京：对外经济贸易大学出版社,2013.

[34] 张浩. 新编常用办公文书写作大全[M]. 北京：北京工业大学出版社,2016.

[35] 王舒. 办公室常用文书写作速成培训[M]. 北京：中国纺织出版社,2016.

[36] 中国标准出版社. 党政机关电子公文标准[M]. 北京：中国标准出版社,2017.

[37] 桂维民,岳海翔. 新编公文写作[M]. 西安：陕西人民出版社,2017.

[38] 岳海翔. 最新公文写作规范与格式标准[M]. 北京：中国文史出版社,2017.

[39] 叶黔达,柯世华. 现代公文写作与处理最新规范 观念·技巧[M]. 成都：四川人民出版社,2016.

[40] 马岳军. 公文格式设计指南[M]. 宁波：宁波出版社,2016.